점프력의 비밀

점프력의 비밀

초판 1쇄 펴낸 날 | 2024년 7월 19일

지은이 | 고준경, 남의찬
펴낸이 | 홍정우
펴낸곳 | 브레인스토어

책임편집 | 김다니엘
편집진행 | 홍주미, 이은수, 박혜림
디자인 | 참프루, 이예슬
마케팅 | 방경희

주소 | (04035) 서울특별시 마포구 양화로 7안길 31(서교동, 1층)
전화 | (02)3275-2915~7
팩스 | (02)3275-2918
이메일 | brainstore@chol.com
블로그 | https://blog.naver.com/brain_store
페이스북 | http://www.facebook.com/brainstorebooks
인스타그램 | http://www.instagram.com/brainstore_publishing

등록 | 2007년 11월 30일(제313-2007-000238호)

ISBN 979-11-6978-034-6 (03690)

THE SECRET OF JUMPING POWER

점프력의 비밀

제자리멀리뛰기 국내 1위 준경쌤의 점프력 교과서

고준경 지음

bs
브레인스토어

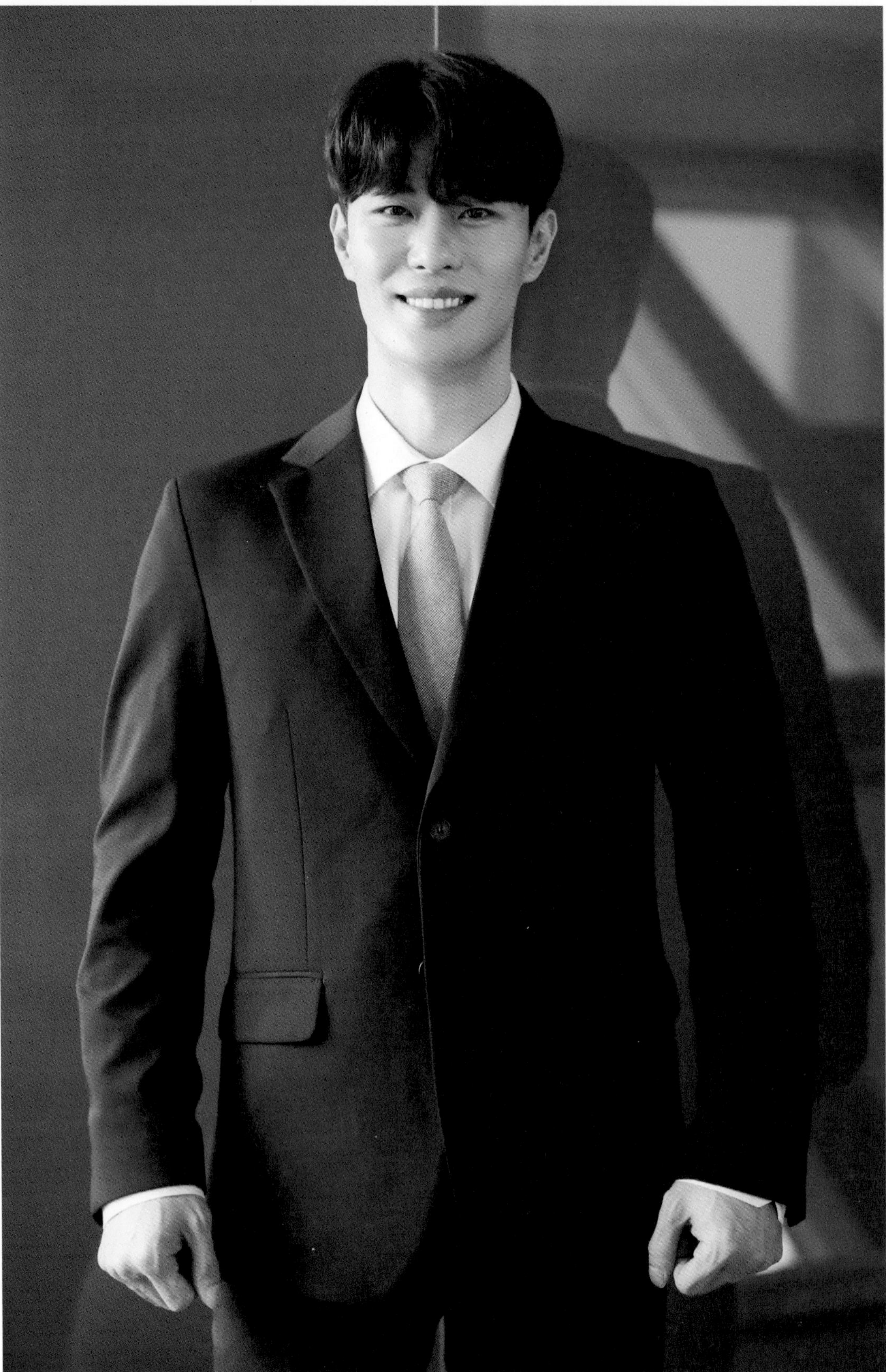

INTRO

안녕하십니까?

체대 입시/사관학교/공무원 수험생들의 체력 종목을 지도하는 체육강사 고준경입니다. 어린 날의 저는 누구나 한 번쯤 해 보는 놀이, 점프해서 천장 닿기를 즐기던 개구쟁이였습니다. 교실 천장에서 시작된 도전은 해를 거듭하며 농구장의 백보드, 농구 골대(림)로 이어졌고 마침내 남들에게 없는 소소한 재능 하나를 발견하게 됐습니다. 바로 '점프력'입니다. 학창 시절부터 '점프'라는 화두에 몰두해 대학의 스포츠과학부에 진학했고, 갓 스무 살이 된 나이에 체대 입시 업계에 강사로 투신하여 햇수로 20년에 가까운 세월을 지도자로 살았습니다.

해마다 적게는 100여 명, 많게는 300명이 넘는 수강생들을 이끌어 함께 꿈을 이루어 나가는 과정에서 얻은 성취는 컸지만, 개인적으론 순탄치 못한 시기도 있었습니다. 2014년 훈련 중에 얻은 발목 부상으로 3년여의 공백기를 거치며 앞으로 기록을 뛰어넘는 도전은 영영 불가할지 모른다는 불안감 속에 지내야 했습니다. 그러다 2018년부터 2년여에 걸친 재활을 통해 마침내 20대 못지않은 제2의 전성기를 맞이했습니다. 2022년, 남들이 '에이징 커브'를 염려하는 서른일곱 살의 나이로 제자리멀리뛰기 한국 최고기록(354cm)을 세우는 데 성공했고 지금도 도전을 이어 가는 중입니다. 쑥스럽지만 사람들은 이런 저에게 '제멀왕(제자리멀리뛰기의 왕)'이라는 별명을 붙여줘 지금은 본명보다 친숙해진 이명으로 활동하고 있습니다.

학창 시절 수험생으로 시작해 강사가 되기까지 제가 반평생을 함께해 온 "입시 체육" 영역은 대한민국에서 자생적으로 발생해 정착한 '스트렝스 & 컨디셔닝 코칭'이라 말할 수 있습니다. 지금은 일종의 유행어가 된 '피지컬 향상'이라는 용어가 탄생하기 수십 년 전부터, 이 땅에선 수많은 이들이 대학과 직업을 위해 땀 흘려 가며 피지컬 향상을 위해 노력해 왔습니다.

이들에게 '점프력'은 정말 절실한 능력입니다. 대한민국에서 입시와 임용은 점프력을 측정해 당락이 결정되는 치열한 경쟁의 장입니다. 그 안에서 적지 않은 세월을 함께하며 몸으로 깨우쳐 얻은 저만의 작은 '깨달음'들이 있습니다. 이렇게 축적된 노하우를 직접 찾아온 제자들뿐만 아니라 '피지컬'을 갈망하는 보다 많은 이들을 위해 세상에 나누고자 합니다. 모쪼록 이 책이 '절실한' 분들의 삶 속에 작은 도움이 되었으면 좋겠습니다. 감사합니다.

2024년 여름, 대표저자 고준경 드림

CHAPTER 1 왜 점프력인가?

CHAPTER 2 기초체력 테스트

CHAPTER 3 점프의 이론

CHAPTER 4 수평 점프 3WAY

CHAPTER 5 수직 점프 2WAY

CHAPTER 6 부상과의 전쟁

CHAPTER 7 기록 향상을 위한 보조훈련

CHAPTER 8 4주 완성 점프력 프로그램

JUMPING ABILITY

왜

CHAPTER 1

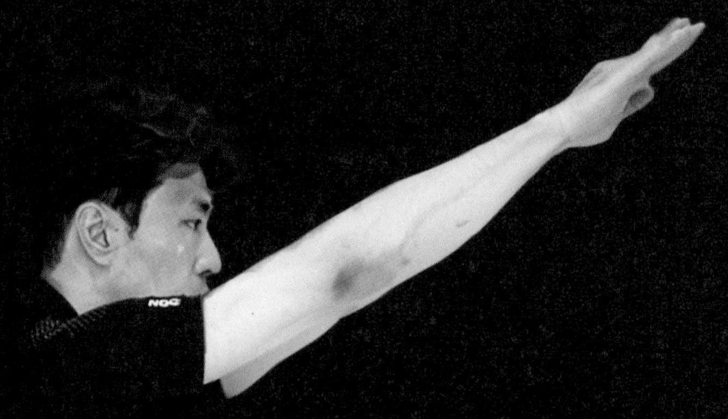

점프력인가?

피지컬의 시대를 맞이하며

바야흐로 '피지컬Physical, 육체 능력'의 시대다. 한때 미디어에서 소비되던 육체가 단순히 보기 좋은 몸을 감상하는 것에 그쳤다면 이제 대중들의 기대에 부응하기 위해선 단지 근육질 몸짱으로는 부족하다. 강인한 육체를 직접 움직여 결과물을 뽑아내는 '피지컬' 관련 콘텐츠들이 유행이다. 어찌 보면 진즉 시작됐어야 할 유행이 너무 늦게 오지 않았나 싶을 정도로 당연한 일이다. 이 '피지컬'이라는 말 속에 함축된 '날 것' 그대로를 향한 선망은 아마도 인류의 기원과 함께 시작된 가장 근원적인 욕구일 것이다.

이제 뛰어난 육체 능력을 의미하는 신조어 '피지컬'은 일상언어로 우리 삶 속에 자리 잡았다. '피지컬이 좋다', '피지컬을 타고났다'라는 표현이 더 이상 낯설지 않다. 압도적인 육체 능력을 활용해 필드를 종횡무진하는 운동선수들의 입단 테스트 영상은 SNS 알고리즘이 즐겨 찾는 단골 소재다. 시청자의 입장에서 이런 '피지컬'을 보고 즐기는 것만으로도 제법 큰 만족감을 얻을 수 있다. 그러나 대리만족 수준에 그치지 않고 본인의 몸을 움직여 직접 '피지컬의 최전선'으로 뛰어들어야 하는 사람들이 있다.

피지컬로 고민하는 사람들

이들 가운데 전업 스포츠 선수처럼 남다른 재능의 소유자는 극소수다. 절대다수는 우리 주변의 평범한 이웃들이다. 개인적 성취를 위해 자기 자신과 싸우는 생활 체육인부터 입시나 채용을 위한 체력 검정을 목전에 둔 수험생들까지. 특히 수험생과 같이 직업적 차원에서 피지컬 테스트를 요구받는 절박한 이들의 숫자는 매년 어림잡아도 수만 명이 넘어간다. 이때 이들이 요구받는 피지컬의 핵심은 바로 '점프력'이다.

왜 공신력 있는 기관들은 하나같이 피지컬의 척도로 '점프력'을 요구하는가? **점프력이야말로 한 개인이 보유한 육체 능력을 반영하는 가장 직관적인 지표이기 때문이다.** 많고 많은 다른 동작들을 모두 제치고 왜 하필 '점프'가 체력 평가의 척도가 되었는가에 대해선 보다 구체적인 부연 설명이 필요하다.

왜 점프력인가?

모든 스포츠의 밑바탕에는 운동선수가 본인의 몸을 가속하는 능력이 깔려 있다. 따라서 모든 체력 운동의 밑바탕을 이루는 '원자' 같은 근본이 바로 점프다. 심지어 모든 스포츠 종목들의 기초라 불리는 달리기마저 '점프의 일종'이다.

스포츠 종목 가운데 '빨리 걷기'인 경보와 달리기를 비교해 보자. 경보 선수들이 걷는 속도는 훈련받지 않은 일반인들의 달리기 속도와 맞먹을 정도로 빠르다. 그러나 걷기와 달리기의 차이는 속도에 있지 않다. 속도와 상관없이 양발이 동시에 지면에 닿아 있는 한, 해당 동작은 '걷기'다. 반대로 속도가 아무리 느려도 양발이 동시에 지면에서 뜨는 순간, 그 동작은 달리기로 본다. **운동역학적 측면에서 봤을 때 달리기란, 아주 미세한 멀리뛰기, 즉 한 다리 점프 동작을 매우 빠르게 교차 반복하는 것이다.** 스포츠의 근간이라는 육상, 육상의 기초라는 달리기마저 실은 점프의 일종인 것이다. 스포츠의 본질은 바로 '점프력'이다. 점프야말로 한 인간이 보유한 육체 능력이 표출되는 가장 근원적이면서 직관적인 행위다. 이제 왜 공신력 있는 기관들은 하나같이 '피지컬'의 기준으로 점프력을 요구하는지 다들 납득했을 것이다. 여태까지 그래 왔던 것처럼 앞으로도 계속 점프력을 요구하는 시대는 이어질 것이다.

운동역학적 측면에서 봤을 때 달리기 역시 점프의 일종이다!

점프력 측정이 필요한 시험&기관들

국민체력100

국민체육진흥법 16조에 근거가 규정된 국가공인 체력 검정제도. '제자리멀리뛰기/서전트 점프' 중 택1 하여 순발력을 측정해 공인기록증서가 발급된다. 이 기록은 군인(장교/부사관), 공무원 채용 시 증빙 자료로 활용 가능하다.

학생건강체력 평가시스템 : PAPS

'체력장' 제도의 후신으로 2012년 이후 전국 초·중·고등학교에서 실시 중인 체력 검정. 공교육을 수료한 한국인이라면 누구나 한 번쯤은 통과하는 관문. 총 12개의 종목 중 순발력 측정에 '제자리멀리뛰기'가 포함되어 있다.

체육대학

체력 평가가 포함된 관련 학과, 사범대학(체육교육학과) 입학 시험에 점프력을 측정하는 제자리멀리뛰기, 서전트 점프, 높이뛰기가 포함된다.

육군사관학교

2023년부터 생도 선발을 위한 체력 검정에 제자리멀리뛰기가 포함된다.

소방공무원

전체 배점의 25%를 차지하는 체력 점수에 제자리멀리뛰기가 포함된다.

경찰특공대

전술 요원 선발 시험에 제자리멀리뛰기와 허들 넘기가 포함된다.

점프의 종류 세 가지

우리는 앞으로 각종 체력 검정 시험에서 널리 이용되는 대표적인 점프 동작 세 가지를 알아볼 것이다. 이들은 각각 제자리멀리뛰기, 서전트 점프, 맥스 버티컬 점프로 본격적인 훈련에 들어가기 앞서 각각의 개략적인 특징을 알아보자.

점프 종류별 분류

제자리 점프		런닝 점프
제자리 멀리뛰기 — 스쿼트 점프 행 앤 폴드 세일 앤 킥	제자리 높이뛰기 — 서전트 점프	맥스 버티컬
순수 근력 의존도 ▲ 건과 인대 탄성 의존도 ▼		순수 근력 의존도 ▼ 건과 인대 탄성 의존도 ▲
근력 점프		탄력 점프

CLASSIFICATION

1 제자리멀리뛰기

Standing Long Jump

대다수에겐 별다른 감흥 없는 평범한 단어일 것이다. 간혹 사람에 따라 추억 속의 '체력장' 혹은 팝스PAPS: 초·중·고 체력 측정를 떠올릴지도 모른다. 하지만 어느 누군가에겐 인생의 결정적인 시기에 발목을 잡는 공포의 대상이다. 대학 입시부터 각종 공무원 임용에 이르기까지 기초체력 평가 도구로 끊임없이 수험생들을 괴롭히는 종목이다. 좁은 공간에서 별도의 설비 없이 정량적인 계측이 가능하기 때문에 각종 체력 검정에서 널리 이용되는 공통과목이다. 입시 체육 영역에서 봤을 때 제자리멀리뛰기란 수험생들에게 있어 마치 쉽게 풀어낼 수 없는 "킬러문항"이라고 할 수 있다.

사실 제자리멀리뛰기는 단순한 운동이다. 동작 준비부터 완수까지 고작 1초 내외의 짧은 시간이면 충분하다. 체육 실기 시험에선 구기 종목처럼 기술적 복잡도가 높은 종목들을 기능실기라 부르고 그에 대비되는 단순한 종목들은 기초실기라 부른다. 제자리멀리뛰기는 기초실기로 분류되는 대표적인 종목이다. 그래서 제멀은 단순한 운동이다.

한편으로 제자리멀리뛰기는 복잡한 운동이다. 수많은 수험생들이 막대한 시간과 노력을 쏟아붓고도 — 경우에 따라서 그 노력은 수년에 이르기까지 한다! — 제자리멀리뛰기 기록이 정체되어 인생의 중요한 고비에서 쓴잔을 마신다. 이들에게 제자리멀리뛰기는 복잡한 운동이다. **단순하면서도 복잡한 운동. 이 모순을 해결하는 것이 우리의 주된 목표이기도 하다.**

2 서전트 점프

Sargent Jump

19세기 말부터 20세기 초에 걸쳐 활동했던 미국의 체육학자 더들리 싸전트Dudley Allen Sargent, 1849~1924가 고안했던 체력 검사 방법이다. 그의 이름을 딴 시그니처 동작이기 때문에 "싸전트 점프"라고 표기하는 것이 옳지만 기존에 관례적으로 통용되던 표기를 따라 "서전트 점프"로 쓴다.

이 점프는 제자리에서 무릎은 약 90° 정도 구부렸다 다시 펴면서 팔은 머리 위로 크게 흔들어 지면으로부터 수직 방향으로 뛰어오른다. 싸전트 박사는 자신의 저술 인간의 체력 측정The physical test of man, 1921에서 왜 하필, 이 수직 방향 점프를 체력 측정 기준으로 정했는지에 대해 이렇게 밝힌다. **"인간이 직면하는 가장 강력하고 지속적인 자연의 힘은 바로 중력이다. 이를 견디지 못하면 인체는 지면에 붙어 납작하게 찌그러질 것이다."** 즉, 중력에 맞서 지면의 수직 방향으로 거슬러 올라가는 능력을 보여 주는 수직 점프력이 인체가 가진 가장 "자연적인 힘"을 보여 주는 지표라는 뜻이다. 원래 싸전트 박사가 고안한 측정법은 일의 총량(힘×이동 거리) 기준이었다. 점프 전 곧게 섰을 때 머리의 위치와 점프 최고점에서 머리의 위치를 뺀 거리 차이를 점프 높이로 하고 여기에 대상자의 체중을 곱한다. 이 값이 클수록 높은 체력 등급을 부여한다.

그러나 서전트 방식을 활용한 체력 측정엔 문제가 있었다. **정확한 점프 높이를 측정하기가 생각만큼 쉽지 않다.** 처음 실시된 오리지널 버전처럼 출발 전 머리 높이와 최고점에서의 머리 높이를 비교하기 위해선 영상 장비나 적외선 센서 같은 고도의 장비가 필요하다. 이를 체력 측정 기준으로 정한 싸전트 박사의 의도는 좋았지만 각종 체력 검사에 제자리멀리뛰기만큼 널리 쓰이지 않는 가장 큰 이유가 바로 이 "정량적 계측의 어려움"에 있다.

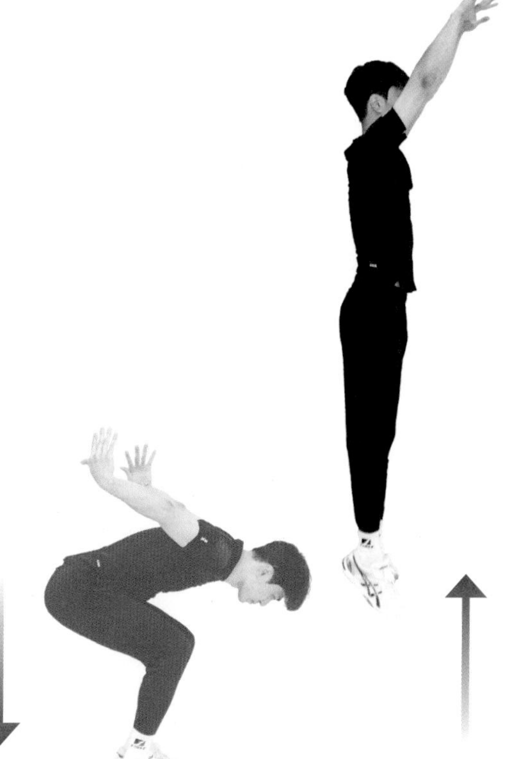

3 맥스 버티컬 점프

Max Vertical Jump

서전트 점프와 같은 수직 방향 점프지만 달려오는 도움닫기 속도를 활용해 보다 높게 뛰어오를 수 있는 점프 방식을 말한다. 대중들 사이에서 런닝점프, 버티컬 점프 등의 용어가 혼용되고 있지만 정확한 포함관계를 밝히자면 도움닫기가 포함된 수직 방향 점프들을 모두 묶어 런닝점프Running Jump라고 부르고, 그 런닝점프 가운데 일종이 '맥스 버티컬 점프Max Vertical Jump'인 것이다. 올림픽 정식 종목인 높이뛰기High Jump, 농구의 덩크슛, 배구의 스파이크나 점핑 서브 동작들이 이 맥스 버티컬 점프를 토대로 이루어진다. 스포츠 선수 이외에도 많은 사람들이 지극히 순수한 동기 — 보다 높은 곳에 손을 뻗어 닿고 싶다 — 에서 시도해 보는 점프이기도 하다. 주목할 점은 **'가장 높이 뛸 수 있는 점프' 임에도 서전트 점프 기록보다 이 맥스 버티컬 점프 기록이 낮은 사람들이 많다는 점이다.** 일반적으로 도움닫기가 추가되면 늘어난 운동에너지만큼 점프 높이가 늘어나야 할 텐데 왜 제자리에서 뛰는 서전트 점프보다 높이가 덜 나올까? 맥스 버티컬 점프가 우리가 알아볼 세 종류의 점프 가운데 '가장 기술적인 고난도 동작'이라는 증거다. 입시 체육에서 제자리멀리뛰기나 서전트 점프를 '기초실기'로 분류하는 것과 대조적으로 맥스 버티컬 점프를 활용한 '높이뛰기'는 '기능실기'로 분류된다. 타고난 운동신경의 소유자들은 별다른 교습 없이 스스로 기록을 잘 뽑아내겠지만 절대 다수의 평범한 이들은 따로 기술을 배우지 않으면 이 맥스 버티컬 점프 기록이 서전트 점프 기록에도 못 미친다. 그만큼 '기술' 점프다. 입시와 수험에선 전국의 주요 사범대학 체육교육학과 입학시험과 중등체육교사 임용고시에도 포함된 높이뛰기의 기초를 이루기 때문에 사람에 따라서 이 맥스 버티컬 점프가 제자리멀리뛰기 만큼이나 피할 수 없는 인생의 관문이 되기도 한다.

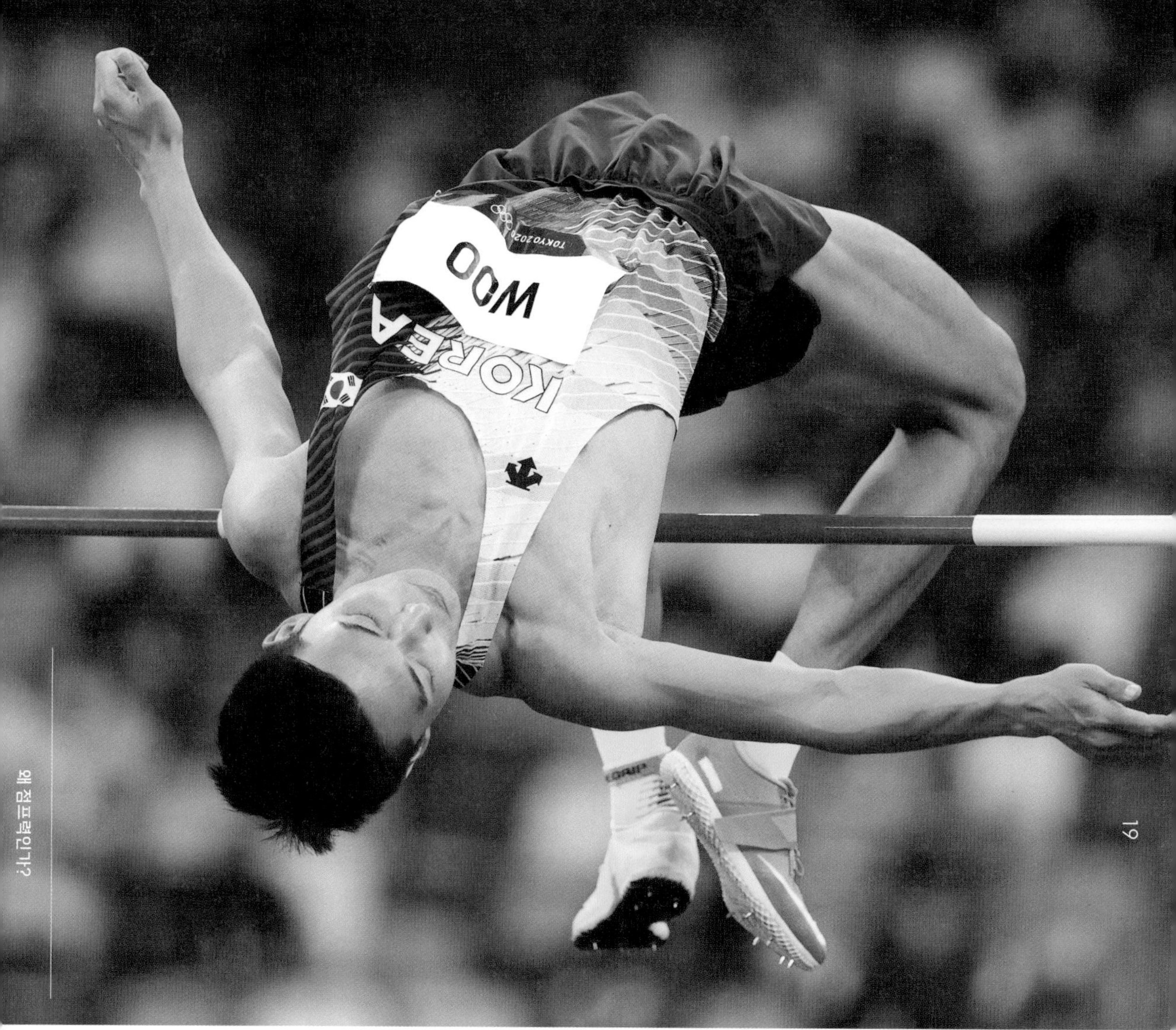

TMI

24년 만에 한국 신기록을 새로 세운 우상혁

높이뛰기 기록은 키의 영향이 크다. 일반적으로 선수의 한계 기록은 신장에서 50cm를 더한 값으로 보고, 무게중심이 높을수록 유리하기 때문에 다리 길이도 중요하다. 따라서 국제 대회에 진출하는 해외선수들의 신장은 통상 190cm가 넘고, 허리가 긴 동양인에겐 특히 불리한 종목으로 알려져 있다. 바로 이 같은 악조건 속에서도 한국 높이뛰기의 역사를 새로 쓰고 있는 우상혁 선수가 우리 곁에 있다. 2021년 열린 도쿄 올림픽에서 24년간 정체되어 있던 한국 신기록을 235cm(종전 1997년 이진택 234cm)로 경신하는 것과 동시에 올림픽 4위라는 쾌거를 기록했다. 이듬해인 22년 체코에서 한국 신기록을 추가 갱신(236cm, 실내기준)했으며 2024 파리 올림픽 메달권 입상이 유력한 우승 후보로 꼽히고 있다.

얼마나 뛰어야 잘 뛰는 걸까?

미군 체력 검사OPAT, 영국군 체력 검사SCR, 미식축구 프로리그 입단 테스트NFL Combine 등 제자리멀리뛰기는 표준화된 체력 검사 도구로 전 세계 각지에서 실시되고 있다. 그러나 세계 최고의 '제멀 강국'이라면 역시 대한민국이다. 대학 입시부터 공무원 시험까지 매우 광범위하게 활용되기 때문에 국내 시험들의 검정 기준은 확실히 해외의 검사들과 비교해 봤을 때 더 높고 응시자들의 기록 수준 또한 상향 평준화가 되어 있다. 자기 자신의 점프력이 어느 정도인지 가늠해 볼 수 있는 지표들을 확인해 보자.

높이뛰기 참고 기준

- 자신의 신장 이상을 뛸 수 있으면 상급자, 성인 남자 기준 2m 이상은 선수급
- 한국 신기록 | 남 우상혁 236cm (2022) 여 김희선 193cm (1990)
- 중등 체육 교원 임용 실기 지역별 기준 상이 | 남 160cm 이상 남 140cm 이상

대학 입시 만점 기준

	남자	여자	기타
건국대	170	140	추정치
고려대	162	130	—
단국대	155	125	—
숙명여대	—	130	—

*2024년 기준

제자리멀리뛰기 참고 기준

- 통계청 대한민국 성인 남녀(19~24세) 평균 기록2021년 기준 | **남 217cm 여 164cm**
- NFL 런닝백 포지션 입단 테스트 평균 기록 | **304cm**
- 경찰특공대 전술 요원 만점 기준 | **남 280cm 여 245cm**
- 소방공무원 일반 공채 만점 기준 | **남 263cm 여 199cm**
- 육군사관학교 생도 선발 만점 기준 | **남 261cm 201cm**
- 대학 입시 대학 학과별 만점 기준2024년 기준 | **남 300~280cm 여 260~230cm**

	남자	여자	차이
세종대	300	260	40
동국대	300	250	50
중앙대 | 스포츠과학	300	250	50
한양대 | 스포츠과학	300	250	50
가천대	300	240	60
한체대 | 사회체육	290	240	50
국민대	285	235	50
서울 시립대	285	230	55
한체대 | 노인복지	284	231	53
숭실대	280	235	45
연세대	280	230	50

CHAPTER 2

기초체력 테스트

BASIC TEST

나는 지금 뛰어도 되는 몸일까?

'점프'Jump의 정의는 "양발이 모두 공중에 떠 있는 동작"이다. 한시바삐 "더 높게, 더 멀리, 더 힘차게" 움직이고 싶은 점퍼Jumper의 심정은 이해하지만 지도자의 입장에서 기록보다 우선하는 사항은 안전이다. 양발 모두 공중에 떴다 착지할 때 하체에는 자신의 체중 이외에도 중력 가속도가 붙어 **적게는 체중의 2~3배, 많게는 8배 가까운 부하가 순간적으로 가해진다.**

일정 수준 이상의 기초체력이 갖추어진 사람이 아니라면 성급히 훈련에 들어갔다 부상을 입고 몇 주씩 쉬게 될 수 있다. 예를 들어, 거의 해를 넘겨 책상 앞에만 앉아 있던 운동 부족 상태의 수험생이 부족한 필기 점수를 실기로 보충하기 위해 무턱대고 점프력 강화 훈련에 돌입하는 경우가 그러하다.

본격적인 훈련에 앞서 자신의 몸 상태가 점프를 위한 준비가 되어 있는지 확인하는 동작검사가 필수적이다. 자기 몸 안의 약한 고리와 불균형을 식별하고 이를 교정하는 과정은 1차적으로 "부상 예방"을 위해 필수적이고 장기적으로는 "기록 향상"을 위해서 권장된다. 절대다수의 코칭은 기록 정체 시 돌파구를 근력 개선(근육량 증가)이나 기술적 측면에서만 접근한다. 하지만 상급자 수준에 도달해 1cm, 2cm가 절박한 기록경쟁 단계에 진입하면 특정 관절의 가동 범위 제한, 숨은 부상이 만들어 낸 만성통증, 미묘한 인체의 좌우 비대칭과 같이 잘 드러나지 않았던 요소들이 발목을 잡는다. 본인이 평소 인지하지 못했던 몸 안의 "약한 고리"들은 **비유적으로 표현하자면 휠 얼라인먼트가 살짝 뒤틀린 자동차와 같다.** 평소에는 운전자가 체감하지 못할 정도의 차이지만 어느 날 고속도로에 들어가 속도를 올렸을 때 격렬한 진동에 당황하게 될 것이다. 동작검사에서 식별된 문제를 해결하는 것이 단순히 부상예방 차원을 떠나서 퍼포먼스 향상에 영향을 미친다는 것은 바로 이런 의미다.

운동 경력을 갖춘 숙련자도 이번 장에서 제시한 동작검사들을 건너뛰지 말고 반드시 사전에 따라 해 보면서 인식하지 못했던 내 안의 약한 고리는 없었는지 확인해 보는 기회로 삼자.

기초 동작 검사 4분류

기초 동작 검사를 통해 확인할 능력은 다음의 네 가지다.

하체가동성

최우선 순위로 확보되어야 하는 능력이다. 점프뿐만 아니라 육상(달리기), 웨이트 트레이닝과 같은 타 훈련에도 큰 영향을 미치기 때문에 반드시 확보되어야 하는 선결 조건이다. 가동성은 비슷해 보이는 개념, 유연성과 혼용되기 쉽지만 이 둘은 다르다.

가동성 Mobility 스스로 능동적으로 관절을 움직일 수 있는 범위	유연성 Flexiblity 능동, 수동 상관없이 근육이 최대한 늘어날 수 있는 범위

가동성은 단순히 늘어날 뿐만 아니라 근육의 능동적인 수축력, **즉 근력을 가지고 의식적으로 힘을 조절할 수 있는 범위를 말한다.** 달리기, 점프와 같은 격렬한 동작에서 근육파열이나 염좌 같은 불의의 부상들은 대체적으로 이 가동성 부족에서 발생한다. 급작스런 가속이나 방향 전환 시 평소 훈련되지 않았던 가동 범위 밖으로 관절이 움직일 때 과부하가 걸리는 것이다.

하체 근력 안정성

안정성stability은 가동성과 반대되는 개념으로 가동성이 "내 의지대로 움직일 수 있는 능력"이라면 안정성은 "내 의지대로 움직이지 않을 능력"이다. 안정성을 발휘하려면 외부에서 가해지는 힘에 맞서 근수축이 일어나기 때문에 특히 "근력"이 필수적이다. 단, 이것은 일반적인 최대근력Strength 개념과는 결이 다르다. 근력(근육)을 키우는 동작이 곧 안정성으로 직결되는 것이 아니다. 근력에 기반한 능력이긴 하지만 보다 구체적으로 특정 동작에서 "천천히 힘을 조절할 수 있는 능력"이기에 단순 근력 훈련과 구분된 별도의 연습을 필요로 한다. 안정성 역시 부상예방과 기록 향상 차원에서 운동 전에 필수적으로 확보되어야 하는 능력이다.

후면가동성

'햄스트링'으로 대표되는 인체 후면부 근육들의 가동성은 앞선 두 능력에 비교해 필수적인 능력은 아니다. 햄스트링이 뻣뻣하면 부상 위험이 늘어난다는 이론도 존재하지만 여기서 후면부의 가동성을 동작검사에 포함시키는 주된 이유는 장기적 기록 향상을 위한 것이다. 제자리멀리뛰기 상세훈련에서 확인하게 되겠지만 **이 후면부가 뻣뻣한 사람은 상급자 단계에서 기록이 정체된다.** 훈련 전 필수 조건까지는 아니지만 점프력 강화 훈련과 병행하며 장기적으로 가동 범위를 늘려 나가도록 하자.

상체가동성

어깨관절의 가동성을 의미한다. 후면가동성과 같은 맥락에서 당장 점프 훈련에 결정적인 요소는 아니지만 장기적 관점에서 기록 향상을 위해 필요한 능력이다. 점프력은 본질적으로 하체운동이지만 수직 점프 항목에서 추후 설명하듯이 최고 수준에 이르면 상체도 참여한다. 이때 상체의 가동 범위가 제한되면 기록의 한계가 찾아온다.

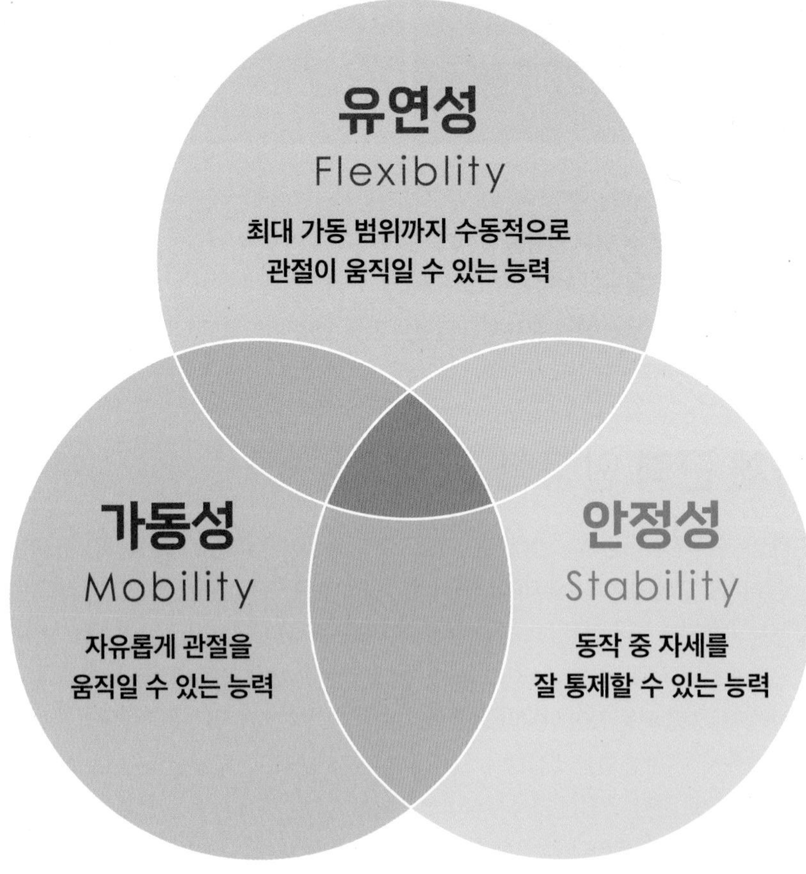
유연성
Flexiblity
최대 가동 범위까지 수동적으로
관절이 움직일 수 있는 능력
가동성
Mobility
자유롭게 관절을
움직일 수 있는 능력
안정성
Stability
동작 중 자세를
잘 통제할 수 있는 능력

제멀왕 동작검사

동작검사 진행도

- 동작검사의 시작은 만세스쿼트Overhead Deep Squat 평가로 시작한다. 만세 스쿼트를 통해 얻어진 결과에 따라 분기를 겪게 된다.

하체 가동성에 문제가 있는경우

- 골반비대칭과 같은 심각한 문제가 발견되면 체형교정 전문가의 도움을 받는다.
- 동작이 확보될 때까지 만세 스쿼트 동작 그 자체를 계속 연습한다.
- 하체 가동성에 초점을 맞춘 '도마뱀 자세'를 연습한다.

상체 가동성에 문제가 있는경우

- 좌우비대칭, 하체안정성 검사를 실시하고 그 결과에 따른다.
- 좌우비대칭, 하체안정성 검사 결과와 별도로 점프력 훈련 중에도 꾸준히 상체 가동성 운동인 '벽천사 자세'와 폼롤러 마사지를 실시한다.

상체 가동성에 문제가 없는 경우

- 좌우비대칭 동작 검사인 한 다리 내밀기를 실시한다.

좌우 비대칭에 문제가 없는 경우

- 하체안정성 검사인 Y밸런스를 실시한다.

하체 안정성에 문제가 없는 경우

- 하체 근력 검사인 한 다리 의자 테스트를 실시한다.

모든 검사를 통과한 경우

- 본격적인 점프력 훈련에 돌입한다.

하체, 상체 동작 검사와 별도로 하지적거상 검사, 좌전굴 검사 중에 하나를 실시하여 후면가동 범위를 확인해 보고 최저기준을 맞출 때까지 점프력 훈련과 병행해 가동 범위 증가 훈련을 실시한다.

심각한
비대칭성
교정 필요

상체
뻣뻣

벽천사 자세

START

만세
스쿼트
표준 검사

한 다리
내밀기
좌우비대칭

전신 뻣뻣
계속연습

하체
뻣뻣

도마뱀 자세

제멋왕 동작검사 ▶ https://youtu.be/_OV0cCtrMBw

MOTION
PROCESS

Y 밸런스
하체안정성

한 다리 의자
하체 근력

하지직거상 OR 좌전굴 택1
햄스트링

동작검사 1

만세 스쿼트

Overhead Deep Sqaut

이 검사는 상체와 하체의 가동성을 동시에 평가할 수 있는 전신운동으로 오래전부터 다양한 곳에서 운동능력을 평가할 수 있는 가장 기초적인 동작검사로 활용된 동작이다. 핵심적인 목표는 하체의 가동성을 확인하는 것이다. 똑같이 결과가 미흡해도 문제 부위가 상체인가 하체인가 여부에 따라서 대처가 달라진다. 이 자세는 일종의 테스트인 동시에 그 자체가 연습이기 때문에 아래의 불합격(3, 4, 5) 결과가 나온 사람들은 각 부분에 제시된 해당 솔루션 이외에도 이 동작 자체를 수시로 자주 반복하는 것이 좋다.

STEP

1 장봉을 잡고 머리 위로 팔을 들어 올린다. 손의 간격은 자신의 손끝에서 명치까지의 길이가 봉을 마주 잡은 양손 간격과 일치하는 정삼각형을 이루도록 한다. (사진 속 붉은 보조선)

2 만세 자세를 유지하고 상체와 허리를 꼿꼿이 세운 뒤 최대한 깊게 쪼그려 앉는다.

3 만세 유지가 어렵다면 팔을 눈 높이로 내리고 어디까지 내려가는지 확인한다.

4 깊게 내려가지 않는다면 발뒤꿈치에 적당한 받침대를 놓고 쪼그려 앉아본다.

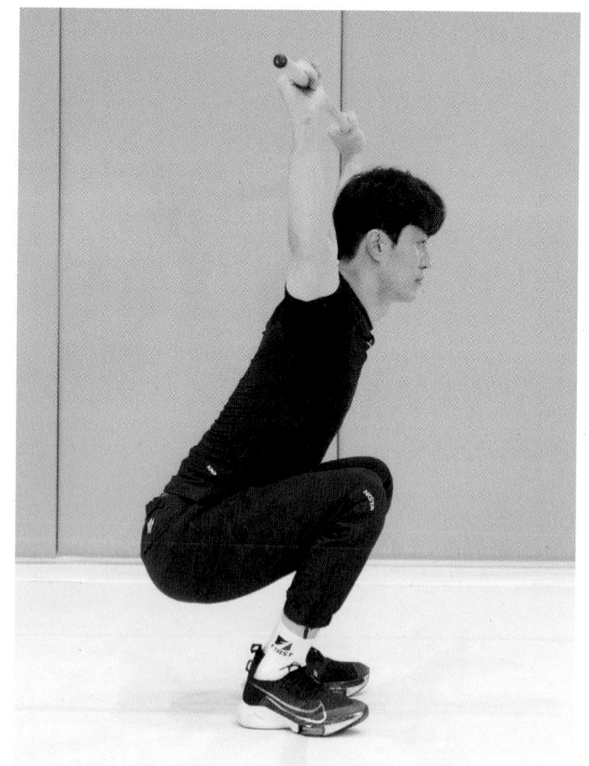

1

동작 검사 통과 가동 범위 상

한 다리 내밀기 테스트로 진행

- 몸통이 정강이와 평행, 혹은 그 이상이 되록 곧게 선다.
- 팔은 귀 높이, 혹은 그 뒤로 넘긴다.
- 골반뼈ASIS가 무릎보다 아래로 내려가게 완전히 쪼그려 앉을 수 있다.
- 무릎이 발끝보다 앞으로 나가도 상관없다.
- 명치와 양손이 정삼각형을 이루지 못해도 머리와 봉 사이에 주먹 하나 들어갈 정도 공간이 확보되면 성공으로 간주한다.

2

상체 가동성 부족

한 다리 내밀기 테스트, 폼롤링 진행

실패 유형

- 팔을 만세한 상태로 쪼그려 앉기가 어렵다.
- 팔이 귀 옆에 붙을 정도로 유지하고 쪼그려 앉으면 깊이는 나오지만 허리가 숙여진다. (몸통이 정강이보다 앞쪽으로 기울어짐)
- 팔을 눈 높이 정도로 내리고 앉으면 완전히 쪼그려 앉을 수 있다.

3

하체 가동성 부족

도마뱀 자세, 하체 폼롤링 진행

실패 유형

- 어깨는 귀보다 더 뒤로 젖힐 수 있지만 쪼그려 앉을 수 없다.
- 발뒤꿈치에 보조기구를 덧대면 완전히 쪼그려 앉을 수 있다.

4

상하체 가동성 동시 부족

도마뱀 자세, 전신 폼롤링 실시

실패 유형

팔을 뒤로 넘길 수도 없고 완전히 쪼그려 앉을 수도 없다.

5

전신 불균형

체형교정 전문가와 같은 외부의 도움을 받는다

- 육안으로 관찰될 정도로 심한 비대칭이 관찰된다.
- 체형교정 전문가와 같은 별도의 외부 도움을 받는다.

동작검사 2 한 다리 내밀기

Leg Slide

만세 스쿼트 검사를 통과한(1, 2) 사람들은 좌우 비대칭을 확인하기 위한 한 다리 내밀기 검사를 실시한다. 단순히 하체의 좌우 근력 비대칭뿐만 아니라 발목, 무릎, 고관절 그리고 발바닥이 내재근들까지 얼마나 안정적으로 조절되고 있는가 확인하기 위한 검사법으로 **가급적 맨발로 실시한다.**

STEP

1 양발 끝을 맞추고 바로 선다. 발과 발 사이 바닥에 긴 테이프와 같은 라인 표시를 한다.

2 한 다리 발 안쪽을 라인에 맞춰 앞으로 내민다.

3 외발 자세를 유지하면서 자신의 발 하나 간격만큼 내밀었다 다시 제자리로 돌아온다.

4 좌우 번갈아 최대한 많은 횟수를 실시한다.

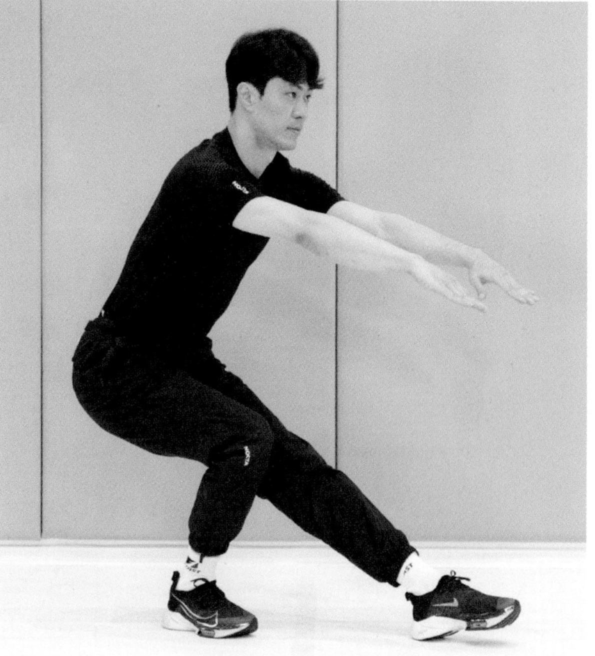

통과 기준

- 연속 15회 이상 실시 가능
- 좌우 편차가 2개 이하
- 도중에 발이 바닥에 닿거나 손을 바닥에 짚으면 불합격
- 지탱하는 발의 뒤꿈치가 지면에서 떨어지면 불합격
- 반동을 이용해서 빠르게 실시하면 불합격
- 좌우 무릎이 서로 마주 닿으면 불합격
- 해당 기준 미충족 시 달성까지 수시로 연습

동작검사 3

Y밸런스

Y-Balance Test

Y밸런스 검사는 한 다리 내밀기 검사를 보다 심화한 것으로 한 다리를 여러 방향으로 중심 이동을 할 때 안정적으로 몸을 지탱할 수 있는 안정성, 인체의 사지가 몸통(코어)과 얼마나 조화롭게 협응하는지 여부까지 반영하는 종합 테스트다. 이 역시 **가급적 맨발로 실시한다.**

STEP

1 중심점에서 사잇각이 각 120도가 되도록 바닥에 3개의 선을 긋는다.

2 선의 길이는 자신의 다리길이인심, Inseam가 되도록 한다.

3 중심점에 한 다리를 밟고 서서 지탱하는 다리에 힘을 준다.

4 반대 발은 선을 따라 천천히, 각 세 방향으로 선 끝까지 뻗고, 끝점에서 2초간 공중에 머무른다.

5 도중에 손을 바닥에 짚거나 발이 지면에 닿으면 불합격

▶ 검사 도중 무릎이나 발목에 통증이 없어야 한다. ▷ 다리를 바꿔 각각 연속 10회 실시가 가능해야 한다. ▷ 통과하지 못했을 경우 3회 3세트, 5회 3세트 식으로 수시로 운동을 반복하여 10회 1세트를 완수할 때까지 능력을 키운다.

동작검사 4

한 다리 의자 앉기

Single Leg Sit To Stand

이 검사는 본래 '달리기' 를 시작해도 되는 몸 상태가 되었는지 확인해 보기 위한 목적으로 만들어진 검사법이다. 점프와 달리기의 상관관계를 고려해 봤을 때 점프 훈련 가능성 여부를 측정할 수 있는 최종 훈련으로 활용하기 좋다. 앞에서 확인한 검사들과 같이 안정성 테스트를 겸하지만 보다 직접적인 '근력 운동'에 성격이 짙다. 이 단계까지 통과하면 이제 무리 없이 점프력 훈련에 돌입해도 좋다.

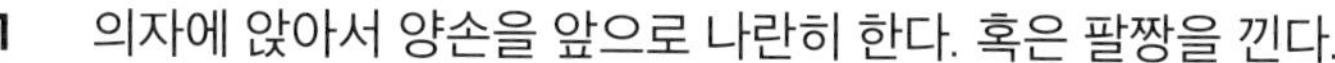

1 의자에 앉아서 양손을 앞으로 나란히 한다. 혹은 팔짱을 낀다.

2 한 다리는 무릎을 펴서 앞으로 든 상태를 유지한다.

3 팔을 휘저어서 반동을 만들거나 손으로 의자 팔걸이를 짚지 않는다.

4 순수하게 한 다리 힘만 가지고 일어선다.

5 다시 앉는다.

▶ 의자 높이가 중요하다. **앉았을 때 무릎이 90도보다 살짝 더 구부러진 상태가 되는 높이에서 실시해야 테스트에 의미가 있다.** 만약 의자가 높다면 매우 쉬워지기 때문에 큰 의미가 없다. ▷ 만약 높은 의자밖에 없다면 발밑에 두꺼운 책과 같은 발받침을 만들어 높이를 맞추고 테스트를 실시한다. ▷ **좌우 각 15회 이상 연속으로 실시할 수 있어야 무리 없이 점프 훈련을 시작할 수 있는 상태로 본다.**

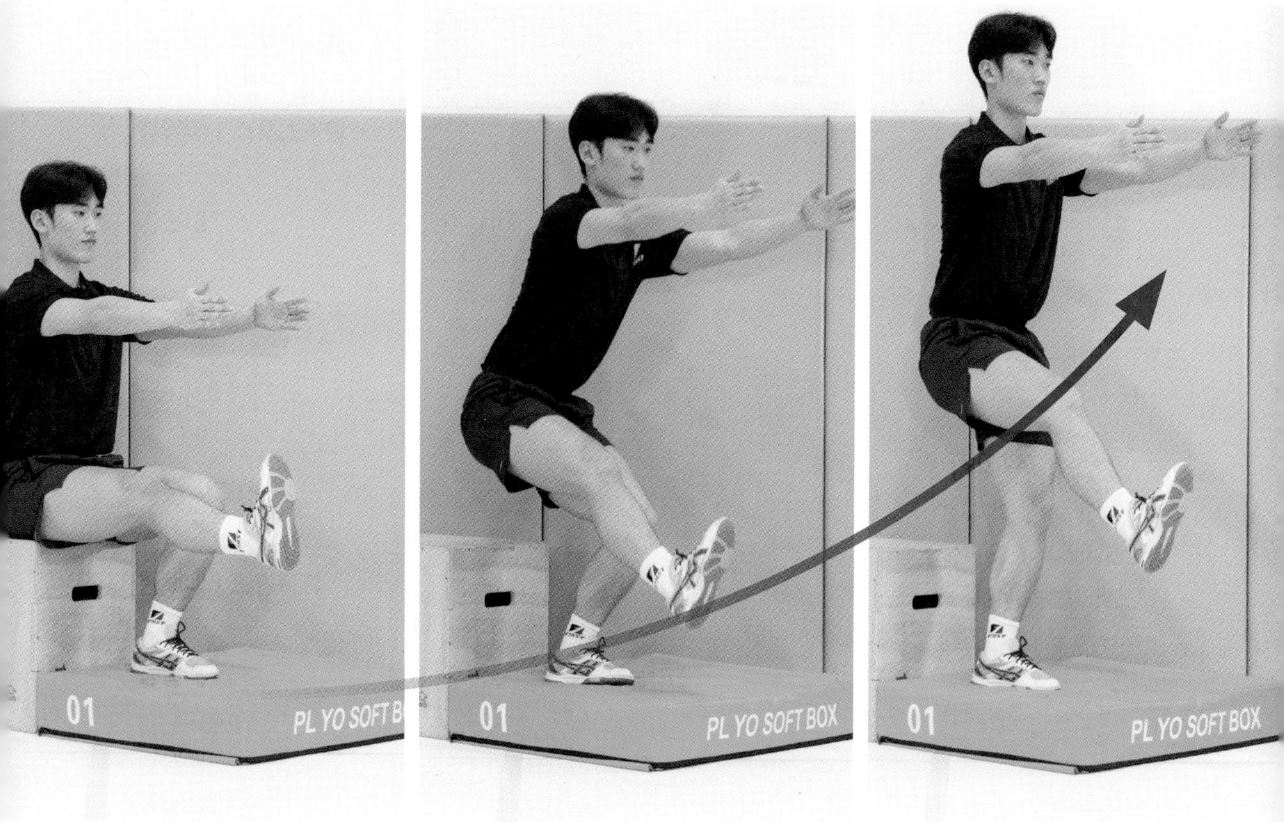

동작검사 5

도마뱀 자세

Lizard Pose, Utthan Pristhasana

앞서 만세 스쿼트 검사 결과 하체 가동성이 부족한 것으로 나온 이들에게 권하는 보조운동은 "도마뱀 자세(우탄 프리스타아사나)"라고 불리는 요가 동작이다. 도마뱀 자세는 다양한 상급자용 응용 자세들이 존재하지만 무릎과 자기 어깨가 닿을 정도 수준의 기본자세만 나오는 정도를 목표로 한다. 만약 어깨 밑 겨드랑이에 무릎이 닿을 정도의 가동 범위가 나오지 않거나 통증이 생긴다면 매일 꾸준히 동작을 실시해 몸을 풀어 주자.

무릎을 밖으로 벌려준다.

무릎과 발끝의 방향일치!

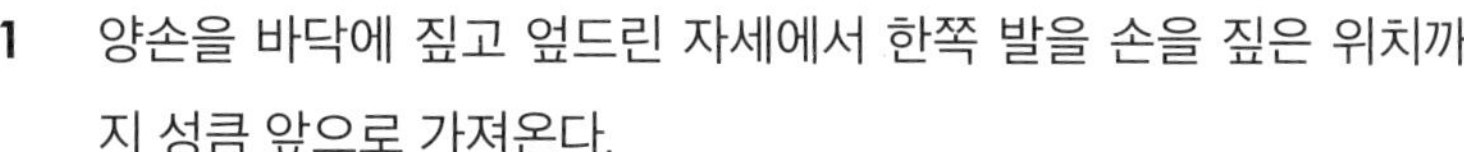

1 양손을 바닥에 짚고 엎드린 자세에서 한쪽 발을 손을 짚은 위치까지 성큼 앞으로 가져온다.
2 발끝이 살짝 바깥쪽을 바라보도록 사선 방향으로 열어 준 뒤 무릎과 발끝이 같은 방향을 보도록 맞춘다.
3 양손은 바닥을 밀면서 가슴을 펴고 상체를 최대한 들어 올린다.
4 뒷발은 쭉 뻗어 주며 골반을 내릴 수 있는 만큼 내린다.
5 반대쪽도 같은 요령으로 실시한다.

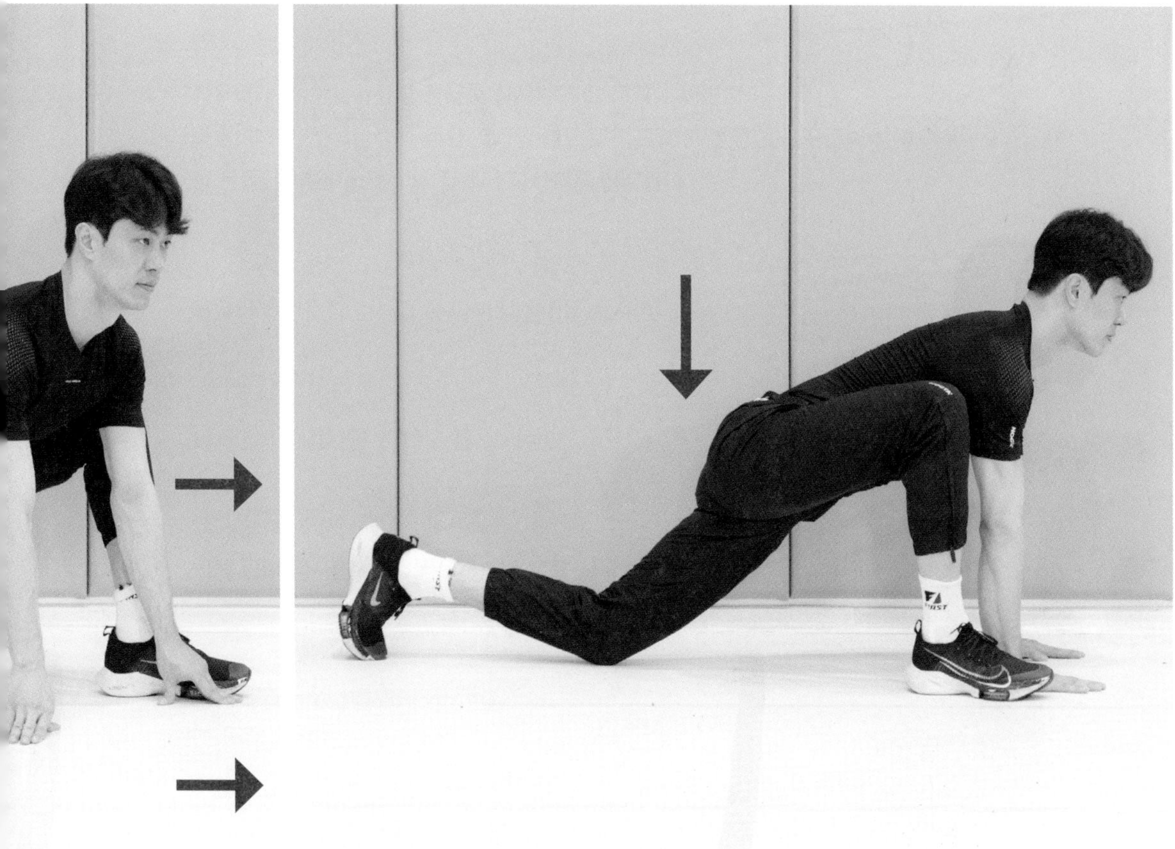

뒷다리 뒤로 쭉 뻗기 / 골반은 최대한 내리기 / 아랫배에 힘주기

동작검사 6

하지직거상 & 좌전굴

SLR Test & Forward Fold

햄스트링을 포함한 인체 후면 사슬의 가동성은 훈련 여부를 결정하는 핵심 요소는 아니지만 기록 향상이라는 장기적 측면에서 꾸준히 연습할 것을 권한다. 예를 들어 "여러 가지 방식의 제자리멀리뛰기(4장)"에 설명되는 "세일 앤 킥Sail & Kick" 스타일은 이 후면부 가동 범위에 의존해 기록이 결정된다. 두 가지 검사가 있는데 한 가지를 골라 실시한다.

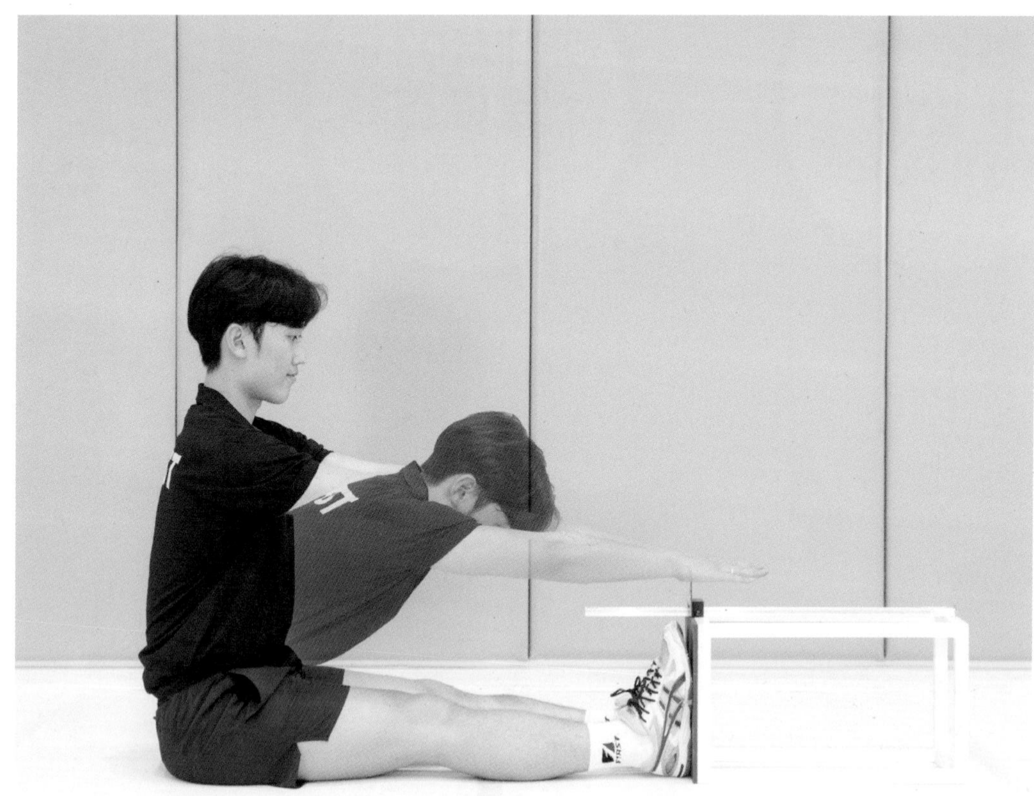

좌전굴 검사

1 평평한 바닥에 앉는다.

2 발등을 몸통 쪽으로 당겨 정강이와 발등이 이루는 각도가 90도가 되도록 한다.

3 양 무릎을 곧게 편 상태로 숨을 내쉬며 양손을 발끝으로 뻗는다.

4 손목이 발끝에 닿는 것을 목표로 실시한다.

하지직거상 검사

1 평평한 바닥에 눕는다.

2 손바닥은 천장을 향하도록 두 팔을 몸 옆에 가지런히 둔다.

3 발등을 몸통 쪽으로 당겨 정강이와 발등이 이루는 각도가 90도가 되도록 한다.

4 한 다리는 무릎을 곧게 펴 오금 뒤가 바닥에 붙은 상태로 유지한다.

5 반대 다리 역시 무릎을 편 상태로 곧게 뻗어 천천히 최대한 높게 들어 올린다.

6 **반대쪽 다리가 바닥에 뜨지 않은 상태에서 무릎을 완전히 펴고 90도를 만들도록 노력한다.**

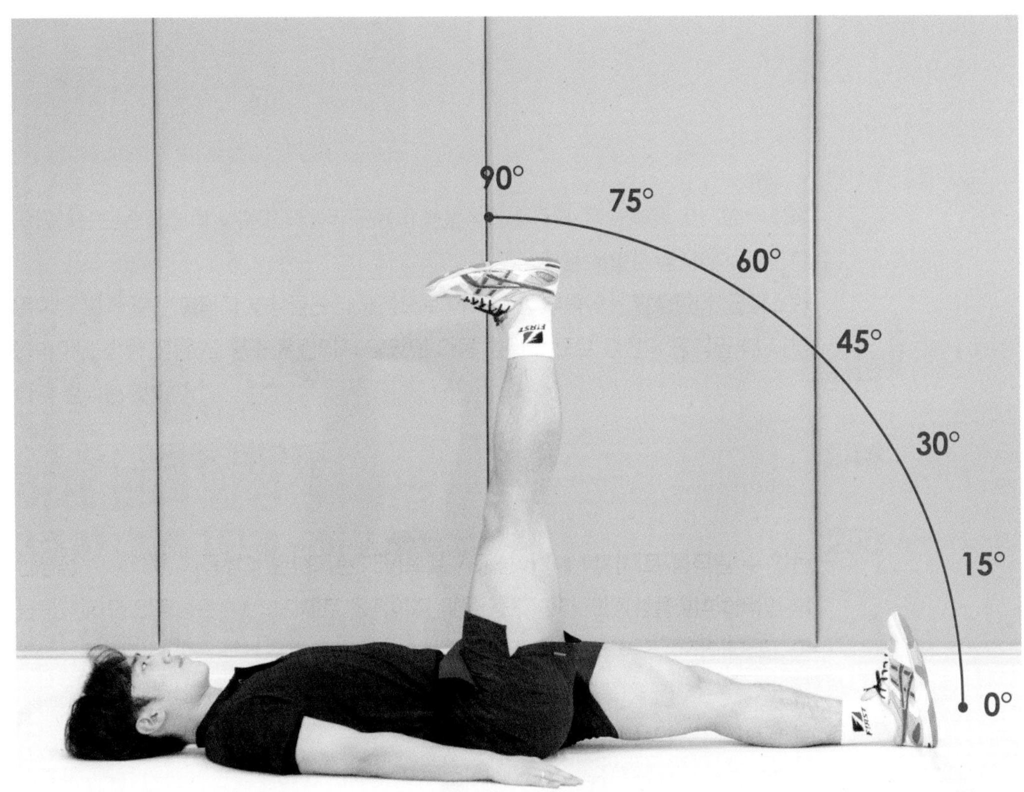

동작검사 7 | # 벽천사 자세

Wall Angels

상체의 가동성은 직접적으로 점프 훈련의 안전에 직결되는 영역은 아니다. 따라서 만세 스쿼트 동작 검사에서 상체 관련 능력이 미흡하더라도 하체 가동성만 충분하면 점프력 훈련으로 직행할 수 있다. 그러나 어깨가 뻣뻣하면 팔치기의 가동 범위가 제한되어 추후 기록 면에서 손해를 보게 된다. **본래 해부학 교과서에서 말하는 인체의 정상범위 내 어깨 움직임은 앞으로 회전할 때**Flexion **최대 180도, 뒤로 회전시킬 때**Extension **60도 정도가 나와야 한다.** 그러나 이미 현대인의 대다수가 스마트폰이나 운전대를 잡고 생활하면서 얻은 '라운드숄더(어깨 말림)' 증상으로 이 '정상 가동 범위'조차 나오지 않는 경우가 허다하다. 따라서 훈련과 더불어 틈틈이 상체(특히 어깨) 가동 범위를 증가시켜 주는 벽천사Wall Angel 운동을 병행하도록 하자.

1 무릎을 두 가슴 앞에 모으고 벽을 등에 기댄 채 쪼그려 앉는다.
2 어깨와 팔꿈치를 직각으로 구부리고 날개 모양을 만든다.
3 어깨 뒷면, 날개뼈, 팔꿈치, 손등이 모두 벽면에 닿아 있어야 한다.
4 접촉을 유지한 상태로 천천히 만세를 한다.
5 벽에서 접촉이 떨어지거나 좌우가 비대칭적으로 올라가는 경우 주의한다.

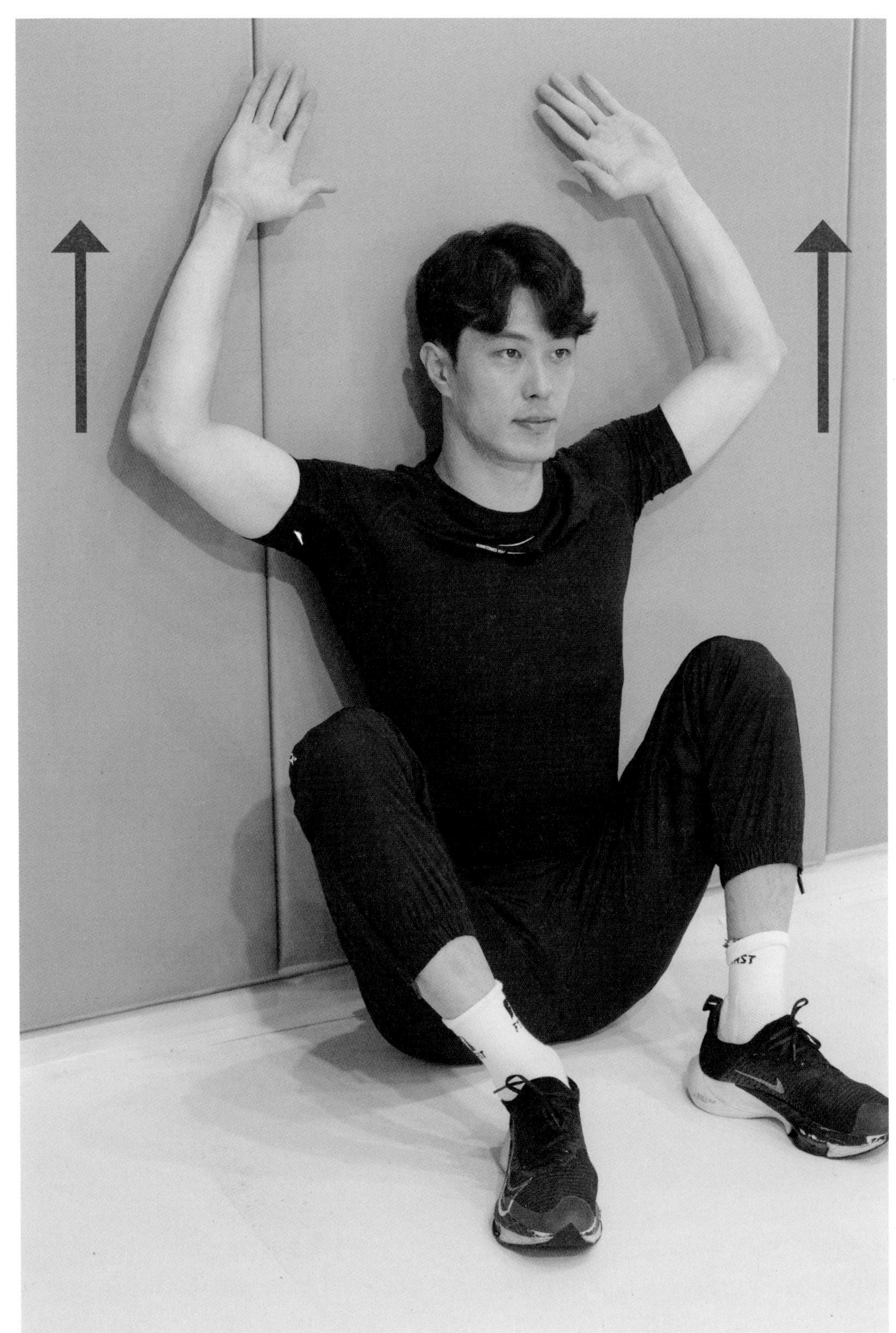

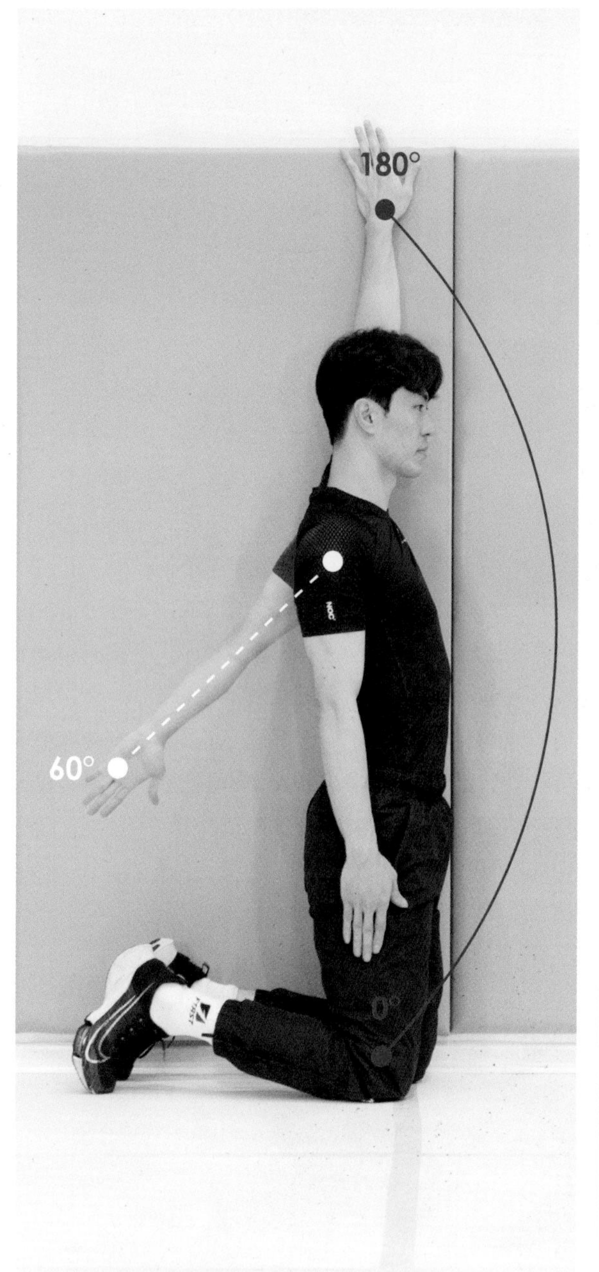

주의할 점은 어깨가 뻣뻣한데 이를 숨기는 보상이 나타나는 경우다. 주로 허리를 꺾거나 가슴(흉곽)을 들어 올리는 방식으로 어깨를 움직이지 않고 팔을 통째로 들어 올리는 경우다. 따라서 엄격한 평가를 위해 서서 하는 게 아니라 바닥에 쪼그려 앉아 어깨 가동성을 평가하도록 하자.

동작검사 8 폼롤러

Foam Roller Exercise

운동 전후로 굳은 연부조직Soft Tissue들을 마사지해 가동 범위를 늘려 주는 폼롤러를 적극 활용하도록 하자. 그 이완 효과는 일시적으로 보이지만 매일같이 꾸준히 한다면 큰 효과를 볼 수 있다.

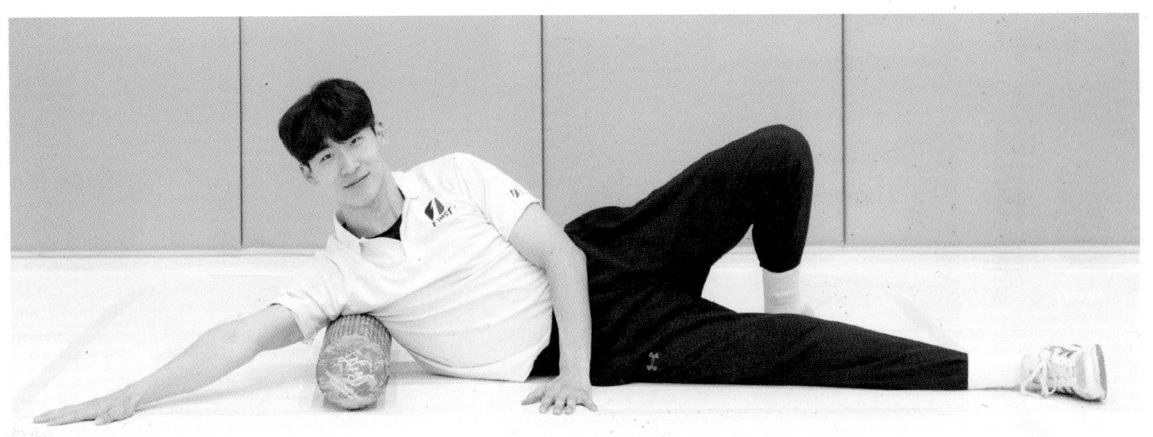

CHAPTER 3

점프의 이론

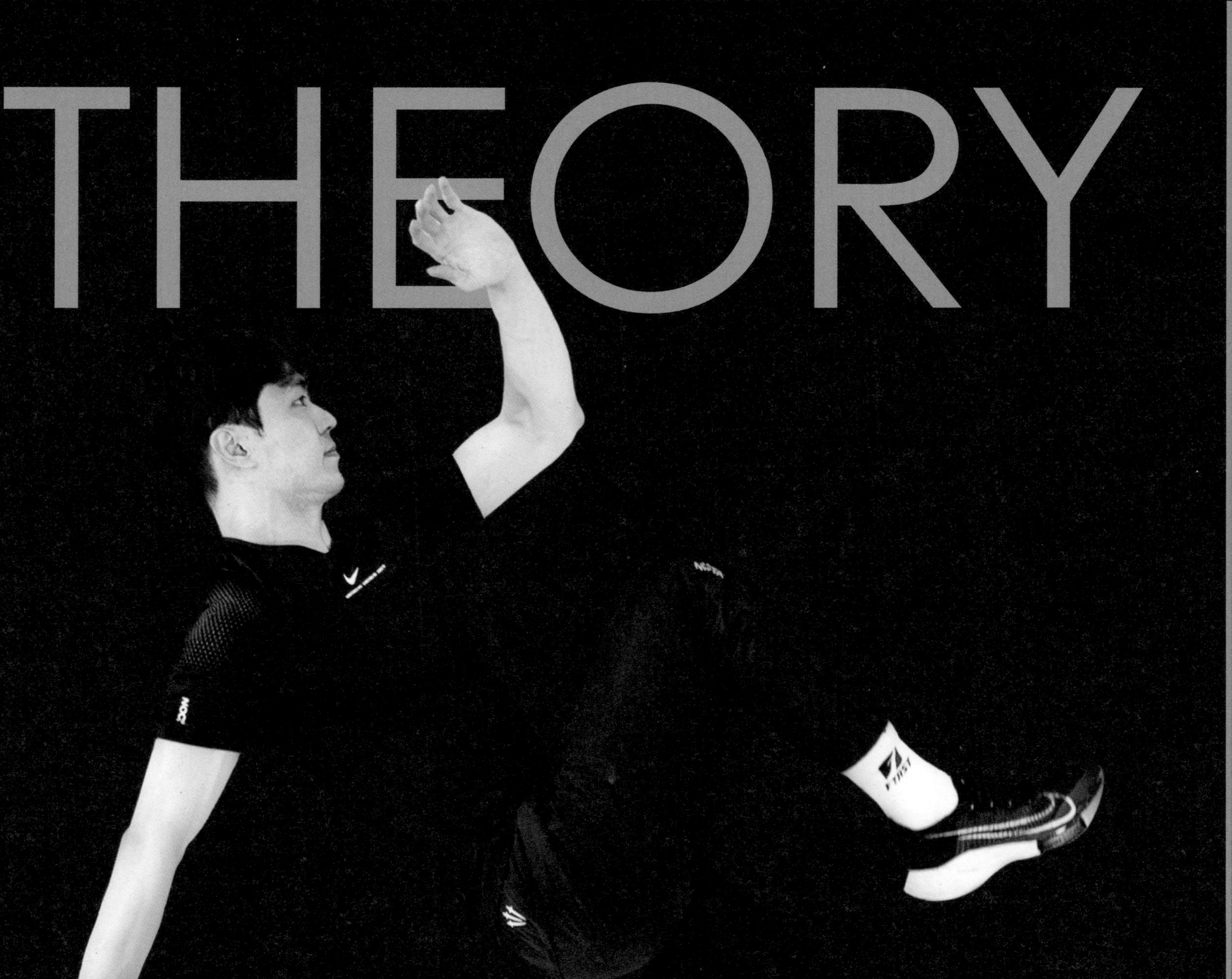

THEORY

점프의 분류

이 장에선 본격적인 기술훈련에 앞서 점프와 관련된 해부학적/역학적 이론을 설명한다. 이하의 개념들은 점프의 방향(수평/수직)과 방식(근력/탄력)을 막론하고 점프 동작 전반에 적용되는 보편적인 원리 원칙들이다. 뒤에서 상세하게 익히게 될 동작들의 이론적 토대를 이루기 때문에 최대한 "이해"하도록 노력하기 바란다. 실제 실기 지도가 이루어지는 현장 교습에서도 이론 설명에 상당 시간을 할애한다. 정확한 지식 없는 맹목적 반복은 결국 한계에 봉착하기 때문이다. 여기서 동원되는 역학적/해부학적 근거들의 난도는 대학의 관련 학과 1학년 교양 수준으로 크게 어렵지 않다. 따라서 비전공자나 고교생 수준에서도 충분히 이해할 수 있으니 부담감 없이 따라오기 바란다. 최후의 수단으로 **'이해가 어렵다면 결론만 암기'**하는 방식으로라도 기술훈련에 임하기 전 내용을 숙지하자.

C L A S S I F I C A T I O N

제자리 점프		런닝 점프
제자리 멀리뛰기 — 스쿼트 점프 행 앤 폴드 세일 앤 킥	제자리 높이뛰기 — 서전트 점프	맥스 버티컬
순수 근력 의존도 ▲ 건과 인대 탄성 의존도 ▼		순수 근력 의존도 ▼ 건과 인대 탄성 의존도 ▲
근력 점프		탄력 점프

점프력을 결정짓는 요소들

구조적 요소

체중
체지방률
신장
사지의 길이와 비율
건과 인대의 강성
근섬유 구성(속근/지근)

선천적 측면이 강함, 훈련으로 변화시키기 어려움

근력적 요소

최대근력
각근력
후면 사슬 수축력
코어 안정성
발목 안정성

단기 (3~4개월) 훈련으로 가장 큰 성과가 나타남

기술적 요소

구간별 동작 분석 : 준비 자세 / 도약 / 공중 동작 / 착지

▼

개인의 운동능력과 교육환경에 따라 편차가 큼

구조적 요소

훈련자의 몸을 구성하는 인체조직들의 물리적 특성 그 자체를 말한다. 선천적으로 결정되기 때문에 훈련을 통해 변화시키기 어렵다. 가령 타고난 신장과 팔다리의 비율은 외과수술을 동원하지 않는 이상 변하지 않는다. 이들이 점프력에 미치는 영향은 구체적인 사례를 살펴보면 이런 식이다.

인체의 무게중심은 골반-배꼽 근처에 위치하는데 높이뛰기를 위해선 무게중심이 높을수록 유리하다. **따라서 다른 신체 조건이 같다면 신장이 큰 사람, 같은 신장일지라도 다리가 긴 사람이 무게중심이 높아 높이뛰기 기록이 잘 나온다.**

다리 길이가 서로 같더라도 허벅지보다 정강이가 긴 사람이 점프에 더 유리하다. 아킬레스건의 길이는 정강이 길이에 비례하는데 건이 길수록 탄성력(F=Kx , K=탄성계수, x=길이변화)도 커지기 때문이다. 아킬레스건의 탄성력이 클수록 우리가 통상 "탄력이 좋다, 탄성을 타고났다"라고 표현하는 느낌의 점프가 나온다.

이처럼 선천적인 신체 조건이 점프력에 차지하는 지분은 분명히 크지만, **이 같은 사실에 위축되어 도전 자체를 포기하는 냉소주의에 빠져선 안 된다.** 신체의 구조물들의 특성도 개인의 노력과 체계적인 훈련 여부에 따라 변화가 가능하다.

2020 도쿄올림픽 남자 높이뛰기 4위를 기록한 대한민국의 높이뛰기 국가대표 우상혁 선수의 사례를 보자. 앞서 설명한 구조적 이유로 키가 190cm를 넘는 아프리카, 남미계 선수들이 독식해 온 올림픽 높이뛰기 분야에서 아시아인의 핸디캡을 극복하고 올림픽 4위를 기록했다. 구조적 요소들의 불리함도 후천적 노력으로 충분히 개선 가능할 수 있다는 교훈을 얻을 수 있다. 체중과 체지방률을 낮게 유지하도록 식이요법을 조절하거나 건과 인대의 길이가 아닌 굵기와 강성Stiffness을 강화해 기록을 향상시키는 방법들이 가능하다 . 특히 **'건과 인대는 선천적으로 타고나는 소모품'이라는 대중의 인식과 달리 해당 결합조직들도 훈련 방식에 따라 물리적 특성이 변한다.** 이 내용은 뒤의 "심화 개념"에서 보다 자세히 다룬다.

근력적 요소

근육과 근력을 말한다. 근육량과 근력을 "장기간의 절제와 노력의 산물"로 받아들이는 대중적 인식과 반대로 점프력을 결정짓는 세 요소 가운데 가장 단련하기도 쉽고 효과도 빠르게 나타난다. 힘은 가장 단순한 기술이며, 가장 익히기 쉬운 "솔직한 기술"로 볼 수 있다. 웨이트 트레이닝의 일반적 이론에 따르면 문외한이 처음 체계적인 근력운동을 실시하면 근육량이 불어나지 않아도 신경계의 적응으로 단 몇 주(16~20주) 사이에서도 급격히 힘이 강해진다! **단 1년(50주) 만에 정체기plateau에 도달할 수 있을 정도로(그래프 참조) 근력운동은 단기간 눈에 띄는 효과를 볼 수 있는 훈련법이다.** 수많은 체력학원들의 커리큘럼이 웨이트 트레이닝에 집중되어 있는 것 역시 이같이 "쉽고 빠른 효과"

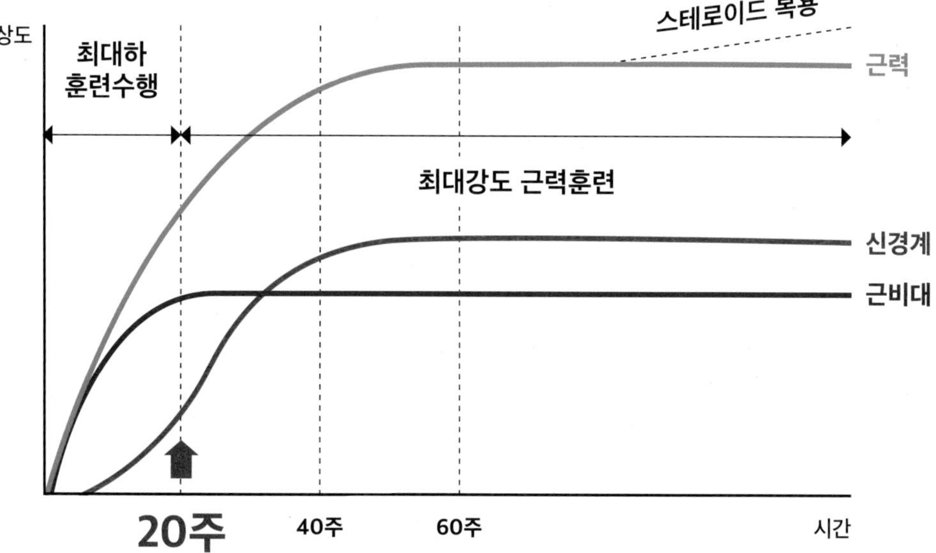

를 보장하는 근력 훈련의 특성을 반영한다. 하지만 기술적 피드백이 없는 단순 근력운동만 가지고는 우리가 목표로 하는 "만점"에 도달하기 어렵다. 이것이 점프력 향상에 있어 근력 훈련의 기여도가 보여주는 특징이자 한계라고 볼 수 있다.

기술적 요소

마치 구기 종목이나 투기 종목처럼 점프에도 스포츠로서 기술적 요소들이 존재한다. 단 1초 내외의 짧은 동작이지만 골프 스윙이나 야구의 타격처럼 타이밍, 각도 등을 의식적으로 조절해 전혀 다른 결과를 만들어 낼 수 있다. 뒤의 훈련 파트(3, 4, 5장)에서 다루게 될 점프 가운데서도 특히 5장의 "맥스 버티컬 점프"가 이런 기술적 요소의 영향을 크게 받는다. 그러나 대중은 물론 지도자나 선수들까지 높이뛰기와 멀리뛰기 같은 육상종목 기록이 단순히 기초체력에 의해 결정된다고 여기는 풍조가 만연하다. 이런 오해 탓에 육상 종목에서 국내 선수들의 국제경쟁력이 떨어지는 이유를 그저 선천적인 재능(구조적 요소) 탓으로만 돌리고 기술적 분석을 등한시하기 쉽다. 그러나 단순해 보이는 점프 동작도 실은 매우 복잡하고 정교한 "기술"임을 인지하고 동작에 대한 코칭과 피드백이 이루어진다면 분명 기록은 향상된다. **주의할 점은 기술적 요소는 운동신경이라 불리는 개인차가 크게 작용하는 영역이다.** 자세와 타이밍을 교정할 것을 주문받자마자 그 자리에서 순식간에 새로운 동작을 구현하는 사람들이 있는가 하면 "머리로는 이해했지만 몸이 따라 주지 않아" 동작 교정에 수개월씩 걸리는 이들도 있다. 이 기술적 요소란 누군가에겐 가장 빠른 변화일 수도, 혹은 그 반대일 수도 있다.

공통 개념
1

엉덩이[고관절, 후면] vs 허벅지[허벅지무릎, 전면]

Hip vs Thigh

하체에는 크게 엉덩이/무릎/발목으로 표현되는 세 개의 관절이 존재한다. 이들 가운데 **점프력에 있어 가장 직접적인 영향을 미치는 중요한 곳은 엉덩이(고관절, 후면 사슬)다.** 그러나 상당수의 사람들은 훈련의 우선순위에 대한 이해가 부족해 발목이나 허벅지 앞쪽(대퇴사두) 강화에만 치중하고 엉덩이 단련을 소홀히 한다. 지금부터 이어질 내용은 이 '엉덩이'에 대한 역학적/해부학적인 설명이다.

방추형 근섬유
대퇴사두, 허벅지

익상형 근섬유
둔근, 엉덩이

힘의 크기 우세!

엉덩이 첫 번째 : 각속도와 선속도

점프 동작에서 지면에 최종적으로 힘을 전달하는 부위는 하체의 말단인 발이다. 그래서 점프 시 체중이 쏠리는 발목 부위 강화 훈련은 누구나 필요를 느낀다. 그러나 단순한 '느낌'이 아니라 인체의 구조와 역학을 놓고 봤을 때 **오히려 발끝에서 가장 거리가 먼 '엉덩이' 부위의 근육을 강화시키는 것이 점프력 향상을 위한 우선 과제다.**

인체의 관절들은 경첩처럼 접혔다 펴질 때 회전운동을 하게 된다. 회전운동 시에는 각속도와 선속도가 발생하고, 원의 중심에서 멀어질수록 동일 각속도 내에서 선속도(회전반경)가 늘어난다. 엉덩이(고관절)를 원의 중심, 발가락을 원의 호로 보고 다리를 뻗을 때 일어나는 회전운동을 살펴보자. 똑같이 발끝으로 지면을 박찰 때 몸의 중심부인 고관절이 조금만 펴져도 발끝은 크게 움직인다. 즉, 엉덩이 근육은 조금만 움직여도 발끝이나 무릎을 움직이는 것보다 효율적으로 큰 동작을 만들 수 있다는 뜻이다.

발목과의 관계뿐만 아니라 무릎과의 관계에서도 엉덩이가 우위다. 허벅지 앞면 근육은(대퇴사두) 무릎을 구부렸다 펴는 데 관여하기 때문에 하체 근력, 즉 점프력의 핵심으로 오해받는다. 하지만 총 근육량의 합을 놓고 비교하면 무릎이 아니라 고관절을 접었다 펴는 엉덩이 근육(대둔근)과 허벅지 뒷근육(햄스트링)의 총합이 허벅지 앞보다 더 크다. 엉덩이 근육의 우위는 단순한 부피의 차이에서만 오는 것이 아니다. 같은 부피라도 길이가 더 짧고 굵기가 굵은 엉덩이 근육의

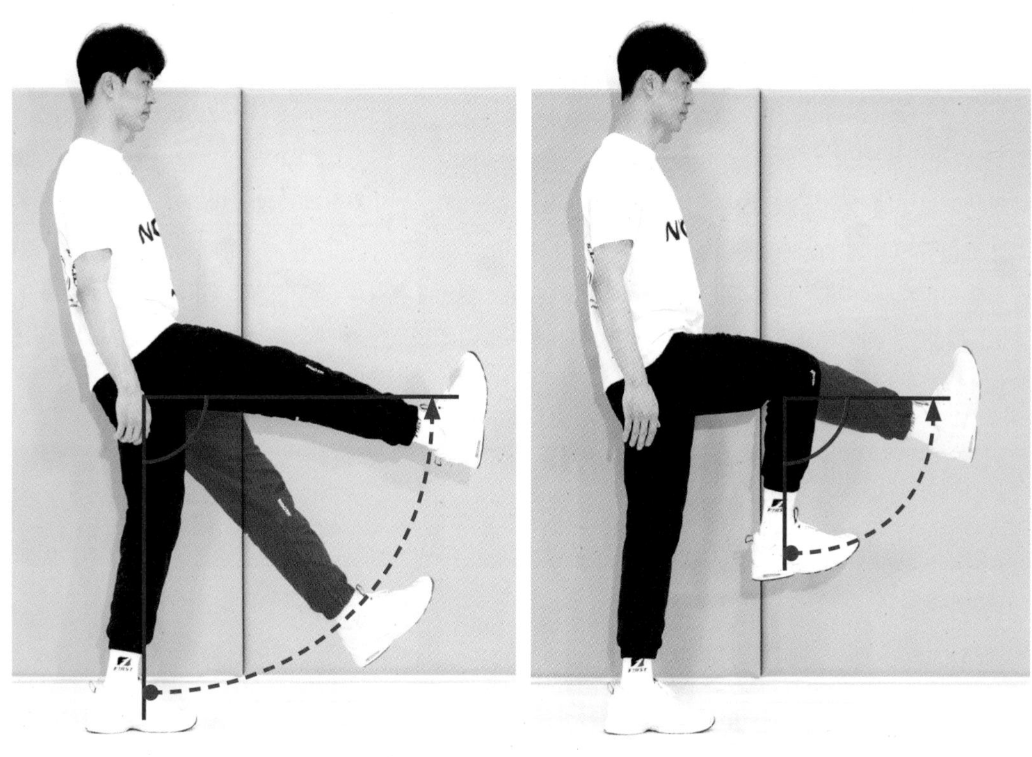

| 동일시간, 동일 각속도(파란 선)일 때 고관절과 무릎의 선속도(붉은 점선) 차이 |

생리학적 횡단면적이 허벅지보다 넓기 때문에 수축력은 더 강하다. 엉덩이 근육이 가진 힘의 우위를 보여 주는 근거는 여기서 끝이 아니다. 엉덩이 근육은 근섬유들의 배열 방향이 건과 비스듬하게 놓인 다익상근Multipennnate으로 배열 방향이 건과 평행한 근육들(방추근, 방사상근)보다 수축력이 좋다. 허벅지 앞 근육을 구성하는 내측광근, 외측광근은 근섬유 배열방식이 방추근Fusiform 형태라 같은 부피라면 엉덩이 근육에 비해 힘이 떨어진다. 이 같은 이유로 점프 시 순간적인 폭발력의 핵심은 허벅지나 발목이 아니라 엉덩이에서 나온다.

엉덩이 두 번째 : 후면 사슬 vs 전면 사슬

앞서 말한 엉덩이가 허벅지보다 근력 면에서 우위에 있다는 사실은 '후면 사슬Posterior Chain'이라는 개념을 통해 보충 설명이 가능하다.

후면 사슬이란 명칭은 뒷통수부터 뒤꿈치까지 이어진 인체 뒷면의 근육들이 마치 한 덩어리처럼 연동되는 것에서 착안한 이름이다. 이 후면 사슬이 수축하면 우리 몸에서 가장 큰 관절인 고관절이 펴지면서Hip Flexion 자연스럽게 점프 동작이 이루어진다. 몸을 웅크렸다 배치기 하듯이 허리를 뒤로 젖히는 동작을 떠올려 보자.

반대로 허벅지 앞, 대퇴사두는 전면 사슬에 포함된 근육으로 수축하면 고관절이 접힌다. 즉 허벅지 앞쪽 근육들은 점프 시 폭발력을 제공하기보다 점프 전 무게중심을 낮추는 준비 자세에 크게 관여하는 근육들이다. 따라서 점프력에 미치는 직접적인 영향력은 후면 사슬보다 떨어진다. 이러한 사실들을 종합해 보면 **점프력 향상을 위해선 무릎 구부리는 동작에 집중하는 풀스쿼트는 비효율적이며, 후면 사슬 수축력을 단련하는 데드리프트가 가장 효율적이다.** 데드리프트는 겉보기엔 점프와 상관없이 상체로 뭔가를 "끌어당기는" 동작처럼 보이지만 고관절과 무릎의 움직임에 집중해 살펴보면 스쿼트보다 훨씬 점프의 역학을 잘 구현하고 있다. 배꼽 인사하듯이 고관절을 접었다Hinge 빠르게 펴는 동작을 하면 그 순간 몸이 자연스레 붕 떠오르게 될 것이다. 데드리프트는 사실상 점프 연습이다.

	후면 사슬 Posterior Chain	전면 사슬 Anterior Chain
부위명칭	엉덩이	허벅지
관절기준	고관절	무릎
근육기준	대둔근, 햄스트링	대퇴사두
해부도	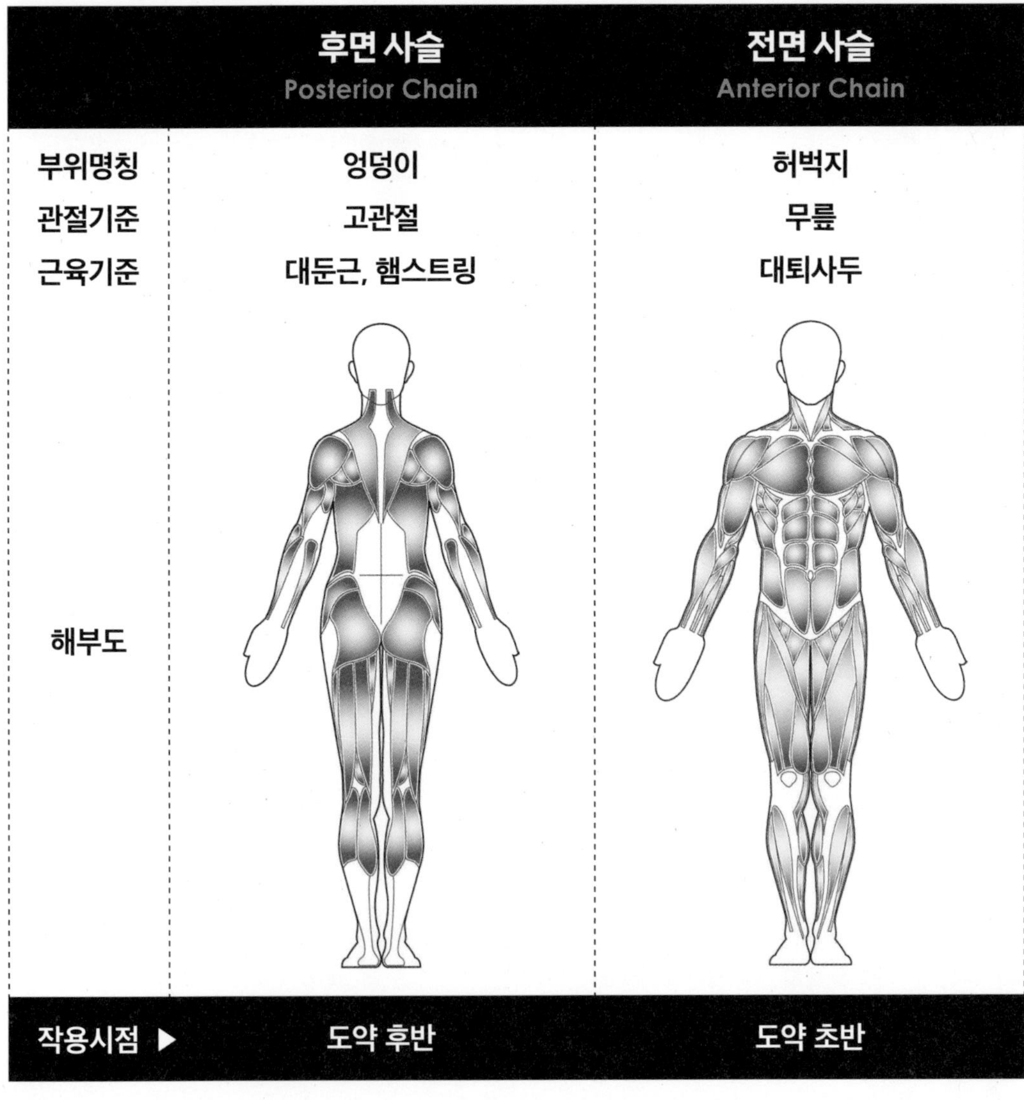	
작용시점 ▶	도약 후반	도약 초반

컨벤셔널 데드리프트 준비 자세는 사실상 점프 준비 동작이다

TMI

후면 사슬의 힘이 궁금하다면?

파상풍에 감염된 환자에게선 허리가 뒤로 꺾이는 '후궁반장' 증상이 나타난다. 파상풍 균이 뿜어낸 독소가 근육을 마비시켜 전신 강직이 일어나는데 이때 후면 사슬의 수축력이 앞면보다 강해서 환자의 허리가 뒤로 꺾인다! 다소 섬뜩하지만 후면 사슬이 가진 힘의 우위를 보여 주는 가장 확실한 예시라고 할 수 있다.

대퇴사두는 점프에 쓸모없는 근육일까?

대퇴사두도 점프력에 도움이 되기는 한다. 열린 사슬O.K.C. 상태에서 대퇴사두의 수축은 무릎을 펴는 힘Knee Extension으로 작용하기 때문에 도약에 도움이 되기는 한다. 그러나 '각속도와 선속도'에서 설명했듯이 힘의 효율은 후면 사슬에 비해 떨어진다. 이렇게 강조해도 대다수의 평범한 사람들은 점프 시 엉덩이보다 무릎이나 발목을 먼저 쓰는 습관을 갖고 있다. 그래서 단기간에 몸을 쓰는 습관을 완전히 교정하기는 쉽지 않기 때문에 수험과 같이 단기 기록 향상이 목적인 경우엔 기존의 습관을 유지하는 방식의 폼으로 기록을 내는 것이 효율적일 수도 있다. 따라서 뒤의 4장에서 설명하게 될 "세 가지 종류의 제멀 방식" 가운데 '스쿼트 점프 스타일'이라는 변형이 존재하는 것이다.

엉덩이 세 번째 : 제자리 점프는 탄력의 영향을 적게 받는다!

점프력 훈련을 실시하는 곳마다 가장 널리 쓰이고, 교육과정 내에서 가장 큰 비중을 차지하는 훈련방식은 탄성 점프들이다. 발목 점프Pogo Hop, 무릎 점프Tuck Jump처럼 발 전체를 지면에서 완전히 떼었다가 다시 접촉시키는 순간 발생하는 충격력을 활용하는 연습 동작Drill들을 말한다. 그러나 엄밀히 따져 봤을 때, 이 책에서 다루는 세 가지 점프 방식 가운데 제자리 점프로 분류되는 두 가지 점프(제자리멀리뛰기, 서전트 점프)는 이런 훈련을 통해 기록을 성장시키는 데 한계가 있다. 제자리멀리뛰기의 준비 단계를 보자. 도약 직전까지 단 한 번도 발이 지면에서 떨어지지 않는다. 특히 대학 입시 실기 고사에서 제자리 점프를 측정하는 경우 규정에 "이중 도약 금지"를 명시해 도약 전 발바닥이 지면에서 떨어졌다 다시 붙는 행동을 금지하고 있다. 발이 지면에서 떨어졌다 다시 붙이는 순간, 아킬레스건의 탄성력을 보다 적극적으로 활용하기 때문에 점프의 성격이 전환되고 기록이 올라간다. 반대로 발바닥을 지면에서 완전히 붙인 상태에서 시작하는 제자리 점프 동작들(제멀, 서전트)은 건의 탄성력을 활용할 여지는 줄어들고 순수 근력에 의존하는 비중은 커진다. 이는 점프력 향상을 위해 인체에서 가장 거대한 근육 덩어리인 '엉덩이' 훈련이 급선무임을 다시 한번 상기시켜 준다. 엉덩이(고관절) 근력 강화를 생략한 상태에서 "관성적으로" 발목 점프, 무릎 점프 같은 탄성 점프 훈련에만 집중하는 것은 훈련의 경중과 우선순위가 뒤바뀐 오류다. 그 결과 기록이 정체되고, "점프 연습을 열심히 하는데 왜 기록은 오르지 않는가"라는 고민에 빠지게 될 것이다. 이 내용은 뒤의 심화 개념 두 번째 **"근력 점프 VS 탄력 점프"**라는 이름으로 다시 한번 자세히 다룬다.

발바닥이 지면에서 떨어지면 점프의 성격이 변한다

공통 개념 2 3단 신전

Triple Extension or Stretch

트리플 익스텐션Triple Extension 혹은 트리플 스트레치Triple Stretch로 불리는 **3단 신전 동작은 발목 · 무릎 · 고관절을 동시에 뻗는 것을 말한다. 우리가 흔히 '폭발력Explosiveness' 혹은 '순발력Power'이라 부르는 힘의 근간이 여기에 있다.** 스포츠 현장에서 대표적인 활용 사례는 올림픽 역도를 들 수 있다. 역도 선수들의 시합 영상을 느린 화면으로 관찰하면 순간적으로 전신이 곧게 펴지는 구간이 나타난다. 바로 3단 신전이 일어나는 순간으로 역도와 육상이 역학을 공유하는 지점이자, 역도를 '바벨을 들고 뛰는 점프'라고 표현하는 이유다. 이 때문에 올림픽 역도에서 사용되는 동작들(파워클린, 파워스내치, 행클린 등등)이 점프력이나 달리기 기록 향상에 좋은 보조훈련이 되는 것이다.

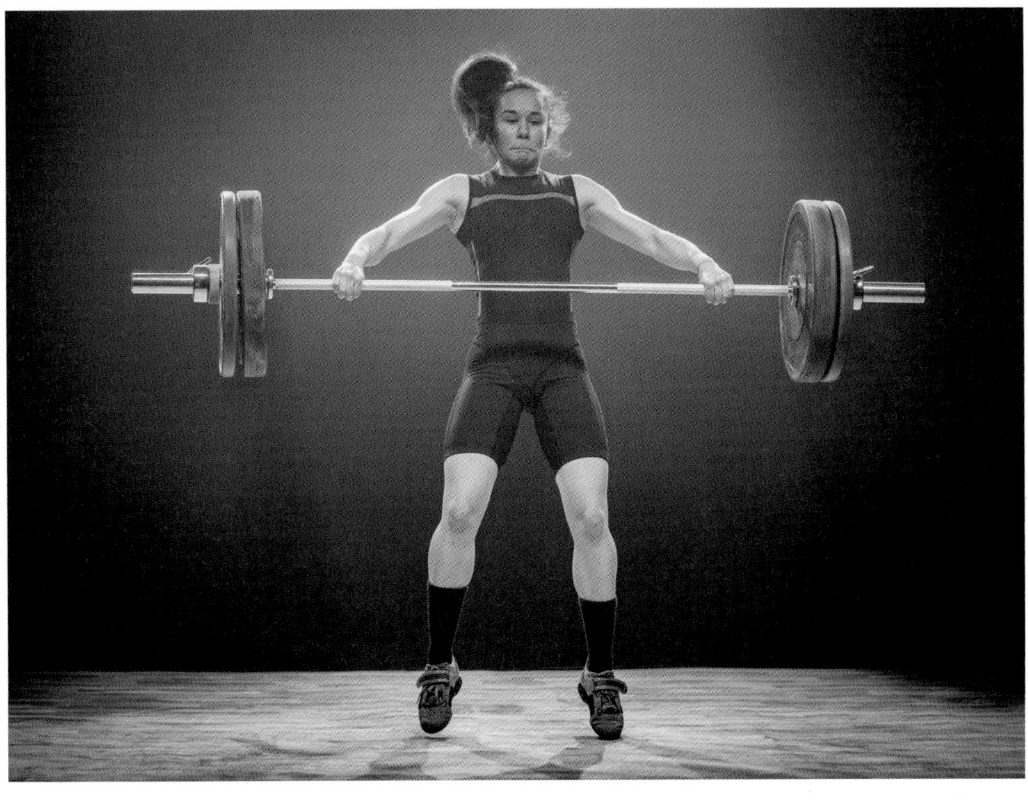

올림픽 역도의 역학은 <바벨을 들고 뛰는 점프>로 요약 가능하다

점프 시에도 당연히 이 3단 신전 동작이 발생한다. 흔히 '협응력이 떨어진다', '운동신경이 부족하다'라고 표현되는 초심자들의 자세를 살펴보면 3단 신전 자체를 제대로 소화하지 못하는 경우가 대부분이다. 기록이 저조한 초보자라면 자세를 점검해 봤을 때 크게 두 가지 실패 유형이 관찰된다. 첫째는 고관절이 덜 펴지는 경우로 점프 시 허리를 구부정하게 숙이고 있는 듯한 느

스프린트의
출발 자세(노란색)와
제자리멀리뛰기(붉은색)에서
공통적으로 관찰되는
3단 신전 동작

낌을 받게 된다. 두 번째 유형은 무릎을 다 펴기도 전에, 마치 당나귀가 발길질하듯이 발을 뒤로 까뒤집는 것이다. 모두 3단 신전이 제대로 이루어지지 못해서 벌어지는 현상이다. 만약 도약 단계에서 기세Impact가 약하다는 지적을 받는 초보자라면 3단 신전에 초점을 맞춰 자신의 점프 자세를 교정해 보자.

공통 개념 3

지면반력

Ground Reaction Forces

멀리뛰기나 높이뛰기뿐만 아니라 스포츠 종목 전반에서 "지면반력GRF: Ground Reaction Forces"은 매우 중요한 개념이다. 지면과 접촉한 순간 강한 반발력을 일으켜야 운동선수는 더 높게, 더 멀리, 더 빠르게 나아갈 수 있다. 달리기나 점프 같은 육상 종목뿐만이 아니다. 골프나 야구(타격)처럼 외부의 물체를 멀리 보내는 스포츠 종목에서도 이 지면반력을 활용하는 것은 핵심기술이다.

그러나 간과하기 쉬운 사실이 있다. 뉴턴 역학의 제3법칙, 작용과 반작용이다. 지면반력은 외부의 힘이 만들어 낸 반작용이다. **지면반력의 중요성을 강조하는 이들도 막상 이것이 "반작용"이라는 사실을 잊곤 한다.** 그저 단순히 몸에 힘을 준다는 수준이 아니라 의식적으로 지면을 밟아 누른다는 인식을 가져야 한다.

점프 준비 자세에서 팔을 내젓는 동작(원바운드/투바운드)이나, 도약 직전 팔을 몸 뒤로 크게 보내는 백스윙 동작(스냅다운/카운터무브) 역시 지면반력을 극대화하기 위한 행동이다. 팔을 젓는 범위가 커질수록 팔에 저장된 위치에너지가 커지고 이를 빠른 속도로 움직여 **위치에너지에 운동에너지를 가산해 큰 수직항력(=지면반력)으로 전환시키는 것이다.**

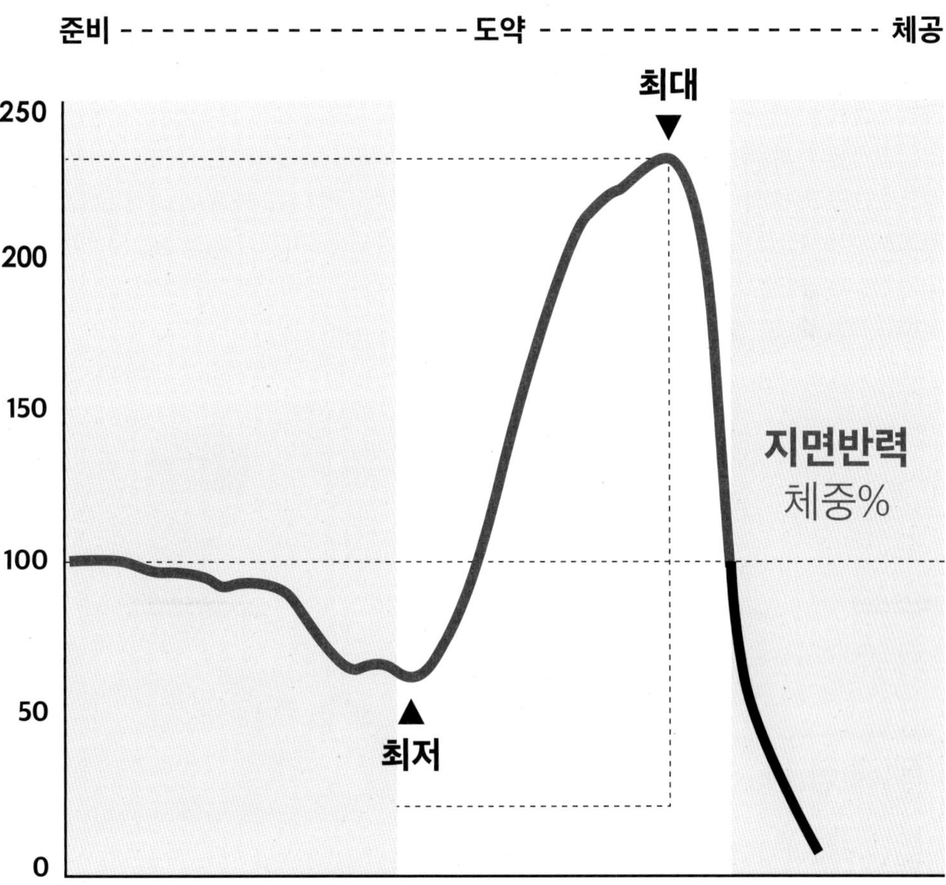

심화 개념 1

지연된 무릎 펴기

Delayed Knee Extension

지연된 무릎 펴기는 바꿔 말하면 '고관절이 무릎보다 먼저 펴지는 것'이다. 앞서 '3단 신전' 개념을 이제 막 숙지한 이들에겐 다소 당황스러운 말이다. 분명 고관절-무릎-발목이 동시에 펴질 때 강력한 점프력이 발생된다고 했는데 왜 다시 말을 바꿔 각 관절이 펴지는 데 순서(시간차)가 존재한다고 말하는 것일까? 초보와 숙련자의 수준 차다. 처음 배우는 초보자 수준에서는 동시에 펴지는 것에 집중해 연습하는 게 맞지만 경험이 쌓여 갈수록 점차 "엉덩이 지배적"인 점프 습관을 갖게 된다. **최상위 레벨의 기록을 가진 사람들의 점프 순간을 고속촬영해 프레임 분석을 해 보면 미묘한 '엇박자'를 관찰할 수 있다.**

이는 주된 추진력을 제공하는 후면 사슬(고관절, 엉덩이)의 근력을 최대한 활용하기 위한 반응이다. 이 상위 1%의 '무의식'적인 기술을 누구나 '의식적'으로 연습할 수 있도록 드릴Drill로 다듬은 동작이 바운딩 점프Bounding Jump다. 2020년 이전까지 온/오프라인을 막론하고 전국 어디서도 사용된 적 없는 용어이자 훈련법으로 필자가 처음으로 정립해 교육을 시작한 뒤 입시 체육계에 전국적 표준으로 정착된 점프 훈련법이다. 그러나 아직도 왜 하는지, 어떤 역학적 의미를 담고 있는지 제대로 이해하지 못하고 모양만 따라 하는 이들이 많다. 뒷무릎각을 고정한 상태로 고관절의 힘만 이용해 최대한 지면을 강하게 누르도록 유도하는 바운딩 점프의 목표는 지연된 무릎 펴기를 체득하기 위한 것이다. 본질을 놓친 무의미한 연습만 반복하지 말고 동작 안에 담긴 역학적인 원리까지 함께 이해하기 바란다.

| 2022년 당시 국내 최초로 "바운딩"이라는 이름의 점프력 훈련을 소개하는 필자의 유튜브 영상 썸네일 |

https://youtu.be/yNmXLreqOI8?si=qz8693hx-0vuYIOq

심화 개념 2

근력 점프 vs 탄력 점프

Strength vs Elasticity

기본 개념에서 언급한 '근력 점프와 탄력 점프'의 차이점에 대해 구체적으로 알아보자. 점프력이 뛰어난 사람들의 동작을 보고 '힘을 빼고 탄력으로 뛰었다', '타고난 탄력이 좋다'처럼 '탄력(탄성)'이라는 표현을 언급하는 경우가 많다. 이때 '탄력'의 정의에 대해 물어보면 발언의 당사자들도 모호한 대답만 내놓는 경우가 대부분이다. 이제 상투적으로 통용되던 '탄력'에 대해 해부학적 구조물을 근거로 정의 내리고자 한다. 점프 시 관찰되는 탄력(혹은 탄성)이란 건(인대)의 강성 Stiffness이 표출된 결과다. 콜라겐교원질, 膠原質이 주성분인 건Tendon과 인대Ligament는 근육에 비해 질기고, 외부에서 힘을 가해 길이를 늘려 주면 마치 고무

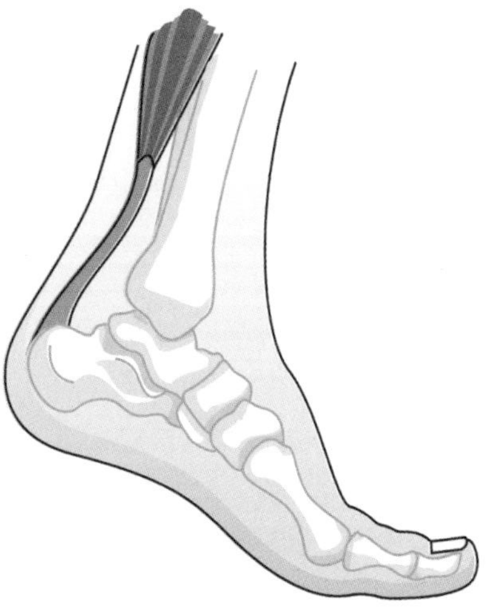

아킬레스건(보라색)은
발목에 존재하는 거대한 용수철이다

줄이나 용수철처럼 탄성에너지를 저장했다 방출하며 원래 길이로 복원되는 물성을 갖고 있다. 근육에 비해 더 큰 수동장력을 갖고 있다고 표현할 수도 있다.

점프 시 발목의 아킬레스건을 늘렸다 놓으면 그 장력 탓에 흔히 "탄력적이다"라고 말하는 반동이 나타난다. 건의 강성Stiffness에는 개인차가 있으며 타고난 강성이 뛰어날수록 탄력도 크게 나타난다. 따라서 여는 글의 표에 기재된 것처럼 점프는 이 건과 인대를 얼마나 적극적으로 활용하느냐에 따라서 점프 방식을 근력 점프와 탄력 점프로 나눌 수 있다.

이 개념을 적용하면 특정 방식의 점프력이 뛰어난 사람도 점프 종류가 바뀌면 기록이 떨어지는 현상이 매끄럽게 설명된다. 사람들은 높이뛰기, 농구, 배구처럼 맥스 버티컬 점프(탄성 점프) 동작을 익히면 자연스럽게 서전트 점프(근력 점프)기록도 늘어날 것이라고 유추한다. **그러나 의외로 서전트 점프에 가장 특화된 종목은 역도다.** 서전트 점프력은 근육(근력)이 차지하는 비중이 크기 때문에 뛰어난 하체 근력을 토대로 한 역도 선수들의 기록이 아예 높이뛰기 선수들을 추월하는 경우가 흔하다. 그렇다면 반대로 역도 선수들의 맥스 버티컬 기록은 어떨까? 도움닫기가 포함된 맥스 버티컬 점프는 운동에너지가 추가된 만큼, 제자리에서 뛰는 것보다 기록이 증가해야겠지만 오히려 서전트 점프보다 기록이 떨어지는 사람들이 나온다. 점프의 종류가 변했기 때문이다. 이처럼 점프 동작들은 **기본 개념에서 알아본 것과 같은 보편성도 있지만,**

	제자리멀리뛰기	서전트 점프	맥스 버티컬 점프
점프 방식	근력 점프	근력 점프	탄력 점프
점프 방향	수평 점프	수직 점프	수직 점프
후면 사슬 참여도	상	하	중
전면 사슬 참여도	중	상	하
복근 참여도	하	상	중
종아리 근력	하	상	중
발목(아킬레스건) 비중	중	하	상

점프의 방향과 방식 변화에 따른 개별성 또한 크다. 같은 수평 방향 점프지만 도움닫기가 포함된 롱 점프Long Jump기록은 우수하면서 제자리멀리뛰기Borad Jump 기록은 뚝 떨어지는 사례 역시 얼마든지 가능하다. 따라서 기록 향상을 위해선 자신이 목표로 하는 점프별 특성을 정확히 파악하고 맞춤 훈련을 실시해야 한다. 관심사는 서전트 점프(근력 점프) 기록 향상인 사람이 맹목적인 플라이오메트릭스(탄성 점프) 훈련만 반복한다면 애초에 훈련 방향을 잘못 잡은 것이다. 플라이오메트릭스 자체는 근육을 자극하기 위한 것이 아니라 발목의 아킬레스건을 스프링 삼아, 운동에너지를 저장했다가 최대한 짧은 시간 안에 재방출하는 "기술"을 익히기 위한 훈련이다. 혹은 맥스 버티컬 점프(탄성 점프) 기록 향상이 목표인데 기술적 피드백 없이 웨이트 트레이닝(근육, 근력)만 붙들고 있다면 그 역시 훈련 방향이 잘못된 것이다.

이처럼 점프 방식에 대한 정확한 이해 없이 "점프력은 힘이다, 재능이다, 기술이다" 하는 추상적인 구호만 좇게 되면 발전이 없다. 자신이 원하는 점프의 특성을 정확하게 파악하고 각자 목표에 맞는 훈련방식을 찾아 가도록 하자.

TMI

Athletics Truth Group(ATG)

'무릎 내미는 남자Knees Over Toes Guy'라는 별명으로 SNS상에서 유명한 벤 패트릭Ben Patrick이 창업한 교육 단체로 부상으로 선수 생활에 위기를 맞았던 농구, 육상 선수들의 부상 극복 사례를 통해 새로운 운동 방식을 주창하고 있다. 이들의 운동 방식은 과거 20세기 초, 제2차대전 이전 시기에 주로 사용됐던 고전적인 근력운동 방식에 기반을 두고 있으며 유명한 올림픽 코치였던 찰스 폴리퀸Charles Poliquin이 선정했던 보조운동들을 적극 활용하고 있다. 새로운 움직임이지만 실은 '고전의 재발견'으로 볼 수 있다. 부상과 재활에 효과적인 이들의 운동 방식은 6장에서 다시 다룬다.

심화 개념 3

결합조직건과 인대의 강화

Strengthen of Connective Tissue

건과 인대가 가지고 있는 강성Stiffness 탄력, 탄성은 "3-1. 점프력을 결정짓는 요소들" 가운데 구조적 요소로 분류되며 선천적으로 타고나는 성향이 강하다. 태생적으로 남들보다 힘줄의 길이가 길고, 굵은 사람이라면 같은 점프를 해도 더 큰 탄력이 나온다. 심지어 건의 길이나 굵기가 같아도 남들보다 더 질겨서(!) 유달리 점프력이 좋은 사람도 있다. 이 같은 사실과 "인대와 건은 소모품으로, 쓰면 쓸수록 닳는다"는 인식이 맞물리면 우리는 허무주의와 냉소에 빠지게 된다. 애초에 출발점도 다른데 노력으로 변하는 것조차 없다면 훈련이 무의미하게 느껴지는 게 당연하다. 그런데 애초에 "건과 인대는 소모품"이라는 인식이 오류였다면 어떨까? **"인대와 건은 소모품이 아니며 쓰면 쓸수록 마치 근육처럼 단련되어 보다 강화된 탄성을 얻을 수 있다."**라는 정반대의 결론이 도출된다. 최근 미국에선 교육 단체 ATGAthletics Truth Group를 주축으로 건과 인대와 같은 결합조직의 강성 또한 마치 근육을 키우듯 강화시킬 수 있다는 주장이 힘을 얻고 있다.

건과 인대 같은 결합조직이 단순 소모품이 아니라 자극에 따라 강화된다는 가장 직관적인 예시를 확인하기 위해 양손 주먹을 쥐어 보자. 주먹을 쥔 채 손목을 몸 안쪽으로 굽혔을 때, 손바닥 아래쪽 손목에 튀어나오는 장장근palmaris longus 건Tendon의 양손 크기 비교를 해 보면 오른손잡이, 왼손잡이 여부에 따라 좌우 비대칭임을 육안으로 확인 가능하다. 건과 인대 같은 결합조직이 사용 빈도나 강도와 같은 훈련 여부에 따라 후천적으로 크기가 변한다는 물리적 증거다. 즉 인대나 건의 크기, 길이, 강성은 선천적으로 타고나지만 후천적인 노력을 통해 강화하는 것 또한 가능하다. 이와 같은 사실을 점프력 강화(특히 탄성 점프)에 적용시켜 무릎과 발목을 강화시킬 수 있다(구체적인 방법은 제7장 강화 훈련에서 다룬다).

이로써 이 장의 첫머리에서 언급한 점프의 세 가지 요소 — 구조적, 근력적, 기술적 — 에 대한 최종 결론을 내릴 때가 되었다. 가장 변화시키기 어렵고 선천적으로 타고나는 측면이 큰 구조적 요소 또한 노력으로 변화시킬 수 있다. **우리는 값싼 회의주의나 비관론에 매몰되지 않고 방법을 찾아 나설 것이다.**

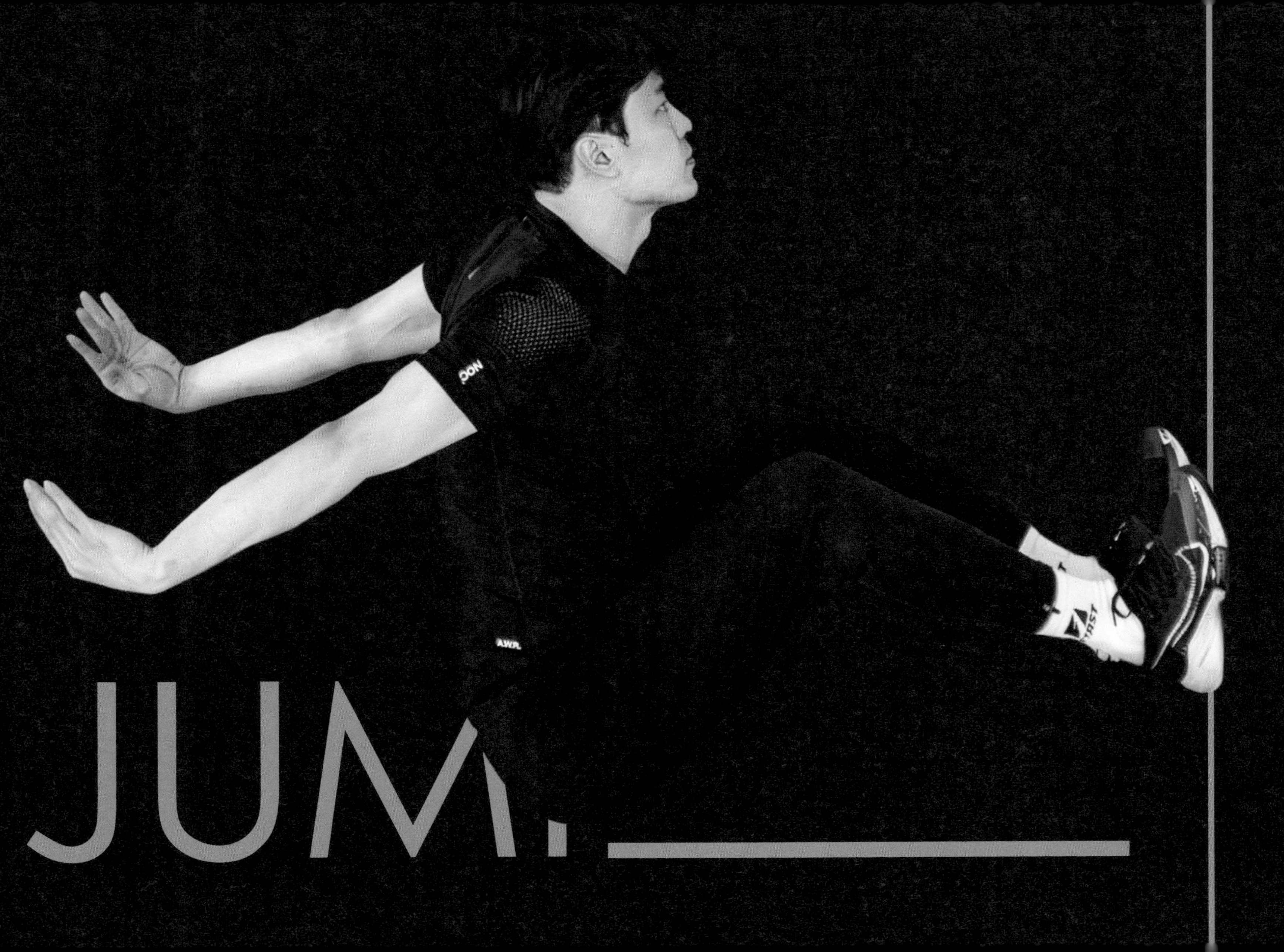
JUM

CHAPTER 4

수평
점피
3WAY

HORIZONTAL

세 가지 제자리멀리뛰기 스타일

앞서 살펴본 세 가지 공통 개념과 세 가지 심화 개념을 통해 우리는 점프 동작들이 공유하는 '역학적 원리'를 배웠다. 지금부터 이를 구체화시켜 실전적인 목표인 점프력 배양과 기록 향상을 위해 나아가자. 첫 번째는 수평 방향의 점프, 제자리멀리뛰기Broad Jump다.

교육 주체에 따라 제자리멀리뛰기에도 다양한 '스타일'이 존재한다. **배우는 사람에게도 신체 조건, 운동 경력에 따른 개인차가 존재한다. 이를 고려하지 않고 지도자 개인의 고집에 따라 수강생들의 자세를 일률적으로 교정하는 것은 바람직하지 않다.** 따라서 현재 국내에 통용되는 대표적인 제자리멀리뛰기 방식 세 가지를 분석하고 각각의 특징을 이해하는 것을 목표로 삼는다. 각각의 유불리와 장단점을 숙지한 뒤 이들을 토대로 자신에게 가장 적합한 방식을 체화하도록 노력하자.

	스쿼트 점프 Squat Style	행 앤 폴드 Hang & Fold	세일 앤 킥 Sail & Kick
핵심 부위 ▶	전면 사슬	후면 사슬	심부 코어
추천 대상 ▶	점프력 > 달리기 웨이트 경력자	점프력 < 달리기 육상 경력자	점프력 ▼ 유연성 ▲
특징(장점) ▶	적은 기술 부담	작은 키 극복 가능	단기간 내 기록 향상
주의(단점) ▶	발목 유연성에 따른 제약	허리 부상 가능성	빠른 정체기
도약각 ▶	35°~45°	45°~55°	45°

스쿼트 점프 스타일 Squat Style

"하체 근력 및 순발력 측정"이라는 제자리멀리뛰기의 본질적 의미에 충실한 점프 방식. 고관절은 물론 무릎까지 동원해 다소 깊게 주저앉았다가 "트리플 스트레치Triple Stretch" 동작과 함께 지면을 박차 오른다. 기술적 부담이 적어 누구나 쉽게 익힐 수 있는 초보적인 방식의 점프다. 기본 개념편에서 후면 사슬의 활용이 전면 사슬에 비해 역학적으로나 해부학적으로나 점프력 발휘에 유리하다고 설명한 바 있다. 따라서 전면 사슬(허벅지 앞쪽과 무릎)이 적극 개입하는 이 방식은 냉정하게 따졌을 때 그다지 효율적인 점프 방식이 아니다. 그러나 오랜 좌식 생활과 운동 부족으로 후면 사슬 자체가 활성화되지 않는 사람들, 일명 "헬스"로 불리는 웨이트 트레이닝에 숙달된 사람들은 허벅지 앞면(대퇴사두)에 의존하는 이 방식을 더 편안하게 느끼는 경우가 많다. 시험까지 시간이 촉박하다면, **혹은 만약 본인이 서전트 점프 기록은 우수한데 상대적으로 달리기 기록이 저조하다면 이 방식으로 폼을 교정하는 게 더 유리할 수 있다.**

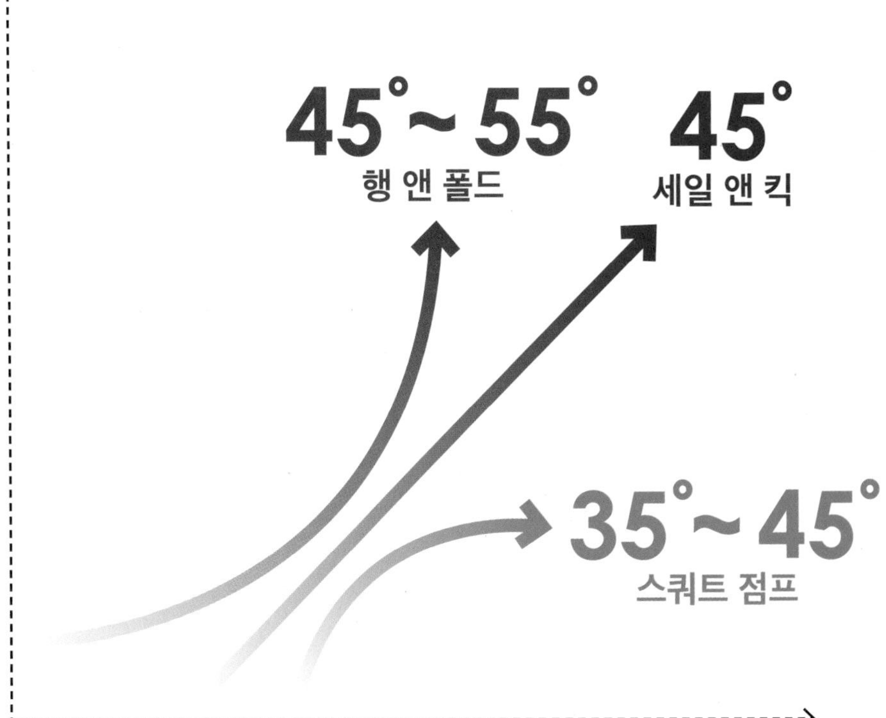

주의 사항
1

도약각과 발목 유연성

Vaulting Jumping Angle & Ankle Flexibility

유연한 발목은 멀리뛰기 기록 향상에 도움이 된다. 여기서 유연성이란 발목 배굴Dorsal Flexion을 말한다. 배굴각이 커질수록 뒤꿈치를 지면에 붙인 상태에서 몸이 앞으로 크게 기울어진다. 이로써 두 가지 이점이 생기는데 첫째, 지면과 발의 접촉 면적이 넓을수록 접촉시간도 길어져 지면반력을 활용하기 좋다. 둘째, 몸이 앞으로 기울어질수록 "Y성분 대비 X성분의 힘의 크기가 증가"한다. 제멀은 높이뛰기(Y축)가 아니라 멀리뛰기(X축)다. 발목 유연성은 더 큰 힘을 더 멀리 전달할 수 있도록 돕는다.

이 방식으로 대입 만점권 기록을 내는 실기 상위권 수험생들을 살펴보면 도약은 표준 도약각인 45도보다 작고, 속칭 "깔아서 뛰었다" 수준인 35도까지 줄어드는 경우도 자주 관찰된다. 그만큼 발목이 유연해 힘을 수평 방향 (X축)으로 잘 전달하고 있어서 가능한 일이다.

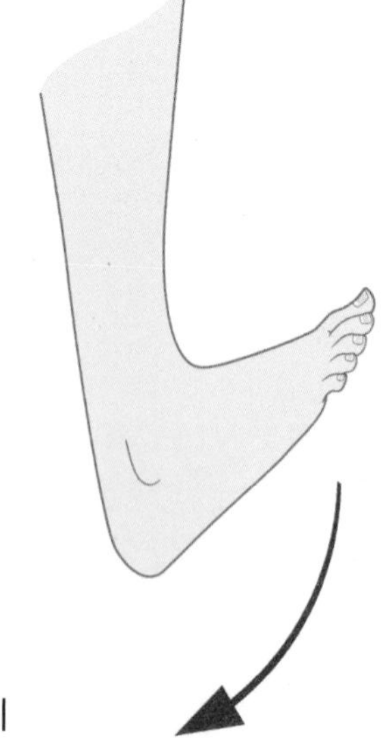

| 발목배굴 |

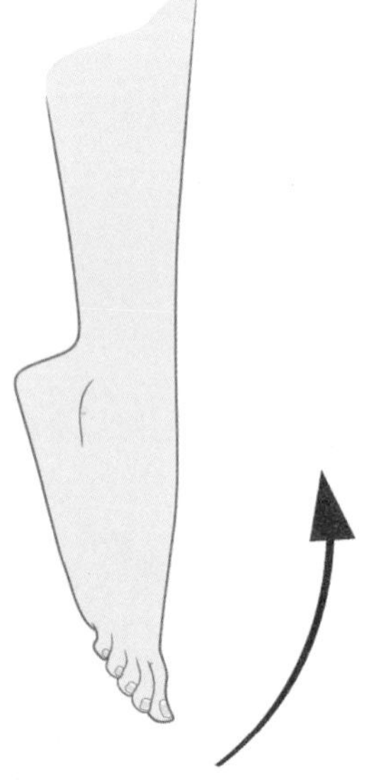

| 발목저굴 |

주의 사항 2

팔치기 타이밍

The Timing of Arm Swing

스쿼트 점프 스타일을 주력기로 삼는다면 **기록에서 팔치기가 차지하는 비중은 10% 정도로 잡는다.** 만약 목표 기록이 3m라면 손을 허리에 짚거나 팔짱 낀 상태로 도약해 270cm 수준의 기록이 나올 때까지 하체 근력을 강화해야 한다. 이 같은 기준에 대해 지나치게 하체 중심적이다라고 생각할 수 있다. 그러나 점프력에 있어 팔치기의 유무에 따른 변화는 결국 10~20%가 한계라는 통계적 근거가 뒷받침된 결론이다. 기본적인 하체 근력, 순발력이 갖춰지지 않은 상태에서 팔치기 임팩트, 타이밍, 리듬에 먼저 집착하는 이들의 기록은 결코 우수할 수 없다. 간혹 팔치기 타이밍을 고민하며 "팔치기로 발생한 상체의 추진력과 3단 신전이 일어나는 하체의 추진력을 마치 2단 부스터처럼 시간차를 두고 연달아 이어 붙이면 좋지 않을까?"라는 생각을 하는 이들이 있다. 그러나 힘의 합성은 1+1=2와 다르다.

하체 도약이 끝나는 순간을 기다렸다 팔치기를 연결하거나 반대로 팔치기 먼저 끝낸 뒤 하체 도약을 시작하면 오히려 도약력에서 손해를 보게 된다. 스쿼트 점프에서 적절한 팔치기 타이밍은 하체의 3단 신전이 이루어지는 순간과 동시에 팔의 임팩트를 터뜨리는 것이다. 이렇게 팔치기와 하체가 동기화됐을 때 힘의 손실이 가장 적다.

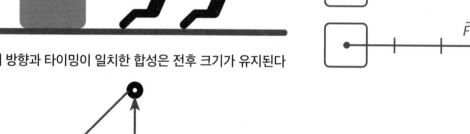

힘의 방향과 타이밍이 일치한 합성은 전후 크기가 유지된다

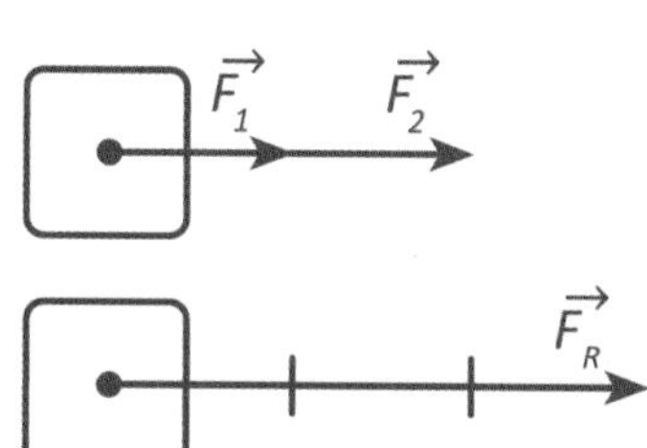

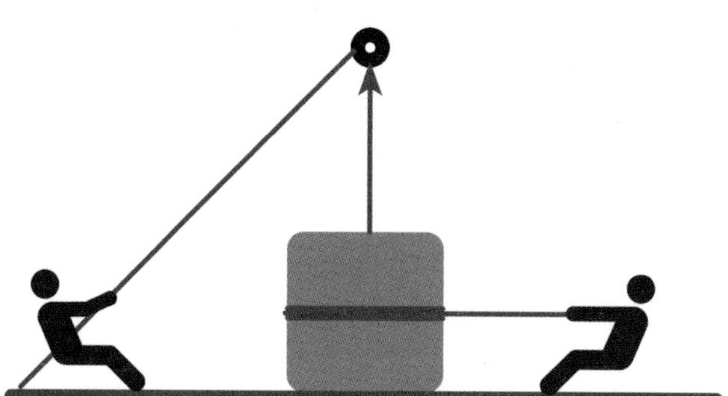

힘의 방향과 타이밍이 어긋난 합성은 크기가 줄어든다

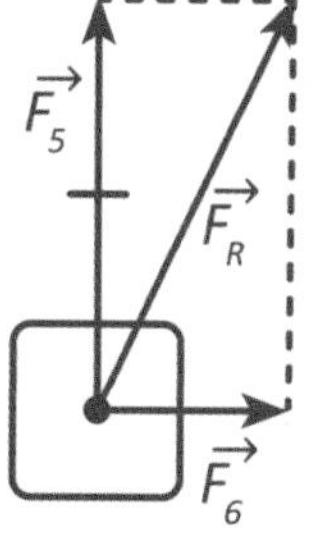

주의 사항
3

도약과 착지의 비중

Leaps vs Landings

이 방식은 도약과 착지 가운데 도약에 베팅한 방식이다. 하체 근력이 매우 뛰어난 사람들은 착지가 약한 모습을 보인다. 측면에서 궤적을 관측해 보면 잘 날아가다 마지막에 급격하게 수직으로 뚝 떨어지는 양상이다. 만약 이들이 착지 동작을 의식해 공중 동작을 추가하는 식으로 폼을 바꾼다면 어떻게 될까? 도약거리가 줄어들거나 심지어 엉덩방아를 찧는 파울이 일어난다. 스쿼트 점프 스타일의 도약은 근본적으로 낮은 도약각과 빠른 속도 탓에 무릎을 당겨 와 다리를 앞으로 뻗을 시간적/공간적 여유가 부족하다. 결국 도약과 착지 가운데 강점인 도약을 극대화하는 대신 착지의 이점을 포기하는 '선택과 집중'을 해야만 한다.

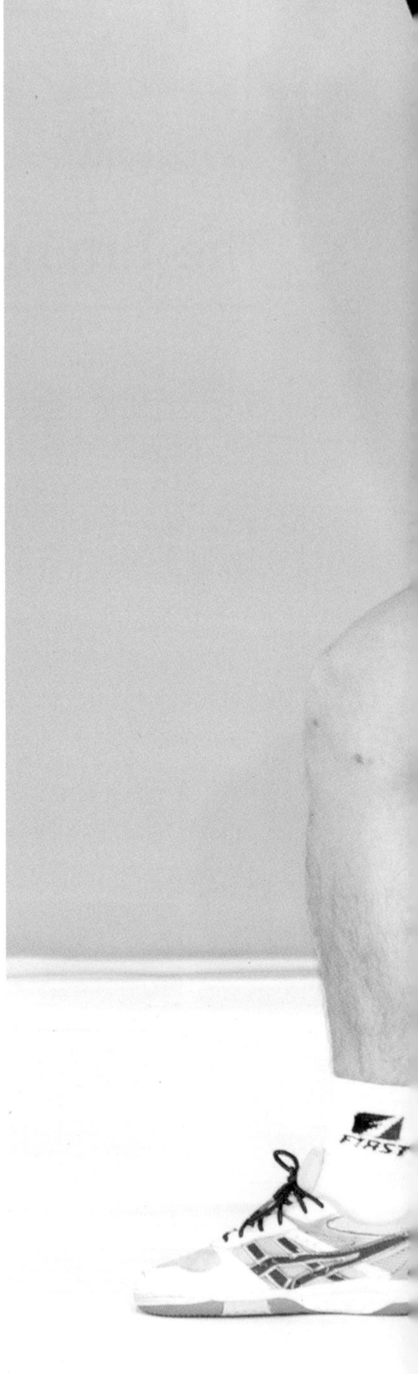

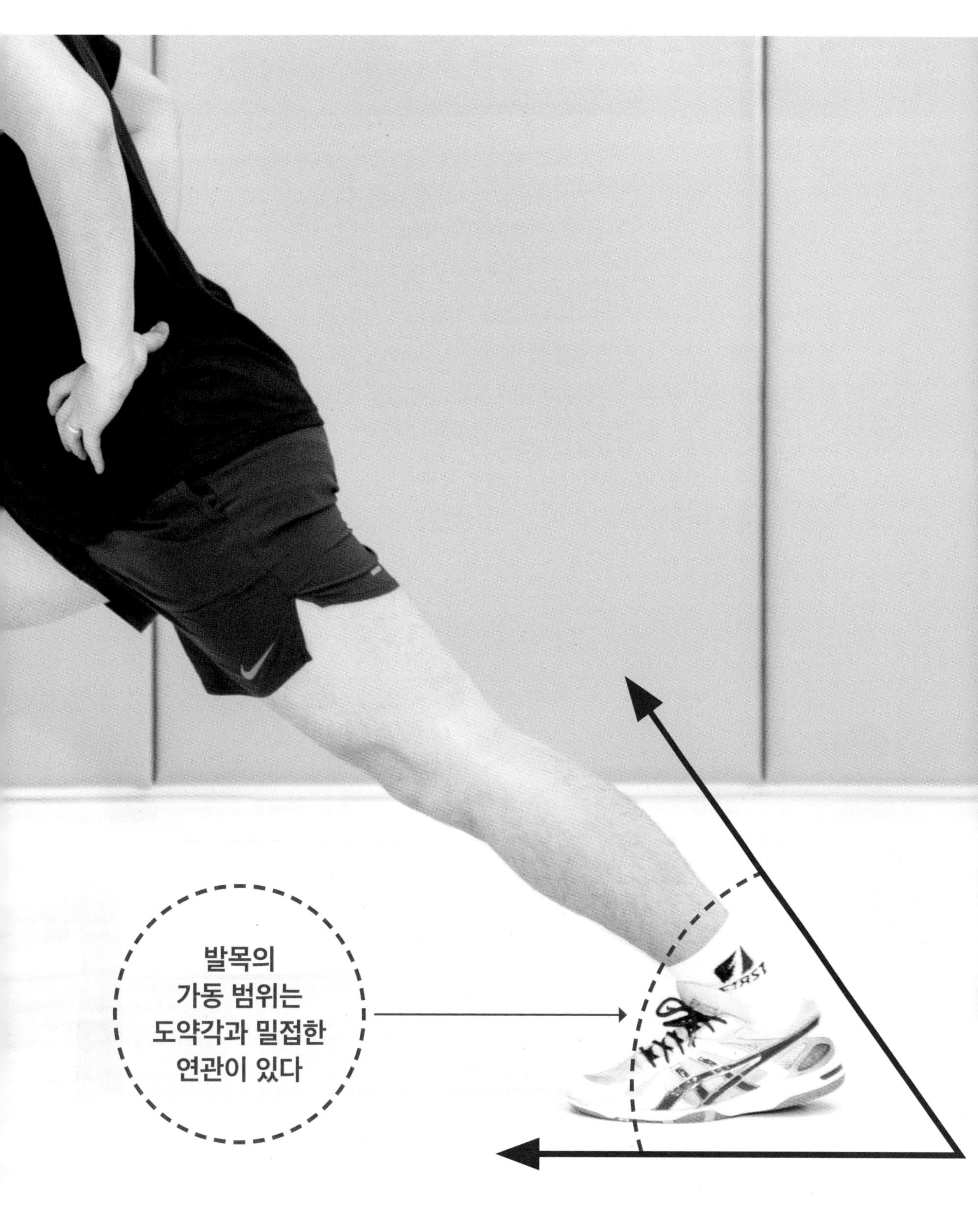

발목의
가동 범위는
도약각과 밀접한
연관이 있다

스쿼트 점프 스타일 Squat Style

1

팔을 뒤로 젖히는 백스윙과 함께 도약을 준비한다.

2

압축 혹은 장전Snap Down이라고 부르는 준비 단계가 특히 더 중요하다. 발목 유연성이 받쳐 주지 않으면 이 단계에서 힘이 지면에 제대로 전달되지 않는다. 완전한 쪼그려 앉기가 가능한 수준까지 꾸준히 발목 유연성 훈련을 병행할 것.

3

도약 단계에서 팔치기에 집착하지 않는다. 하체에 집중하면 필연적으로 팔에 대한 집중력은 감소하기 마련이다. 하체의 지면반력과 3단 신전에 최대한 집중하되 팔치기에 가장 큰 힘이 들어가는 '임팩트' 시점을 3단 신전과 동기화시키는 데 집중하라.

START ▶▶

https://youtube.com/shorts/ONtuQHdD7V8?si=1J65Zhn0AAaEyMIO

4

팔치기 후 발목부터 손끝까지 전신이 지면과 40도 내외 일직선을 그리도록 유지한다. 임팩트 후엔 팔에서 힘을 뺀 상태로 '팔로우 스윙'을 한다고 생각하라. 끝까지 강한 팔치기를 유지하려 들면 속칭 '배치기'가 나오면서 기록에 악영향을 미친다.

5

공중에서 다리를 끌어올 시간적, 공간적 여유가 부족하다. 따라서 최선의 착지법은 아니지만 발뒤꿈치가 엉덩이에 닿을 수준으로 무릎을 많이 접은 뒤 최대한 앞으로 끌고온다. 다리를 앞으로 길게 뻗지도 못하고 덜 펴진 상태로 착지에 들어가게 될 것이다. 그러나 착지에 집착하지 않는다. 장점(도약)을 극대화하는 데 집중한다.

6

발뒤꿈치부터 땅에 닿으며 최대한 쪼그려 앉아 착지한다.

스쿼트 점프 시범

◀◀ FINISH

보조운동

1

트랩바[헥스바]를 이용한 중량 점프

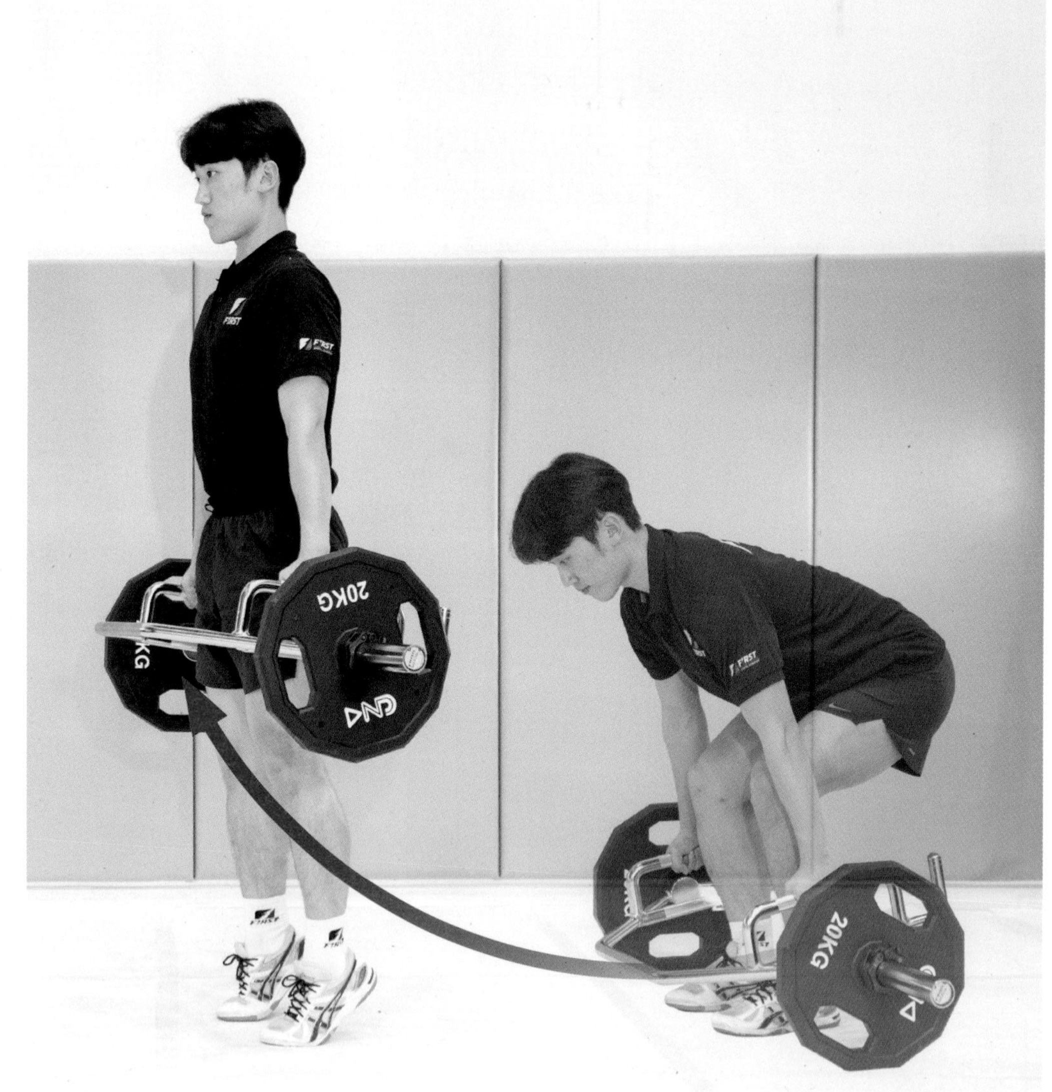

| 트랩바(헥스바)를 이용한 중량점프 |

A Weight Jump

무게를 들고 실시하는 중량 점프는 점프력에 좋은 보조 운동이다. 다만 덤벨이나 바벨이 아닌 유독 트랩바(혹은 헥스바)를 권장하는 이유가 있다. 힌지 패턴(아래 사진 참조)을 연습해야 좋은데 이때 목 뒤에 견착하는 바벨을 이용한다면 척추에 걸리는 전단력 때문에 원활한 점프가 어렵다. 덤벨을 이용할 경우 기구가 통제되지 않아 몸에 자꾸 부딪힌다. 따라서 기구의 무게중심에 서서, 팔다리에 닿는 부분 없이 점프가 가능한 **트랩바(헥스바)가 점프 시 활용하기 가장 좋은 기구다.** 다소 번거롭더라도 중량 점프를 제대로 연습하고 싶다면 트랩바나 헥스바를 준비하자. 운동 목표는 바 무게를 포함해 본인 체중만큼의 외부 중량으로 5회 3세트, 점프 높이는 15cm 이상, 세트 사이 휴식 2~3분 내외로 점프를 수행할 수 있을 때까지다.

같은 기구로 데드리프트를 해도 중심과절에 따른 역학차이가 나타난다

보조운동 2

무릎 점프

Kneeling Jump

팔치기의 임팩트 타이밍은 짧은 제멀 전체 동작 가운데서도 극히 일부 구간에서 순식간에 이루어진다. 따라서 이를 '몸'으로 직접 느낄 수 있는 가장 확실한 방법은 무릎 점프다. 무릎을 꿇고, 제자리멀리뛰기 준비 자세처럼 팔의 백스윙 자세를 잡은 뒤 단숨에 점프해서 일어나는 연습을 한다. 이때 자연스럽게 하체의 움직임과 동기화된 팔치기 타이밍을 익히게 된다. 이 훈련은 상당히 강도가 높기 때문에 충분히 안전이 확보된 매트 위에서 한 세트당 2~3회씩, 세트 사이 3분 이상 길게 쉬어 주면서 조금씩 자주 실시하도록 한다.

무릎점프 Kneeling Jump ▶

보조운동 3

스플릿 스쿼트

Split Squat

스쿼트 점프 스타일은 다른 방식에 비해 무릎관절(대퇴사두 = 허벅지 전면부)의 참여가 두드러진다. 따라서 이 방식을 잘 뛰고 싶다면 허벅지 전면부 훈련도 병행해야 한다. 이때 최적의 운동은 앞발에 받침대를 둔 스플릿 스쿼트다. 발 밑에 20~30cm 높이의 스텝박스를 설치한 뒤 밟고 올라서서 동작을 실시한다. 이 운동은 겉보기에 비슷한 런지Lunge나 불가리안 스플릿 스쿼트Bulgarian Split Squat와 혼동하기 쉽지만 이 셋은 구별이 필요하다. 세 가지 운동 모두 점프와 달리기 기록 강화 보조운동으로 애용되지만 스쿼트 스타일 점프에 초점을 맞춘다면 특히 스플릿 스쿼트가 최적이다. 발목과 무릎의 가동 범위가 늘어나 기록 향상은 물론 부상방지 효과도 있고 무릎이 더 많이 구부러지기 때문에 타깃이 되는 허벅지 전면부에도 런지보다 큰 자극을 줄 수 있다. 이 운동에 대한 이야기는 6장 무릎 부상과 재활 편에서 다시 다루게 될 것이다. **양다리 모두 체중의 50% 중량으로 10회 이상 반복 가능한 수준을 목표로 삼는다.**

런지 Lunge	불가리안 스플릿 스쿼트 Bulgarian Split Squat	스플릿 스쿼트 Split Sqaut
양발 지면 높이에서 실시	뒷다리를 올리고 실시	앞다리를 올리고 실시
한 발이 지면에서 뜬다	양발 모두 지면 접촉	양발 모두 지면 접촉
뒷다리 스트레칭 효과 X	뒷다리 스트레칭 효과 O	뒷다리 스트레칭 효과 O
후면부 자극 큼	후면부 자극 중간	후면부 자극 적음
점프로 변형	상체각 조절, 점프로 변형	발목과 무릎 각도 조절

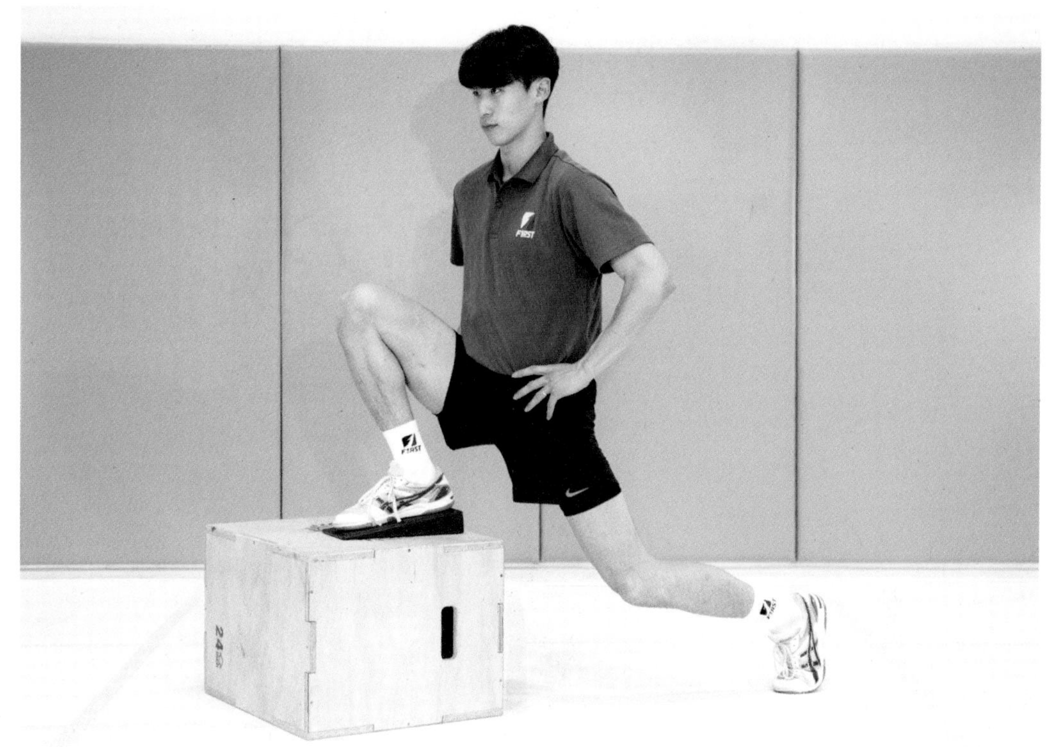

스플릿 스쿼트 **Split Sqaut**

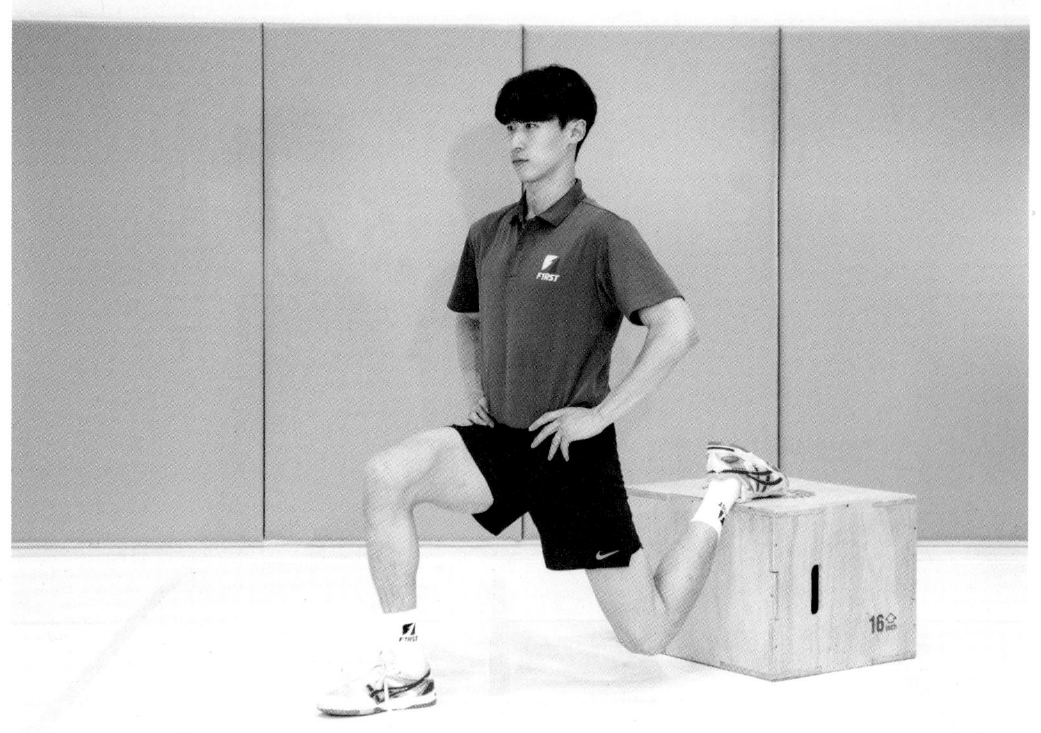

불가리안 스플릿 스쿼트 **Bulgarian Split Squat**

파머스캐리 Farmer's Carry

덤벨을 견착하는 다양한 방법

스플릿 스쿼트를 실시할 때 무게는 바벨을 이용해 등 뒤에 견착하는 것이 가장 좋다. 단 여건상 바벨과 랙을 구비하지 못해 덤벨을 활용한다면 개블릿Goblet 방식을 권장한다. 다양한 덤벨 견착법 가운데 상체각을 가장 곧게 세우기 때문에 허리가 숙여지는 것을 방지할 수 있다. 다만 건장한 성인 남성이라면 체중의 50%에 달하는 덤벨을 갖춘 곳을 찾기 어려울 수 있다. 따라서 체중 25% 수준의 덤벨 2개를 양손에 나눠서 드는 파머스 캐리 형태가 차선으로 권장되고 최대한 허리를 꼿꼿하게 세우고 실시하도록 의식적으로 자세를 점검하자.

프론트랙 Front Rack

개블릿 Goblet

https://youtu.be/mRb2SHz4Sb8

행 앤 폴드 스타일 Hang & Fold Style

"행 앤 폴드 방식"은 상당한 수준의 후면 사슬(햄스트링, 기립근, 코어) 근력이 요구되는 상급자용 기술이다. 다른 두 가지 제멀 기술이 각각 도약과 착지 가운데 한 가지를 골라 다른 하나를 포기하는 방식이라면 행 앤 폴드는 도약과 착지 두 마리 토끼를 동시에 잡으려는 도전이다. 도약 후 공중에서 허리가 활꼴로 휘도록 몸을 뒤로 크게 젖혀 도약력을 배가시킨 뒤, 급격히 몸을 앞으로 접으면서 다리를 곧게 뻗어 착지 거리도 극대화한다. 다만 앞서 언급했듯이 잘 훈련된 후면 사슬의 근력이 뒷받침되어 있지 않다면 부상 위험이 크기에 초보자들에게 추천되지는 않는다.

나는 행 앤 폴드 스타일에 적합할까 ?

평소에 후면 사슬 운동을 많이 했거나 타고난 운동신경을 갖춘 사람들에게 적합하다. 그러나 대다수의 사람들은 좌식 생활과 운동 부족으로 후면 사슬은 약해져 있어 잘 활용하지 못한다. 따라서 상급 기술로 분류하는 것이다. (발목 유연성이 나쁘다면 기록이 제한되기 때문에 다소 어려움이 따르더라도 꾸준히 노력해 행 앤 폴드 방식을 연마할 것을 추천하다.) 만약 자신이 서전트 점프 같은 '점프력'에 비해 단거리 육상 기록이 뛰어나다면 1과 2의 조건을 충족하고 있을 가능성이 크기 때문에 행 앤 폴드 스타일을 추천한다.

이 방식은 사실 올림픽 롱 점프에서 유래한 기술이다. 올림픽 초창기 독립된 정식 종목으로 존재했던 제멀은 시간이 흐르면서 도움닫기 후 실시하는 롱 점프의 부분 동작으로 흡수됐다. **행 앤 폴드 스타일은 올림픽 롱 점프에서 만들어진 '뛰기Hang' 기술이 다시 제자리멀리뛰기에 적용되면서 탄생했다.** 그래서 이를 제대로 이해하기 위해선 올림픽 롱 점프에 대해서 짚고 넘어갈 필요가 있다.

| 올림픽 멀리뛰기Long Jump의 4단계 |

올림픽 롱 점프Long Jump의 젖혀뛰기

올림픽 롱 점프 동작은 도움닫기를 포함하기 때문에 제멀에 비해 훨씬 먼 거리 — 국제대회 남자부 선수들의 기록은 8m를 훌쩍 넘긴다! — 를 도약할 수 있고 당연히 공중에 머무는 체공 시간도 훨씬 길다. 이 체공 동안 롱 점프 선수들은 비거리를 늘리기 위한 공중 동작을 취하는데 젖혀뛰기는 이때 사용되는 기술 가운데 하나다.
먼저 발구름 후 몸이 공중에 뜨자마자 무릎을 90도 정도 구부리고 양손은 팔이 귀보다 더 뒤로 넘어가도록 번쩍 들어 올린다. **그 반동으로 등과 허리가 활처럼 휘는데 그 모습이 마치 공중에 매달린 것처럼 보여서 영어로 "행Hang, 매달다"이라는 이름이 붙었다.** 전체 체공의 절반 이상을 이 "행" 상태를 유지하며 날아가다 착지에 임박하면 다리와 상체를 동시에 앞으로 당기면서 고관절을 매우 강하게 접는다. 이 모습은 옆에서 봤을 때 마치 주머니칼(잭나이프)이 접힌 형상인데 이 상태 그대로 전신을 앞으로 내밀면서 착지한다. 이것이 개략적인 올림픽 롱 점프에서의 젖혀뛰기다.

젖혀뛰기 이론을 제멀에 적용하는 법

도약각은 일반 제멀보다 높게, 올림픽보다는 낮게

아무리 올림픽에서 검증된 기술일지라도 도움닫기의 유무라는 결정적 차이 때문에 개량 없이 그대로 제멀에 젖혀뛰기를 접목시키면 오히려 기록이 줄어들 수도 있다. 관건은 올림픽 롱 점프와 비교해 봤을 때 더 낮은 도약각과 반박자 빠른 타이밍이다. 도움닫기로 큰 가속을 받은 뒤 훨씬 높게 뛰어오르는 롱 점프에선 몸이 매우 곧게 선다. **이를 감안하지 않고 제멀에서 그대로 따라 하면 몸이 앞으로 나가지 않고 위로 뜨면서 결과적으로 멀리뛰기가 아닌 높이뛰기에 가까운 궤적을 그리게 된다.** 제멀에서 이상적인 도약각은 45도이다. 그러나 이 행 앤 폴드 기술을 시도하면 도약 후 정점(행)에서 몸을 추가로 젖히기 때문에 도약각을 스쿼트 점프 스타일보다 고각인 45~55도로 잡아야 한다. 뭔가 모호하다면 측면에서 영상분석을 했을 때 출발점에서 발의 위치와 행에서의 손끝, 두 점을 연결했을 때 45도가 되도록 도약각을 조절하면 된다.

공중 동작 ---------- 착지

FLIGHT LANDING

타이밍은 빠르게

머릿속으로 **"모든 동작을 반박자 빠르게 실시한다"**는 큐잉Cueing을 자각한다. 자신의 점프를 촬영해 분석하면 체감속도와의 괴리를 느낄 수 있을 것이다. 몸은 체감보다 반박자 선행해서 움직인다. 초심자들은 대부분 공중에서 정점에 도달한 뒤 몸을 젖히려 시도한다. 하지만 실제로는 도약이 시작되는 순간 미리 행을 준비해야 정점에서 활꼴이 나타난다. 착지도 마찬가지다. 공중에서 정점에 도달한 뒤 몸을 접는다고 생각하면 이미 늦었다. 양발이 지면에서 뜨는 순간 — 즉, 도약 직후에 — 곧바로 몸을 접으려고 시도해야 늦지 않고 제때 '잭나이프 형태'가 나온다. 초심자들이 행 앤 폴드에 실패하는 가장 큰 원인은 각 단계를 반박자씩 밀려서 수행하기 때문이다. 늘 명심하라. 관찰자에게 보이는 동작(영상)보다 각 단계를 모두 반박자씩 당겨서 시도해야 한다.

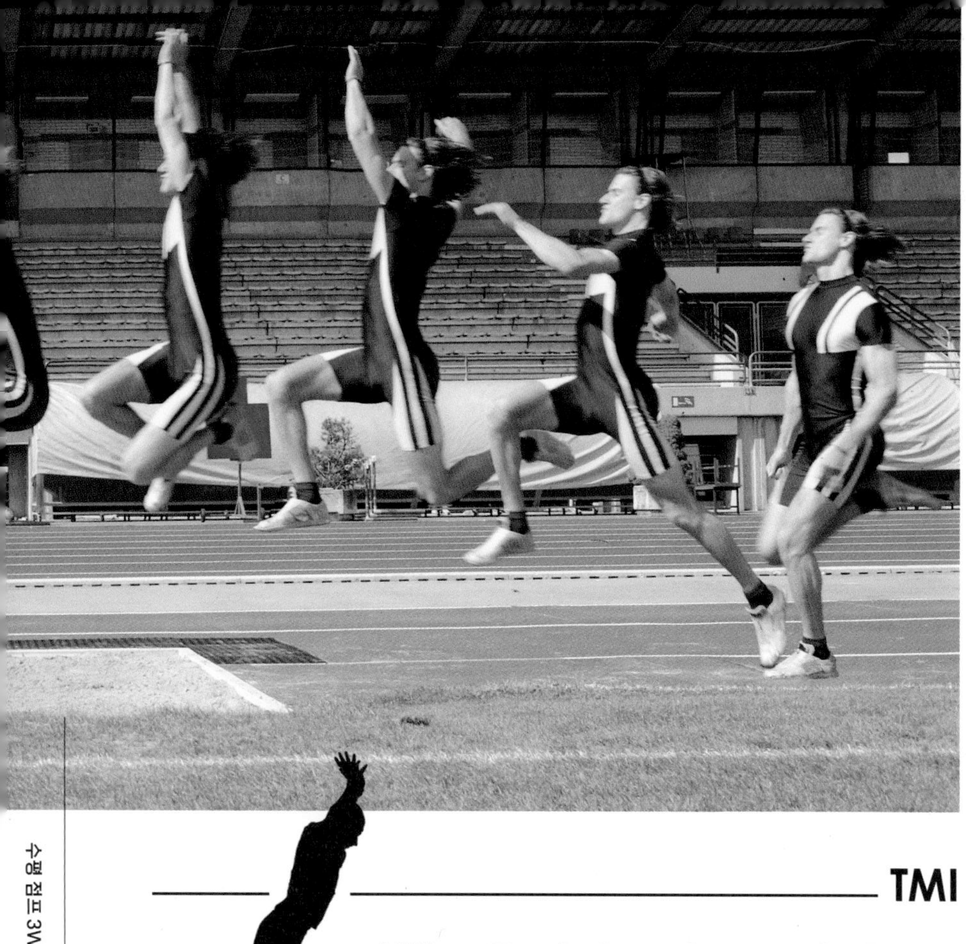

TMI

행Hang은 억지로 만드는 게 아니라 자연스럽게 만들어지는 것이다

'달리기가 빠른 사람에게 적합하다', '후면 사슬 중심이다', '도움닫기(수평이동 성분)가 존재하는 올림픽 롱 점프의 영향을 받았다' 등등 이들을 바꿔서 말하면 행 앤 폴드 스타일은 단거리 달리기Sprint와 역학을 공유한다는 뜻이다. 단거리 달리기 스타트처럼 몸이 앞으로 튀어나가면, 도약각은 상당히 낮게 깔리게 된다. 만약 그 각도 그대로 도약각이 유지된다면 중심을 잃고 앞으로 고꾸라지기 때문에 이를 보상하기 위해 무의식적으로 가슴을 열어젖혀 세우는 보상이 일어난다. 그래서 하체는 매우 낮은 도약각+상체는 매우 높은 도약각을 보이고 이 둘이 합쳐지면 45도 이상의 활꼴인 '행Hang'이 나타난다. **즉 행은 의식해서 만드는 게 아니라 강인한 후면 사슬 수축력을 견디는 과정에서 자연스럽게 나타나는 연쇄반응이다.** 이를 이해하지 못하고 일단 점프한 뒤 공중에서 인위적으로 몸을 젖힌다는 식으로 접근한 "억지로 만들어 낸 행 타임"은 사실 원리를 모른 채 겉으로 드러난 형태만 따라 하는 오개념에 가깝고 행 앤 폴드 스타일을 연습하며 특히 상대적으로 근력이 약한 여학생들의 허리 부상이 자주 나타나는 빌미가 된다.

행 앤 폴드 스타일 Hang & Fold Style

1

타 방식보다 더욱 강력하고 빠른 팔치기가 필요하다. 따라서 백스윙 가동 범위와 속도를 최대한 늘려라.

2

사두-발목 제멀 대비 의식적으로 팔을 높게 쳐 올려야 한다. 귀 뒤로 넘어갈 정도로 쳐 올려야 할 수도 있다.

3

도약 직후 마치 스프린트 시 하체로 스윙Swing을 하는 것처럼 무릎이 한 번 뒤로 90도 정도 뒤로 접혀서 까지는 순간이 발생한다.

START ▶▶ https://youtu.be/EM9Lez5p-Nk 

제자리멀리뛰기 단계별 큐잉

4

공중에서 귀 뒤까지 젖혀진 팔, 90도로 접힌 무릎, 활꼴로 꺾인 허리가 동시에 이루어진 '행Hang'자세가 완성된다. 이 행이 유지되는 시간은 단 0.1초 수준으로 매우 짧다. 관찰자는 공중에서 잠시 멈춘 것처럼 느낄 수 있지만 수행자 입장에선 행 타임을 인지할 사이도 없이 바로 몸을 접어야 한다. 그렇지 않으면 막상 착지에 쓸 시간이 사라져 버릴 것이다.

5

행의 완성과 동시에 착지에 돌입한다. 몸을 접을 때 허리 힘을 쓰는 데 집중하기보다 허벅지 앞쪽(대퇴직근)을 강하게 수축시키면서 '머리를 땅에 박는다'라고 생각하자.

6

착지 시 중요한 것은 머리의 위치다. 머리의 높이가 높을수록 착지에서 무게중심이 흔들리고 엉덩방아를 찧는 파울이 일어날 위험이 증가한다. 착지 시 손의 위치를 가급적 최대한 앞으로 뻗도록 노력해야 한다.

착지 시 팔이 뒤로 가도 괜찮을까?

행 앤 폴드를 시도하면 착지 동작에서 팔을 몸 뒤로 내젓는 경우가 잦다. 실제로 올림픽 롱 점프에선 비거리를 늘리기 위해 마지막 착지동작에서 "바지를 당겨서 입듯이 앞으로 내밀었던 손을 무릎에서 골반까지 주욱 끌어오라"는 큐잉을 주문하는 경우가 많다. 착지 직전 팔을 뒤로 내저으면 그만큼 반발력이 추가로 생성되어 앞으로 나가는 추진력에 도움이 되고 상당수의 초보자들이 본능적으로 착지 직전 팔을 뒤로 젓는다. 그러나 이것은 엉덩이 착지가 가능한 롱 점프에서의 지침이지, 제자리멀리뛰기에서는 바람직하지 않다. **제멀에선 착지 시 끝까지 손을 앞으로 내밀면서 동작을 마무리할 수 있도록 연습해야 한다.**

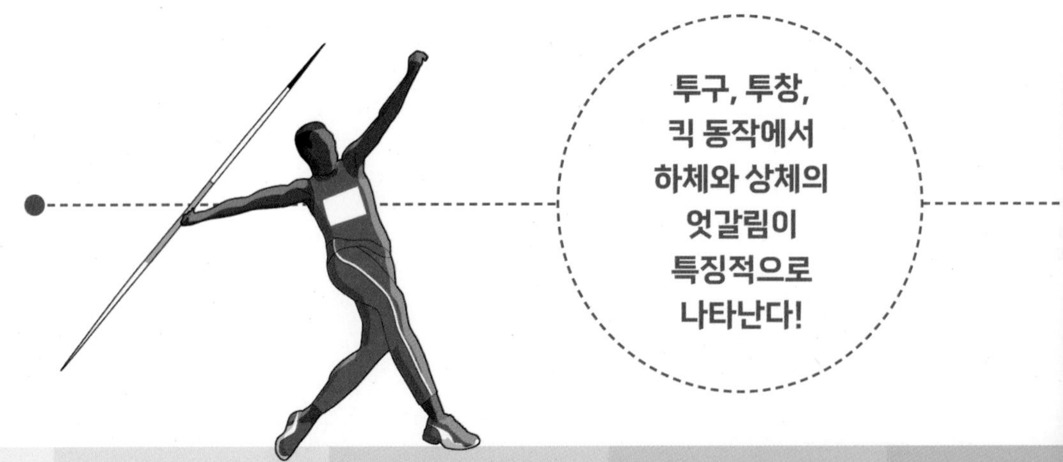

투구, 투창,
킥 동작에서
하체와 상체의
엇갈림이
특징적으로
나타난다!

TMI

왜 착지 시 팔은 자꾸 뒤로 가는 걸까?

왜 사람들은 본능적으로 착지 시 손을 뒤로 저을까? 여기에 대해선 토마스 마이어스Thomas Mayers가 자신의 저서 근막경선 해부학Anatomy Train을 통해 명쾌한 해석을 제공한 바 있다. 반대쪽 판상근 — 능형근 — 전거근 — 외복사근 — 대퇴근막장근TFL — 장경인대IT Band — 전경골근까지 연속성을 가지고 연결된 근육무리를 그는 나선선Spiral Line이라 이름붙였다. 육상, 야구, 배구, 골프 등 다양한 스포츠 속에서 관찰되는 '대각선 방향 팔다리의 연동'을 나선선이 작동하는 대표 사례로 제시한 바 있다. 이에 따르면 롱 점프나 제멀 착지를 위해 다리를 앞으로 길게 내뻗을 때 팔을 뒤로 내젓는 반사적인 움직임은 해부학적 구조에 따른 자연스러운 반응이다. 그러나 자연스럽다고 무조건 득이 되는 것은 아니다. 제자리멀리뛰기에서 엉덩이 착지가 곧 파울로 연결되기 때문에 제멀을 연습할 땐 착지 시 팔을 뒤로 내젓는 습관을 의식적으로 교정하도록 지도하는 것이다.

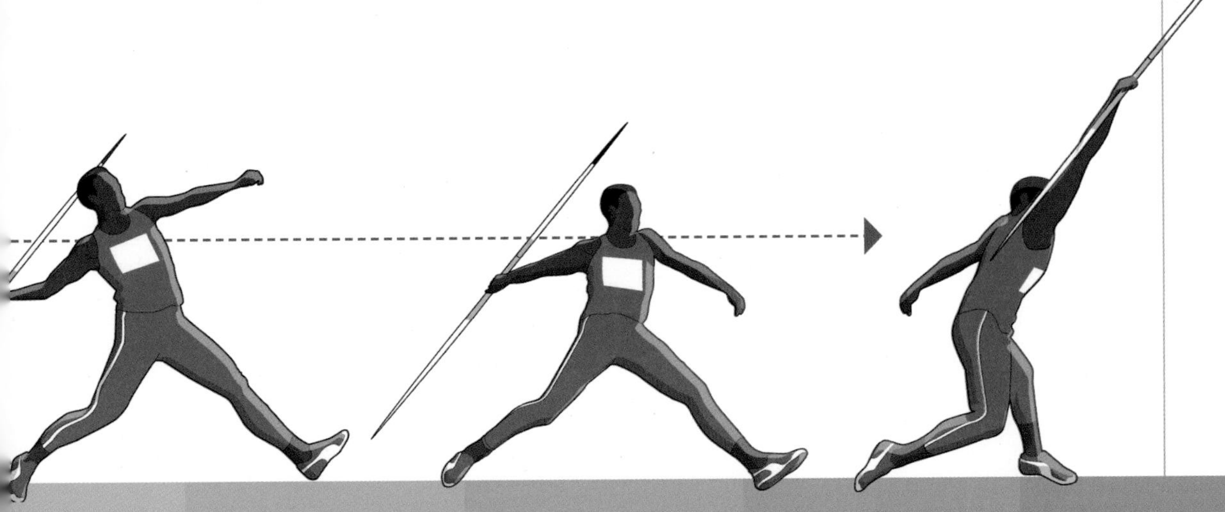

보조운동 1

보조자와 함께 하는 유연성 운동

Flexibility Exercise

행자세를 제대로 수행하기 위해선 상당한 유연성이 요구된다. 대표적 유연성 운동인 바닥에서 실시하는 '백브릿지Back Bridge'는 팔로 체중을 지지하는 과정에서 불필요한 힘이 들어가고 실제 행 동작 대비 어깨 가동 범위도 덜 나온다. 따라서 실제 롱 점프 선수들처럼 보조자의 도움을 받아서 실시하는 유연성 드릴을 추천한다.

보조운동
2

의자를 활용한 착지 연습

Landing Practice

 STEP

1 의자에 앉아 '행' 처럼 팔은 만세를 하고 발뒤꿈치는 지면에서 살짝 들고 있는다.

2 팔꿈치를 편 상태 그대로 팔을 아래로 내젓는 동시에 다리를 들어 올린다.

3 다리는 무릎을 구부린 상태가 아니라 최대한 편 상태로 거의 가슴을 찍을 높이까지 올린다.

착지 연습을 위해 의자를 활용하는 방법도 좋다.

TKFIT
PREMIUM
QUALITY
20 inch

보조운동
3

행잉 레그 레이즈 계열의 코어운동

Core Training

젖혀뛰기는 잭나이프라 불리는 역동적인 착지 동작이 매우 중요하다. 도약뿐만 아니라 착지에서도 손해를 보지 않고 좋은 기록을 만드는 비결 중에 하나다. 문제는 이 과정에서 매우 강인한 '코어근력'이 요구되며 초심자가 함부로 시도하다 허리 부상을 얻기 쉽다. 따라서 완전히 다리를 펴고 실시하는 행잉 레그 레이즈 계열의 보조운동을 병행하도록 한다. 행잉 레그 레이즈가 불가능하다면 보다 쉬운 동작인 버티컬 레그 레이즈나 행잉 니업도 가능하지만 장기적으로는 다리를 완전히 펴고 몸을 접는 행잉 레그 레이즈를 연속으로 10개 이상 가능한 수준의 근력을 만들도록 노력하자. 다소 반동을 이용해도 좋으니 속도를 붙여서 실시하는 토즈 투 바Toes to Bar 형태로 실시하는 것 또한 좋다. 공중에서 속도감 있게 몸을 접는 동작에 대한 대비가 될 것이다. 행잉 레그 레이즈가 가능해졌다면 부상 예방 차원에서 몸을 비트는 윈드 쉴드 와이퍼 같은 고급 동작까지 연습한다.

행 앤 폴드
보조운동 모음

https://youtu.be/9yJA1pLYcZ0

세일 앤 킥 스타일 Sail & Kick Style

"세일 앤 킥"은 올림픽 롱 점프의 기술인 무릎뛰기Sail를 제자리멀리뛰기에 맞춰 재구성한 것이다. 다리는 팔보다 길다. 만약 착지 동작에서 이 다리 길이를 100% 활용할 수 있다면 어떨까? 제멀기록이 단숨에 자신의 다리 길이만큼 늘어날 것이다. 또한 하체 근력 부족한사람은 착지를 위해 무릎을 당겨 올리는 과정에서 체중이 위로 향하면서 체공시간을 늘려주는 점프력 강화 효과까지 누릴 수 있다. 하체 근력 부족으로 기록이 저조한 이들에게 있어 힘이나 근육을 키워 도약력을 키우는 것과 비교해 봤을 때 더 짧은 기간 내 극적인 기록 상승을 가능하게 해주는 매우 효율적인 방법이다.

주의 사항 1

도약과 착지 무엇이 우선인가?

착지 기술은 단기적으로 기록 향상 효과가 크다. 그러나 도약이 완성되지 않은 상태에서 착지에만 집착하게 된다면 결과적으로 도약력이 줄어들어 최종 기록은 '제로섬'에 그치거나 도리어 줄어들 수도 있다. 단기간의 기록 향상에 만족하지 말고 도약 연습도 꾸준히 병행하도록 하자.

TMI

무릎뛰기Sail는 젖혀뛰기Hang보다 구식 기술이라던데요?

앞서 살펴본 행 앤 폴드와 마찬가지로 세일 앤 킥도 올림픽 롱 점프에서 유래한 기술이다. 그런데 올림픽 롱 점프의 역사를 살펴보면 60~70년대까지는 무릎뛰기세일, Sail가 널리 쓰이다 80년대 젖혀뛰기행, Hang가 보급되면서 무릎뛰기는 현재로선 거의 쓰이지 않는 '구식 기술'이라는 설명을 접하게 된다. 그렇다면 구식인 무릎뛰기를 토대로 만들어진 세일 앤 킥도 구닥다리인 것일까? 그렇지 않다.

제멀과 올림픽 롱 점프의 결정적 차이점인 수평에너지의 유무(도움닫기)를 고려해야 한다. 올림픽 롱 점프는 도움닫기를 통해서 수평성분을 극대화할 수 있기 때문에 착지기술을 연마하는 것보다 체공시간을 늘리는 방식이 기록에 유리하다. 그러나 원천적으로 완전 정지 상태에서 시작하는 제멀은 같은 논리를 일괄적으로 적용할 수 없다. 올림픽에서는 구식으로 분류되는 무릎뛰기 방식이지만 제멀에서는 선천적 운동능력(근력)이 부족한 사람들에게 적용 가능한 훌륭한 대안이다.

주의 사항 2

당겨서 뻗기 VS 무지성 뻗기

착지의 핵심은 다리를 곧게 뻗어 자신의 정강이 길이만큼 기록을 향상시키는 것이다. 그러나 가장 중요한 선행조건이 있다. **이 과정을 '당겨 뻗기'라고 부르는 이유는 '당기기'와 '뻗기' 총 두 가지 동작으로 이루어지기 때문이다.** 둘 중 한 가지를 놓치면 당연히 제대로 된 기록이 나오지 않는다. 예컨대 '당기기'를 생략하고 '뻗기'에 급급한 사람들은 '나는 잘 뻗는 것 같은데 왜 기록이 잘 나오지 않는 걸까?'라는 문제에 봉착한다. 당기는 단계를 생략하면 아무리 곧게 뻗어도 제대로 된 착지가 나올 수 없다.

하나 더 중요한 것은 햄스트링의 유연성이다. 당기기 과정을 충실히 수행한 뒤 뻗기에 들어더라도 다리를 너무 강하게 차면 비거리가 줄어든다! 이것이 같은 올림픽 스타일이지만 행 앤 폴드와의 결정적인 차이다. 행 앤 폴드에서 이른바 '잭나이프'라 불리는 형태를 만들기 위해 허리에 매우 큰 힘을 주며 전신을 구부렸던 것을 떠올리며 당겨뻗기에서도 비슷하게 무릎과 오금에 힘껏 힘을 주면서 강하게 다리를 차는 이들이 많다. 이 뻗기 상태에서 중요한 것은 '힘을 뺀 활강'이다. 몸이 접힌 상태로 공중에서 수십 센티미터가량 활강이 이루어져야 하는데 이때 무릎을 강하게 차면 반발력이 생기면서 활강이 끊어지고 그대로 지면으로 낙하한다. 그런데 햄스트링이 유연하지 않은 사람들은 다리를 펴기 위해 억지로 힘을 줄 수밖에 없기 때문에 활강 없이 '뚝 떨어지는' 착지가 일어나 제대로 된 기록 향상을 누리지 못한다. 따라서 마지막 뻗기 동작에서 다리에 힘을 빼고 가볍게 아주 살짝 '톡' 건드리듯이 무릎을 펴서 활강구간을 확보하려면 평소 햄스트링 유연성이 확보되어 있어야만 한다.

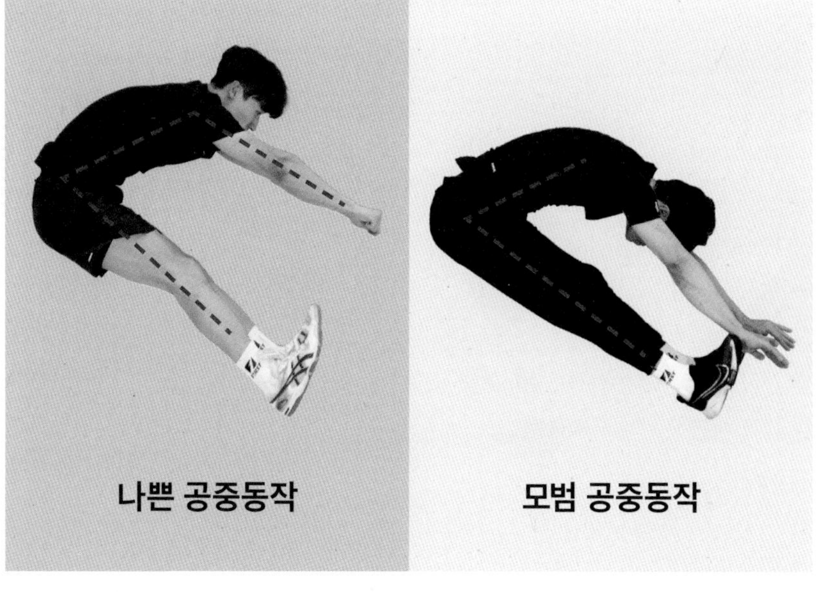

세일 앤 킥 스타일 Sail & Kick Style

1

앞서 두 방식의 도약각의 중간지점인 평균적 도약각 45도로 도약을 한다.

2

공중에서 체공이 줄어든 만큼, 나머지 시간을 착지에 투자하는 개념이다. 따라서 도약하자마자 반박자 앞서 착지를 준비한다.

3

앞서 행 앤 폴드가 다리를 편 상태로 '통째로-한 번에' 끌어오는 개념이었다면 반대로 당겨뻗기는 무릎을 위로 드는 당기기Sail와 앞으로 내미는 뻗기Kick 두 동작으로 구성된다.

4

당기기 먼저 무릎을 가슴 높이까지 '니킥Knee Kick'을 해서 차올림으로써 무게중심이 위로 향하게 만든다. 필수적으로 무릎이 90도 정도 구부러지고 가슴 쪽으로 향한다.

START ▶▶ https://youtu.be/AKxmVmGWISg 

제자리멀리뛰기 단계별 큐잉

5

뻗기Kick 절대로 성급해선 안 된다. 가장 잦은 실수가 무릎을 당기지도 않은 상태에서 행 앤 폴드의 착지 자세처럼 강하게 뻗어 차는 것이다. 무릎을 가슴까지 당겨온 뒤 '정말 마지막까지' 기다렸다가 아주 가볍게 무릎을 살짝만 '톡' 앞으로 뻗어 준다.

6

제대로 뻗었다면 다리를 곧게 편 상태에서 수십 센티미터 정도 그대로 날아가는 '활강' 구간이 나타난다. 이때 무릎을 강하게 차면 활강이 일어나지 않기 때문에 평소 '햄스트링 유연성'을 통해 다리의 힘을 뺀 상태에 쭉 뻗는 연습을 계속하자.

7

머리가 골반 이하의 위치에 오도록 유지하며 팔을 앞으로 내밀며 뒤꿈치부터 바닥에 닿게 착지한다.

세일 앤 킥 시범

◀◀ FINISH

보조운동 1

중량 무가닿*

* 무가닿 : 무릎가슴닿기의 줄임말.

Weighted Knee Touch

다리를 당겨와 끌어올 때 가장 핵심적인 근육군인 대퇴직근, 장요근(코어), 복근을 발달시킨다.

1 의자나 박스에 앉아 손을 엉덩이 옆에 짚는다.
2 허리는 30~45정도 앞으로 숙인다.
3 초심자는 5kg 내외의 모래주머니로 익숙해지면 10kg 정도 되는 바벨을 세팅한다.
4 5~10cm 정도 높이로 무릎을 들어 올린다.
5 호흡은 당겨 올릴 때 뱉어준다.
6 10~15회씩 3세트, 주 3회 정도 실시한다.

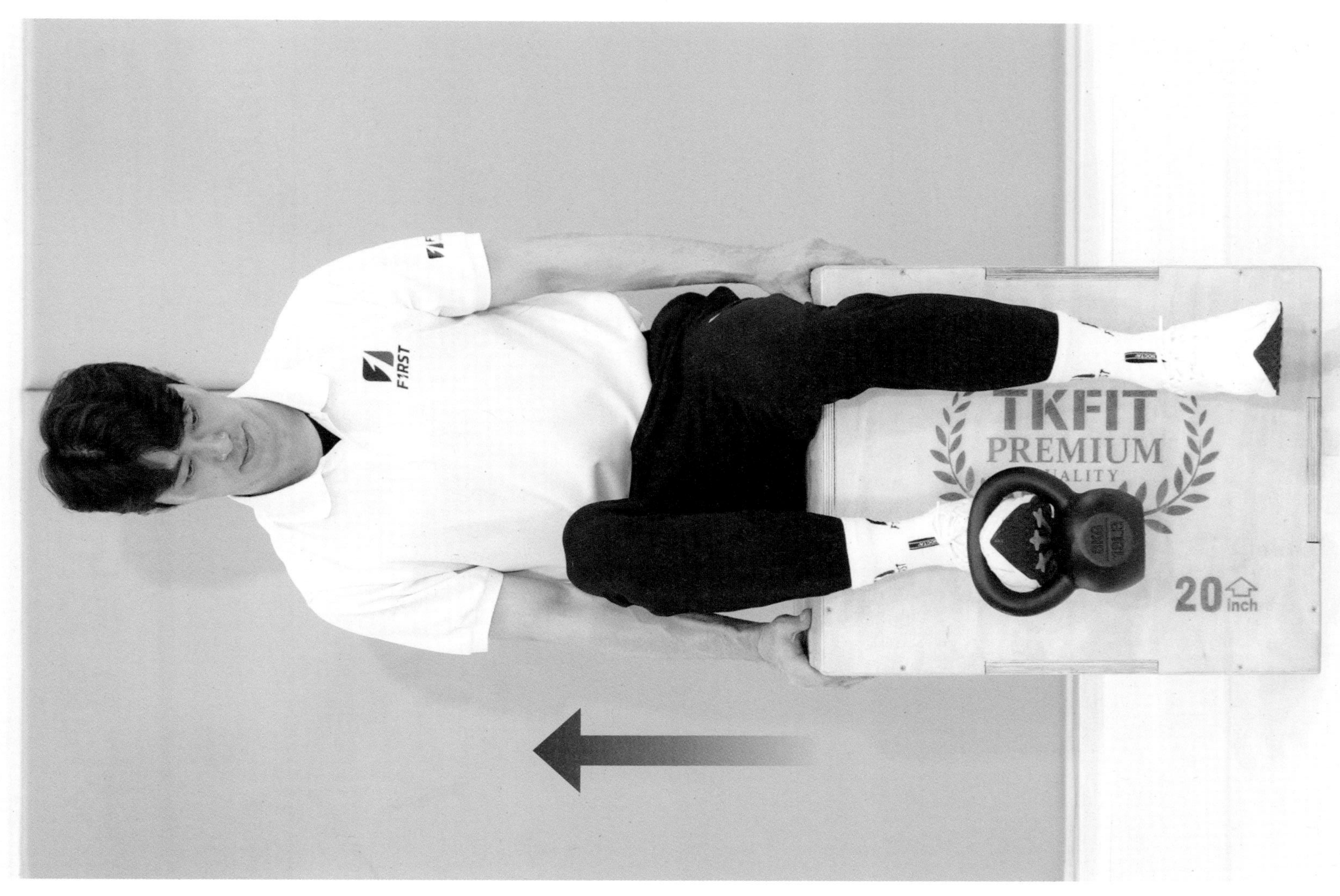
F1RST
TKFIT
PREMIUM
20 inch

보조운동 2

브이업 밸런스

V-Up Balance

공중 동작에서의 기술훈련을 겸하는 동작으로 근력 훈련이라기보다 기술 훈련에 가깝다. 이때 제멀 착지 동작처럼 발등이 몸 쪽으로 향하도록 배굴 상태를 유지한다.

1 공중 동작이라고 생각하고 매트 위에 반듯하게 누워서 준비한다.
2 무릎을 90도 굽힌 상태로 몸을 빠르게 접어 준다. 호흡은 뱉는다.
3 몸을 접은 상태에서 5초 이상 버텼다 내려오기를 10회 이상 반복한다.

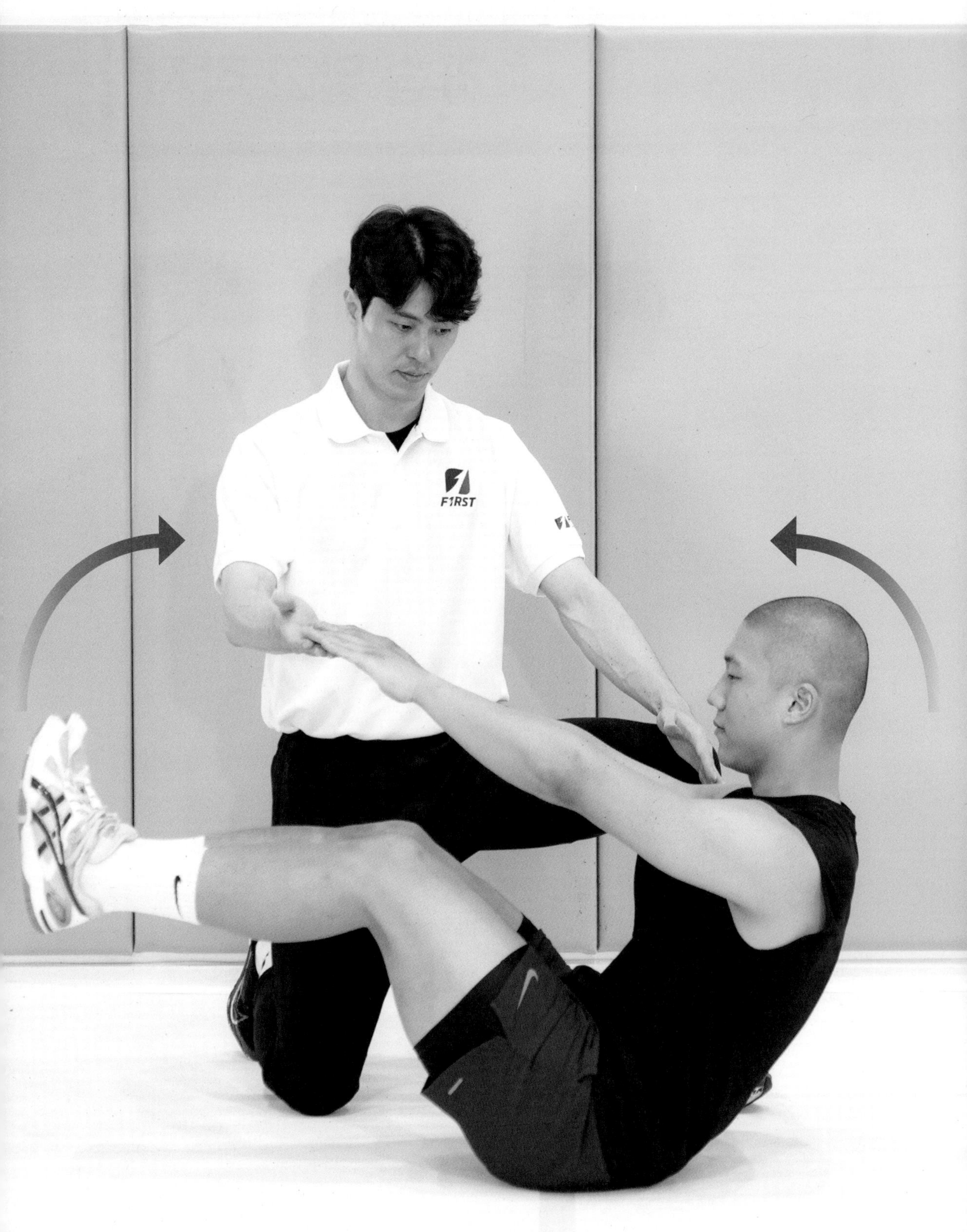
F1RST

보조운동 3 가슴 닿고 착지

Enhanced Landing

착지를 강화하는 기술 연습이다. 남성은 자신의 제멀 목표 기록에서 100cm , 여성은 80cm 정도를 뺀 거리를 '가슴 닿기'로 넘는 연습을 한다. 일반적인 제멀과 준비 자세부터 도약을 똑같이 하지만 정점에서 무릎이 가슴을 터치하고 내려온다. 한 번 연습할 때 10회 3세트 정도 실시한다.

세일 앤 킥
보조운동 모음

https://youtu.be/UFfiFTldn5k

보조운동 4 햄스트링 스트레칭

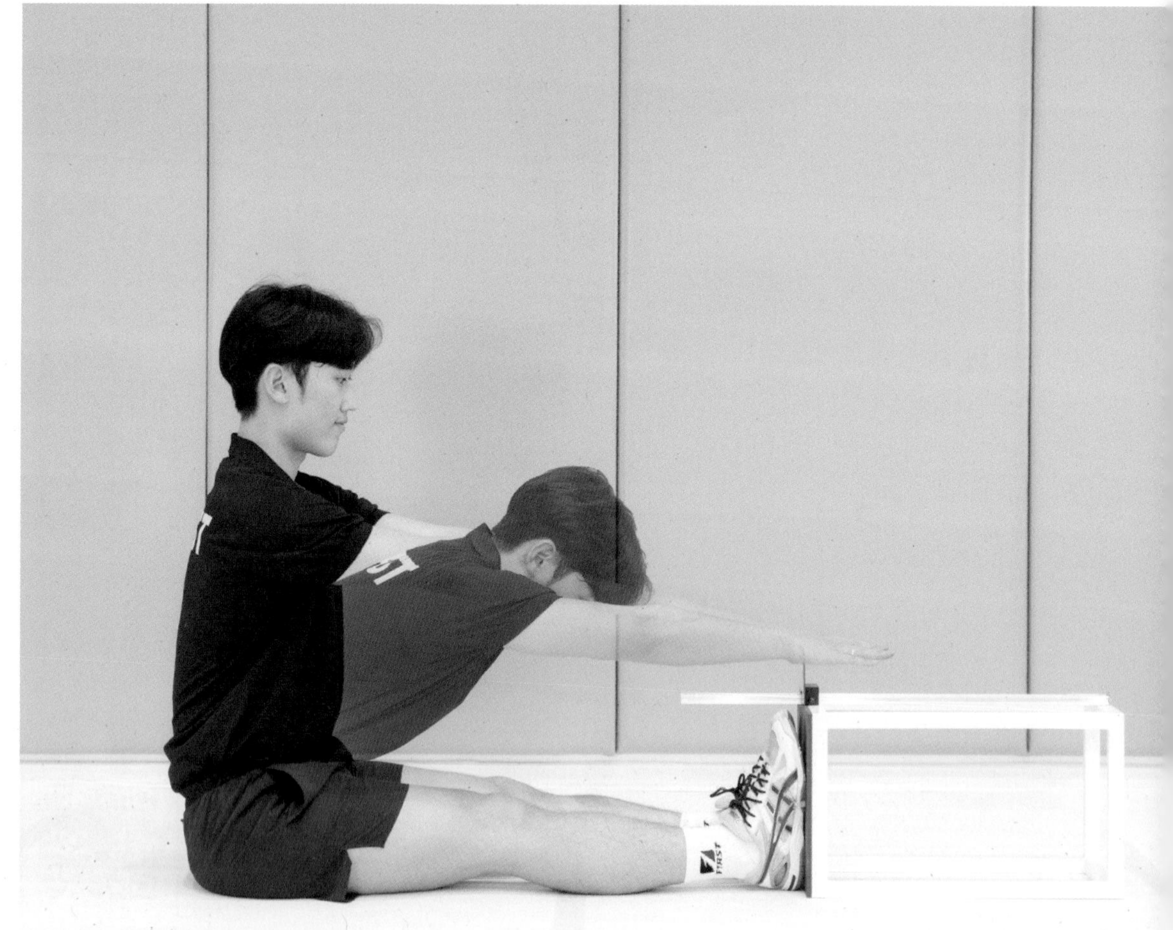

Hamstring Stretching

착지에 영향을 미치는 보이지 않는 요소는 햄스트링의 유연성이다. 당겨 뻗기를 아무리 연습해도 다리가 곧게 펴지지 않고 무릎이 계속 반쯤 접힌 상태로 착지가 나오는 사람들이 있다. 대개 타이밍이 안 맞아서라서 생각하고 연습을 계속하기 쉽지만 만약 같은 문제가 반복된다면 햄스트링 유연성 문제일 가능성이 크다. 좌전굴이나 누워서 허벅지를 들어 올린 상태로 무릎을 펴는 햄스트링 스트레칭을 실시해 보자. 만약 좌전굴 기록이 마이너스(-)가 나오거나 누워서 다리를 90도로 만들 수 없을 정도라면 타이밍이 아니라 유연성의 문제일 가능성이 크다. 꾸준히 스트레칭을 해서 햄스트링 길이를 늘려 주면 당겨뻗기 거리가 늘어날 것이다.

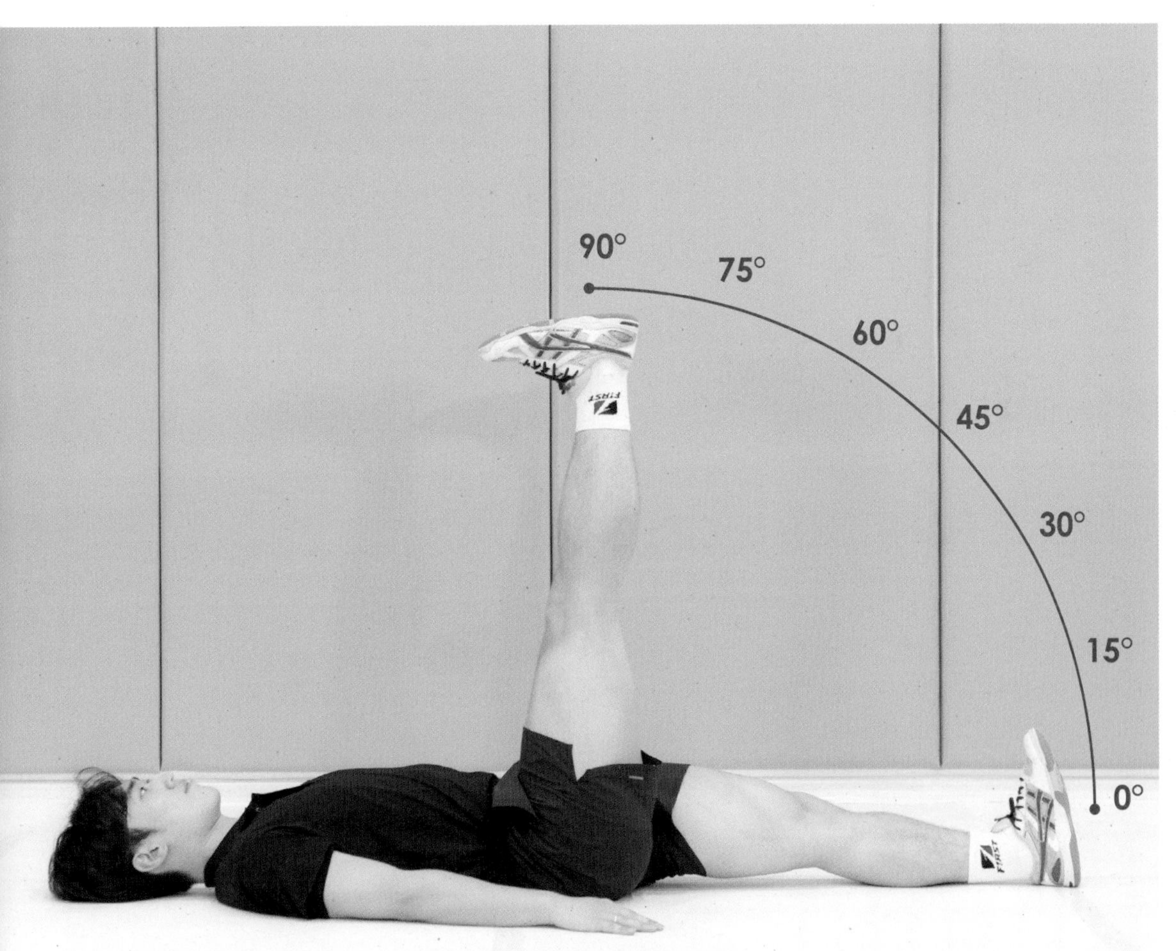

JUMP

CHAPTER 5

수직점프 2WAY

VERTICAL

서전트와 제멀, 서로 닮은 꼴

우리가 다루는 3대 점프 가운데 두 번째인 서전트 점프(제자리높이뛰기)는 앞선 제자리멀리뛰기와 비교해 봤을 때 서로 닮은 점이 많다. 둘 다 도움닫기 없는 제자리 점프라는 점, 탄력보다 근력 기반의 점프라는 점에서 유사성이 크다. 실제로 국민 체육 공단에서 시행하는 "국민체력100"도 제자리멀리뛰기와 서전트 점프를 동일한 순발력 테스트로 분류해 양자택일제로 실시한다. 따라서 **"제자리멀리뛰기는 각도가 조절된 서전트 점프다"라는 극단적인 소수 의견까지도 나온다.**

제자리멀리뛰기를 서전트 점프로 대체하는 대학	
광운대	스포츠융합
공주대	체육교육
덕성여대	생활체육
제주대	체육교육

*2024년 기준

그러나 대학 입시를 살펴보면 제자리멀리뛰기를 측정하는 대학은 100여 곳에 가깝지만 제자리멀리뛰기를 서전트 점프로 완전히 대체하는 대학은 단 네 군데에 불과하다. 대학들은 이 둘의 유사성보다 차이점에 주목하고 있는 것으로 보인다. 실제 교육현장에선 "둘 중 하나는 잘 되는데 다른 하나는 기록이 저조하다"는 사람들도 자주 나온다. 단순히 점프 방향이 다르다는 점 이외에도 멀리뛰기와 높이뛰기 사이에는 차이점이 많다. 본격적인 서전트 점프 훈련에 앞서 제자리멀리뛰기와 대조 작업을 통해, 서전트 점프의 특징을 보다 정확하게 파악하고 넘어가자. 지피지기 백전불패, 자신을 정확히 아는 것이 기록 향상의 첫걸음이다.

점프력 테스트는 잠재력 테스트

1장에서 언급한 대로 점프력은 '스포츠 잠재력'을 나타낸다. 만약 단거리 육상 능력을 측정하고 싶다면 대상자들을 실제 거리(100m, 200m, 400m)만큼 달리게 하는 게 맞다. 그러나 시간, 장소, 인력, 예산과 같은 현실적 문제에 부딪혀 모든 조건을 1:1로 맞춰 실측하는 검사는 어렵다. 이때 점프력 측정은 실측을 대체할 수 있는 신뢰도 높은 "예측 수단"인 것이다. 고작 1초 만에 얻어진 기록을 보고 "운동신경"이라 불리는 그 사람의 육체적 잠재력을 추정할 수 있다. **점프력이 좋은 사람은 통계적으로 다른 운동도 잘할 가능성이 높기 때문이다.** 이를 근거로 단거리 종목 육상코치들은 같은 단거리 스프린터들 사이에서도 높이뛰기를 잘하는 선수와 멀리뛰기를 잘하는 선수들의 자질이 서로 다르다고 말한다. 100m 달리기를 예로 들면 전체 구간에서 초반 약 40m 구간은 몸을 앞으로 숙이는 가속 구간, 그 뒤는 상체를 완전히 세우고 뛰는 질주 구간으로 나눈다. 한 종목(100m 달리기) 내에서 이루어지는 동작이지만 이 두 구간의 역학(작용하는 힘의 크기와 방향)은 서로 상이하다.

| 단거리 육상의 가속 구간Acceleration에서 힘의 방향과 수평 점프와의 유사성 |

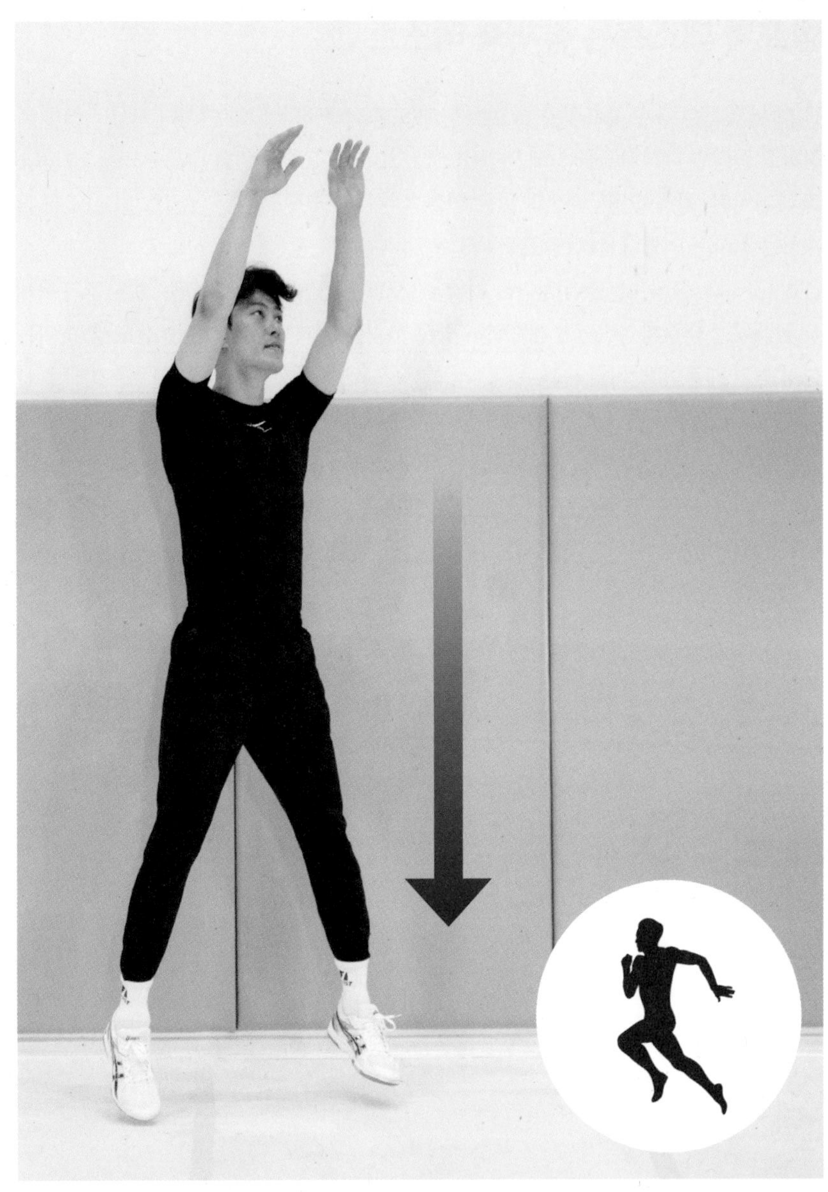

| 단거리 육상의 질주 구간Top Speed에서 힘의 방향과 수직 점프와의 유사성 |

육상 코치들 사이에선 "멀리뛰기를 잘하면 가속 구간, 높이뛰기를 잘하면 질주 구간에서 강점을 보인다."라는 속설이 존재한다. 유망주를 발굴할 때 서전트 점프와 제자리멀리뛰기 기록을 비교해 선수의 성장 잠재력 예측에 활용한다. 이는 스포츠 종목별 특이성(즉, 보조운동과 실제 운동 동작 사이의 유사성, 상관도)을 고려해 봤을 때 상당히 설득력 있는 이론이다.

테크닉 VS 날 것

제자리멀리뛰기와 서전트 점프 둘 다 기초체력 테스트지만 이 둘 사이에도 미묘한 차이가 있다. 보다 "날 것"에 가까운 순수 기초체력을 반영하는 것은 서전트 점프다. 컴퓨터 시뮬레이션을 활용한 동작 분석, 관련 기록들의 메타분석을 통해 두 점프를 비교한 결과는 다음 세 항목으로 요약된다.

❶ — 사용되는 근육군으로 봤을 때 멀리뛰기는 후면부(엉덩이) 참여도가 크다.
❷ — 멀리뛰기가 높이뛰기보다 지면 접촉시간이 더 길다. (약 1.5배)
❸ — 멀리뛰기가 높이뛰기보다 전반적인 스포츠 기량 예측에 더 효과적이다.

제자리멀리뛰기 : 보다 긴 지면 접촉시간 ▶ 0.92초

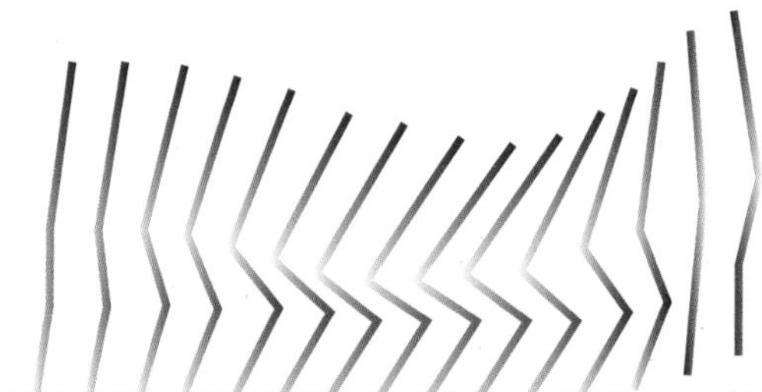

제자리높이뛰기 : 보다 짧은 지면 접촉시간 ▶ 0.65초

❶과 ❷는 단순한 관찰 결과지만 ❸은 의견이 포함된 주장으로 보충설명이 필요할 것이다. 높이뛰기는 동작 시 고려할 축이 1개(수직 방향)로 굉장히 단순하다. 그러나 멀리뛰기는 축이 좌우, 전후, 상하 총 3개다. 따라서 수직 점프보다 더 복잡하고 다차원적인 조절능력이 요구된다. 따라서 '입체적' 방향전환이 요구되는 실제 스포츠 현장에 투입됐을 때보다 잘 적응할 것으로 예상 가능하다. 제자리멀리뛰기는 같은 기초체력 평가임에도 불구하고 서전트 점프보다 많은 것을 담고 있다.

기술 의존도 ▷▷	**낮음 ▼ — 서전트 < 제멀 < 맥스 버티컬 — 높음 ▲**	
근력 의존도 ▷▷	**높음 ▲ — 서전트 > 제멀 > 맥스 버티컬 — 낮음 ▼**	

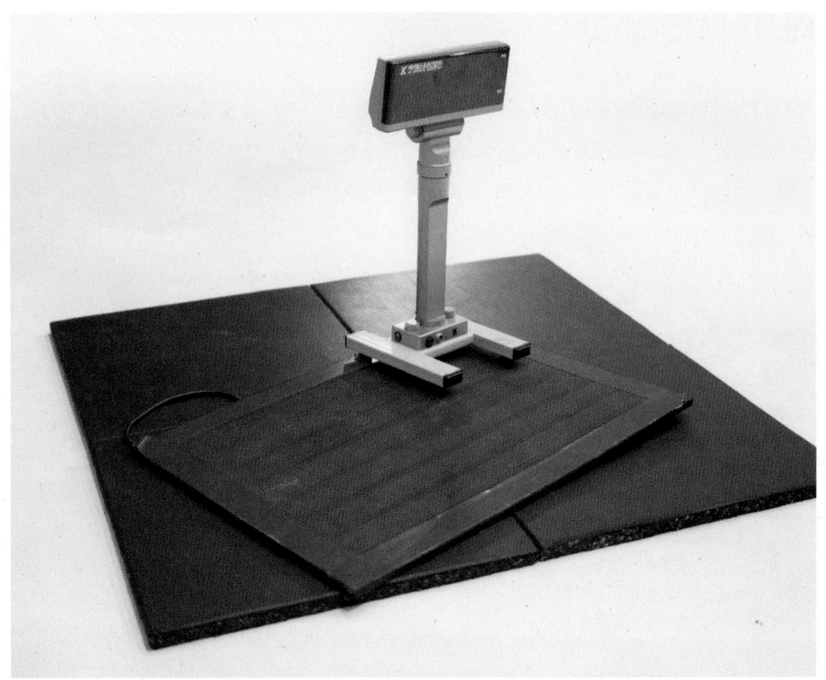

| 서전트 점프 기록 측정에 사용되는 압력센서 내장 발판 |

TMI

서전트 점프의 측정방식

서전트 점프 기록은 신장과 팔 길이에 따라서 왜곡되기 쉽다. 버텍Vertec 같은 아날로그 측정 기록은 팔이 긴 사람에게 유리하게 나온다. 따라서 고정된 벽면에 눈금자 등을 부착한 뒤, 점프 전에 발을 지면에 붙이고 선 상태로 팔을 머리 위로 뻗어 눈금자에 닿은 높이를 기록한 뒤, 점프 후 최고 지점에서 손이 닿은 높이와 차이를 구하는 과정을 덧붙여 기록을 보정한다. 보다 정확한 점프 높이를 구하려면 적외선 센서가 포함된 영상 장비 이용해야 하기 때문에 상황이 매우 복잡해진다. 따라서 현재는 대안으로 압력 센서가 내장된 발판이 널리 이용되고 있다. 발판에 걸리는 압력을 감지해 점프 시작부터 공중에 떠 있던 체공 시간을 측정하고, 중력가속도 이용해 체공 시간을 역연산해 점프 높이를 추정하는 방식이다. 체력 측정을 요구하는 기관들이 서전트 점프보다 제자리멀리뛰기를 선호하는 숨은 이유가 여기에 있다. 둘 사이를 놓고 봤을 때보다 손쉽고, 정확히 측정이 가능한 것은 제자리멀리뛰기다. 한마디로 제자리멀리뛰기가 서전트보다 더 "행정친화적"인 종목으로 볼 수 있다.

결론 : 제멀과 서전트는 다르다

위의 비교/대조 과정을 통해 서전트 점프 기록 향상을 위한 훈련 콘셉트가 정해졌다.

별도의 기술적 훈련보다

육체적 강인함 그 자체를 강화하는 데 주안점을 둔다.

발목(아킬레스건)의 탄성보다

근육의 근력과 근육량을 키우는 훈련이 효과적이다.

후면 사슬(엉덩이) 수축력뿐만 아니라

전면 사슬(무릎, 허벅지)의 근력이 요구된다.

	서전트	제멀	맥스
후면 사슬 참여도	하	상	중
전면 사슬 참여도	상	중	하
복근 참여도	상	하	중
종아리 근력	상	하	중
발목(아킬레스건) 참여도	하	중	상

서전트 점프 동작 2단계

서전트 점프는 단 2개의 구간으로 나누어 설명한다. 서전트 점프를 설명하는 지침들을 대개 "신전단축 주기 SSC:Stretch-Shortening Cycle"에 입각한 3단계Eccentric— Amortization—Concentric로 나누는 경우가 가장 일반적이고, 아예 5단계, 6단계에 이르도록 구간을 잘게 나눠 매 단계별 자잘한 큐잉을 곁들여 설명하기도 한다. 그러나 우리는 앞서 확인한 서전트 점프의 본질인 **'날 것 그 자체에 가까운 순발력 테스트'**에 충실하도록 간결하게, 단 두 가지 단계에 집중한다.

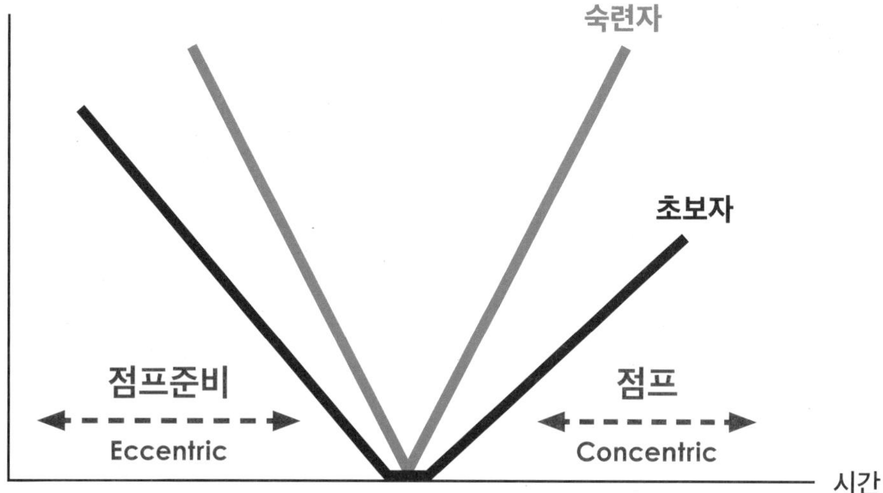

CHECK

준비단계 ▶ 빠른 하강, 정지 순간 최소화
점프동작 ▶ 뒤꿈치 지면 접촉 최소화, 앞꿈치에 체중 집중
추가 체크포인트 ▶ 상체각, 무릎각,
발목의 각도, 암스윙의 형태

https://youtube.com/shorts/pZv_iB9_CZ0?si=mvcJ1LRfkP6HqCq6

1단계 준비동작

Eccentric Phase

STEP

1 곧게 선 상태에서 허리나 등을 웅크리지 말고 곧게 선 상태에서 시선은 계속 위를 바라보고 시작한다. 과장해서 억지로 허리에 아치를 만들거나 할 필요는 없다. 지면이나 발끝을 바라보는 일이 없도록 준비부터 하강, 점프까지 전 구간 시선은 자기 눈높이보다 조금 높은 곳을 바라본다고 생각한다.

2 점프 전에 팔을 눈높이~머리 위 높이로 들어 올리는 예비 동작을 동작을 취한 뒤 빠르게 무게중심을 낮추며 주저앉는다. 숨을 들이마신 상태에서 숨을 참고 복압을 유지한 상태로 실시한다. 파울규정에 없다면 까치발을 든 상태에서 시작해 낙차를 키울 수도 있다.

3 반동Counter Movement 혹은 에센트릭 구간이라고 부르는 이 구간의 하강 속도에 따라 지면반력의 크기가 결정되며 빠르면 빠를수록 점프력이 강해진다. 기술적 요소가 거의 없는 서전트 점프에서 거의 유일하게 기술적 변별력을 갖춘 구간이다. **엘리트 레벨의 선수로 갈수록 이 하강 속도가 빠르다!** 탄력보다 근력 의존도가 큰 서전트 점프의 특성상, 이 구간이 미흡해도 상승 시 강한 근수축력을 발휘해 높은 기록을 만들 수도 있지만, 일부러 천천히 앉을 이유는 없다.

4 이 주저앉는 자세에서 전면(다리)이 강한 사람과 후면(엉덩이)이 강한 사람의 자세 차이가 나타날 것이다. 뒤에서 추가 설명한다.

5 **하강 도중 단 0.1초라도 멈추지 말 것. 그리고 최하 지점에서도 단 0.01초라도 앉은 채로 머물러 있지 말 것.** 위의 “Power-Time” 그래프에서 숙련자와 초보자의 결정적 차는 힘의 크기(그래프 최고점 높이)뿐만 아니라 ‘작용시간’에서도 나타난다. (그래프 정중앙 X축과 평행한 구간의 길이 비교) 초보들은 하강 속도도 느릴뿐더러 최하 지점에서 잠시 멈추는 경향이 있다. 반대로 숙련자 그래프의 의미는 빠르게 내려갔다 빠르게 올라올 뿐만 아니라 멈추는 순간이 없다는 뜻이다. 이게 서전트 점프의 기술적 요소의 전부라고 해도 좋다.

2단계 점프동작

Concentric Phase

STEP

1 최하점에서 뒤꿈치가 지면에 닿는 시간을 최소화한다. 탄성을 활용하기 어려운 서전트 점프지만, 준비동작에서 빠르게 주저앉으며 생성시킨 에너지를 발목(아킬레스건)에 저장했다 방출시키면 기록에 도움이 된다. 그러나 뒤꿈치가 지면에 닿는 접촉시간이 길어질수록 이 아킬레스건에 저장된 탄성에너지가 모두 지면으로 '유출'된다.

2 탄성에너지 유출을 막기 위한 방법은 점프가 시작되는 순간, 무릎을 살짝 앞으로 내미는 것이다. 무게중심은 발볼(족두,앞꿈치)에 실리게 되고 무릎은 제자리멀리뛰기에 비해 상대적으로 많이 구부러진다.

3 **스쿼트나 데드리프트 중량 기록은 좋은데 기대보다 서전트 기록이 저조한 사람들은 대개 뒤꿈치에 체중을 실어 놓는 습관이 있다.** 바벨 중량 운동 특성상 무게중심을 잡기 위해 체중을 뒤꿈치나 장심(미드풋)에 두고 미는 방식에 익숙하다 보니 서전트 점프 시에도 뒤꿈치가 지면에 오래 닿아 있는 것이다. 기록에 치명적인 습관이다. 발가락(엄지발가락)이나 족두 쪽에 체중을 전부 실어 놓아야 이 점프의 마지막 릴리즈 동작에서 아킬레스건의 탄성을 활용할 수 있다.

4 3단 신전을 의식하며 발목-무릎-고관절을 동시에 펴면서 지면에 임팩트를 가한다.

5 3단 신전과 팔치기의 임팩트는 거의 동시에 이루어지지만, 발이 지면에서 완전히 떨어지기 전 팔은 완전히 만세를 하고, 팔은 최대한 까치발을 하고 있어야 한다. 수직 점프는 무게중심이 위에 있을수록 유리하다. **점프 시 만세 동작이나, 최대한 까치발을 세우는 것 둘 다 '키가 커지는(=무게중심이 위로 올라가는)' 효과를 내기 때문이다.** 발목의 족저굴곡(까치발) 가동성이 좋으면 미세하지만 분명 기록 향상에 긍정적인 도움을 준다.

팔다리가 길고 후면사슬이 잘 발달한 사람은 고관절이 많이 접힌다

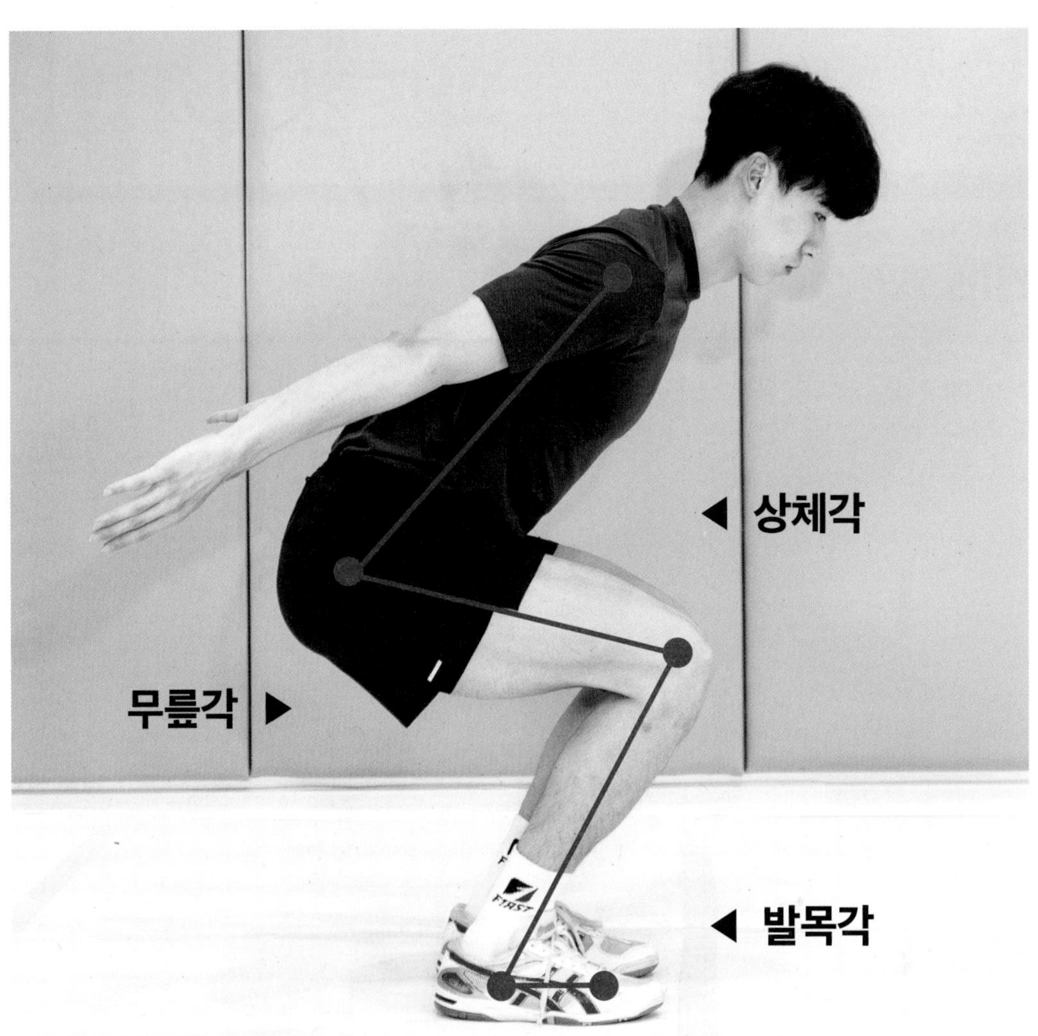

팔다리가 짧고 대퇴부가 잘 발달한 사람은 상체를 세우는 경향이 크다

CHECK

상체각, 무릎각, 발목각

서전트 점프는 전면 사슬의 개입이 늘어나기 때문에 3장, 4장에서 강조한 데드리프트 형태Hip Hinge에 비해 허리를 세우고, 무릎은 구부러진다. 그 구체적인 '각도'가 궁금할 것이다. 일반적으로 팔다리가 길고, 후면 사슬이 잘 발달한 사람은 데드리프트 형태(고관절 점프)와 큰 차이 없는 경우가 많다. 반대로 팔다리가 짧고 허벅지 근육이 잘 발달한 사람은 상체를 더 세우는 경향(무릎 점프)을 보인다. 선천적인 신체 비율과 평소에 쌓은 몸 쓰는 습관에 따른 개인차를 인정하되, 아래의 주의 사항을 지키는 것을 권한다.

주의 사항 1

과도한 상체각

Hip Angle

후면 사슬 수축을 과장되게 의식한 경우 서전트 마무리 자세에서 몸이 일자로 곧게 서는 게 아니라 허리가 활꼴로 휘게 된다. 제자리멀리뛰기와 달리 서전트에선 이 습관 자체를 교정하는 게 좋다. 수직 방향의 점프력과 별개로 몸이 앞으로 튀어나가기 때문이다.

과도하게 세운 상체각은 서전트 점프 기록에 악영향을 미친다

주의 사항 2 무릎각과 발목각

Knee Angle

뒷무릎 각도와 발목 배굴각은 서로 엇각 관계라 크기가 연동된다. 기준은 뒷무릎각인데 '서전트 점프력이 최대가 되는 뒷무릎각은 얼마인가?'에 대한 몇 가지 실험들이 있었다. **이들을 종합해 봤을 때 75°~90° 사이에서 자신에게 잘 맞는 각도를 스스로 찾아 가는 게 적절하다.**

제자리멀리뛰기와 유사한 고관절 중심의 서전트 준비 자세

서전트 점프 시 몸을 지나치게 세우고 무릎으로 뛰려는 시도

결국 과도한 상체각/뒷무릎각/발목각은 서로 연결된, 동시에 일어나는 문제로 적절한 각도를 유지하지 못할 경우 점프력을 모두 무릎에 의존하는 '토끼뜀'에 가까운 자세를 취하게 된다. 그로 인해 무릎관절이 부담만 늘어나고 실제 점프 기록도 저조하게 될 것이다.

심화 분석

서전트 점프력 향상을 위한 PAP 훈련

Post Activation Potentiation

탄력과 기술적 의존도에 비해 순수 근력이 차지하는 비중이 큰 서전트 점프의 특성상 웨이트 트레이닝을 통한 기록 향상 효과가 크다. 이런 보조훈련들은 제7장에 별도의 분량을 할애해 집중적으로 다루지만 서전트 점프 기록에 특히 효과가 좋은 보조운동 방식은 따로 떼어 미리 소개한다.

활성 후 강화, 선 활성화

강도 높은 운동 직후 발생한 신체의 각성상태Potentiated state로 인해 일시적으로 수행능력이 증가하는 현상에 착안한 훈련법이다. 보다 직관적인 예시는 '모래주머니 효과'를 들 수 있다. 무거운 가방을 들고 움직이다 벗어 던졌을 때 가벼움을 느끼는 것. 이를 점프력 훈련에 접목시킬 수 있다.

강도 높은 운동
: 고중량(1RM의 80% 이상)의 복합다중관절운동

속근섬유(타입II)와 운동신경 활성화.
동작 속도가 느리다.

훈련 목표
: 순발력 동작(맨몸 점프력)

동작(근수축) 속도가 빠르다.
무게가 가벼워 모든 근육을 다 끌어쓰지 못한다.

PAP 훈련은 서로 성격이 다른 두 동작(고중량 복합다중관절운동, 맨몸점프)의 장점을 복합시키려는 시도다. 고중량 운동 직후 점프를 뛰면, 평소 맨몸 점프로는 활성화되지 않았던 근섬유들까지 동원해 더 높은 점프가 나오고, 이를 신경계에 '기술'로 입력시켜 나중엔 사전 활성화 없이도 전보다 더 높게 점프를 뛸 수 있게 된다는 발상이다. 성격이 서로 다른 두 종류의 운동을 연달아 하기 때문에 '대조훈련법Contrast Training'이라고도 부른다.

1 사전활성화 방법(1)
고중량 쿼터스쿼트(QSQ)

2 사전활성화 방법(2)
트랩바 데드리프트 홀딩

3 선활성화 후 맨몸점프 실시

방법

- QSQ 2RM(1RM 85~90%)으로 1회 반복 후 맨몸 점프
- 1RM의 50% 중량의 트랩바 데드리프트 Eccentric 홀딩 3초 후 맨몸 점프

주의 사항

- 신경계에 큰 부담을 주기 때문에 주 2회 이하로 훈련 빈도를 제한한다.
- 운동의 종류는 서로 사용하는 근육군과 동작이 겹치는 유사성을 갖고 있어야 한다.
- 웨이트 트레이닝 경력이 충분하고, 점프 기록이 정체된 상급자 전용 훈련이다.

점프력
PAP훈련 예제

 https://youtube.com/shorts/XQtCo330taE?si=H_BY6rjTIEmRYKBu

맥스 버티컬 점프 Max Vertical Jump

여는 글 : 개론

앞서 살펴본 제자리 점프들(멀리뛰기, 높이뛰기)과 확연히 구별되는 점프 방식이다. 방향만 고려하면 같은 수직 점프인 서전트와 연관이 클 것 같지만 전혀 그렇지 않다. 근력 기반의 서전트와 반대로 탄력 기반이며, 기술적 숙련도를 요구한다. **맥스 버티컬처럼 도움닫기가 포함된 점프들은 숨은 원리를 이해한 뒤 동작을 다듬는 '기술ART'적 요소가 관건이다.** 이론적 이해가 무조건 기록 향상으로 이어지는 것은 아니지만 원리를 이해하고 연습할 때와 그렇지 않을 때 최종적인 성취의 깊이가 달라진다. 앞선 3장의 기본 개념에서 다루지 않은, 다른 두 점프와 차별화된 런닝점프 계열들에 특화된 이론을 반드시 공부하고 넘어가자.

점프 방식 분류 기준

제자리 점프	런닝 점프
순수 근력 ▲ 근력 점프 플라이오메트릭 성격 ▼	기술적 의존도 ▲ 탄력 점프 플라이오메트릭 성격 ▲

이론 1 '진짜' 플라이오메트릭이란 무엇인가?

점프력이나 순발력을 지도하고 배우는 이들 사이에선 플라이오메트릭Plyometric이라는 표현이 '오남용'되고 있다. 탄도성Ballistic이나 파워성Power처럼 빠른 근수축을 포함하는 동작, 편심성 수축이 포함된 동작, 점프동작이 포함된 동작… 교과서나 학자마다 플라이오메트릭에 대한 정의가 제각각이기 때문에 꼬집어 말하기 어렵다. 역사적 흐름을 알아야 이 혼란한 속사정에 대한 이해가 가능하다.

플라이오메트릭의 핵심은 충격요법Shock Method이다. 구소련의 운동생리학자 유리 베르코쟌스키Yuri Verkhoshansky는 육상선수들의 훈련에 높은 곳에서 뛰어내렸다 착지하는 반동을 활용하는 '뎁스점프Depth Jump'를 도입했을 때 기록이 크게 향상된 것을 발견하고 1968년 이를 '쇼크 메소드'라는 이름으로 세상에 발표했다.

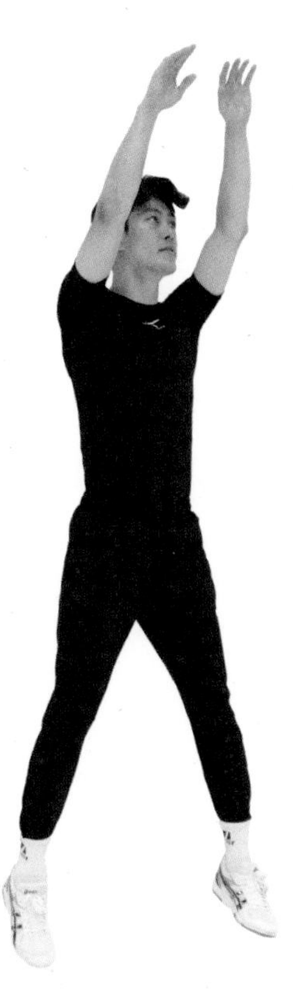

SHOCK METHOD

베르코쟌스키 박사의 기념비적인 저서

1950~1960

구소련의 체육학자 유리 베르코쟌스키Yuri Verkhoshansky 박사가 '외부 충격'을 활용한 점프력 훈련법을 개발하고 이를 "충격요법"이라 이름 붙임

1968

미국인 프레드 윌트Fred Wilt가 충격요법을 미국에 소개하면서 새로 '플라이오메트릭'이라는 이름을 붙임. 문제는 이 용어가 이미 1930년대에 생리학 쪽에서 신장성 수축편심성, 원심성 Eccentric이라는 의미로 사용됐었고 이로써 혼란이 야기됨.

1970~

전 세계적으로 "충격요법"이 "플라이오메트릭"이라는 이름으로 유행하게 됨. 그 이름 때문에 "충격요법"과 상관없는 '옛날 플라이오메트릭' 동작들까지 모두 충격요법과 동일시하는 풍조가 자리잡음.

한마디로 프레드 윌트의 잘못이 크다. 그냥 '충격요법'이라는 이름 그대로 가져왔으면 지금과 같은 혼동은 없었을 것이다. 충격요법과 상관없는 기존 용어(원심성 수축이라는 뜻의 플라이오)를 충격요법의 '라벨 갈이'에 이용하는 바람에 충격요법의 핵심원리(외부 충격력 활용)와 상관없는 훈련법들까지 모두 충격요법과 동일시하는 혼란이 생겼고 이 혼란은 지금도 시정되지 않고 있다.

PLYOMETRIC TRAINING

플라이오메트릭 훈련

오늘날 혼용되고 있는 플라이오메트릭 개념
Plyometric Training

원래 의도했던 플라이오메트릭 = 쇼크 메소드 = 탄력 점프	쇼크 메소드와 상관없는 단순 원심성 수축 = 지금은 그냥 플라이오라고 부르고 있음
외부의 충격력을 활용하는 훈련법	외부충격 없는 순발력 훈련
주로 낙하를 이용한 외부의 충격(반복점프, 뎁스점프)을 받은 뒤 이를 탄성에너지로 저장 후 재방출Recoil 하는 훈련	단순한 신전반사주기SSC 빠른 근수축 동작 탄도성 중량 훈련Ballistic … 등등
베리코쟌스키 박사의 오리지널 방식	

더 이상의 혼란을 피하기 위해 용어를 확실하게 정리하고 시작한다. 지금 우리가 알아보고자 하는 '맥스 버티컬 점프'는 '쇼크 메소드'를 활용하는 점프 방식이다. 본 점프 전에 달려오면서 작은 점프가 예비충격으로 일어난다. '플라이오메트릭 성향이 크다'는 말은 '외부 충격 활용도가 크다' 라는 의미다. '근력 점프'와 대조적인 의미로 사용한 개념 '탄성 점프(탄력 점프)'의 핵심이 바로 이것이다. 자기 몸의 근육을 수축해서 강한 추진력을 얻는 제자리 점프와 다르다. 도움닫기나 낙하와 같이 외부에서 얻은 에너지를 무릎, 발목 관절 등의 조직에 '탄성'으로 저장했다 다시 튕겨내는 방식을 말한다. **베르코쟌스키 박사는 이런 쇼크 메소드 방식의 점프 시 탄성에너지 저장 활동의 72% 정도가 건에서 일어나고 28% 정도가 근수축으로 발생한다고 말했다.** 탄성(탄력)점프는 즉 근육보다 건이나 인대가 결정적으로 작용한다. 1968년 베르코쟌스키 박사가 주창한 '충격요법'에 따른 점프 방식, 이것이 탄성의 의미다.

이론 2 에너지 보존법칙

뉴턴역학에 따라 운동에너지, 위치에너지, 열에너지 등은 서로 '전환'되고 그 총합은 일정하다. 그래서 이론상 수평 방향 도움닫기는 분명 수직 방향의 점프력 증가와 (+)방향으로 연관 관계가 있다. 그렇다면 달리기가 빠르면 빠를수록 무조건 점프 기록이 오를까? 아무리 있는 힘껏 달려왔어도 점프 순간, 양발을 동시에 모아서 "스카이 콩콩" 뛰듯이 점프를 해 보자, 서전트 점프만도 못한 높이가 나올 것이다. 양발을 동시에 모아서 '쿵' 하고 바닥에 찧는 사이 지면과의 접촉시간이 길어지면서 기껏 달려오며 만든 운동에너지가 지면에 열에너지 형태로 흩어진다.

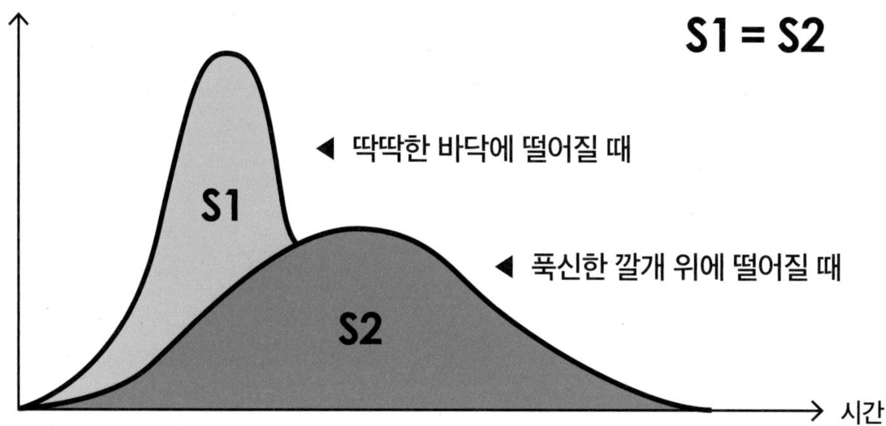

| 시간에 따른 충격량 그래프 | S1과 S2의 면적(운동량변화량)은 같다.

여기서 새로운 물리학 법칙, '충격량Impulse'이 나온다. 운동에너지 총량이 같아도 접촉시간이 짧을수록 운동의 변화량(=충격량)이 커진다. **이 충격량이 곧 점프력으로 연결된다.** 도움닫기가 포함된 런닝점프 기록은 무조건 에너지 총량을 키우는 게 아니라 **순간적인 임팩트를 줘서 수직 방향의 충격량으로 잘 전환시키는 '기술'에 달려 있다.** 달리기로 만든 수평에너지를 열에너지 등으로 허비하지 않고 최대한 많이 수직 방향 에너지로 전환시키는 높은 전환효율을 위해서 다음의 두 가지가 핵심이다.

❶ 속도를 제어하는 올바른 동작에 대한 이해 ▶ 기술적 연습

❷ 스프링처럼 에너지를 저장했다 쏴 주는 아킬레스건의 탄력 ▶ 신체적 강화

1항목은 일명 '폼', '스텝', '타이밍' 등의 표현하는 '기술적 요소'가 결정짓는다. 꾸준한 노력과 시도, 지도자의 피드백, 보조훈련이 쌓여야 한다. 왜 이 런닝점프를 제자리 점프들과 구별해 '기술적 의존도가 크다'고 분류했는가에 대한 답이다. (2는 7장 보조훈련 편에서 다시 다룬다.)

앞의 에너지 총량 보존 법칙의 연장선이며 “2번, 스프링처럼 에너지를 저장했다 쏘는 아킬레스건의 탄력”에 대한 보충설명이기도 하다. 앞서 살펴본 런닝점프의 역학적 원리는 올림픽의 높이뛰기, 올림픽 장대높이뛰기 종목에 그대로 적용된다. 같은 역학적 원리가 활용되는데 맨몸으로 뛰는 높이뛰기 세계신기록은 2.5m도 안 된다. 반대로 장대높이뛰기 기록은 6m 넘게 올라간다. 장대에 저장되는 ‘탄성’, 그리고 장대라는 길쭉한 강체 Rigid Body의 모양에서 나오는 ‘회전력’의 영향이다.

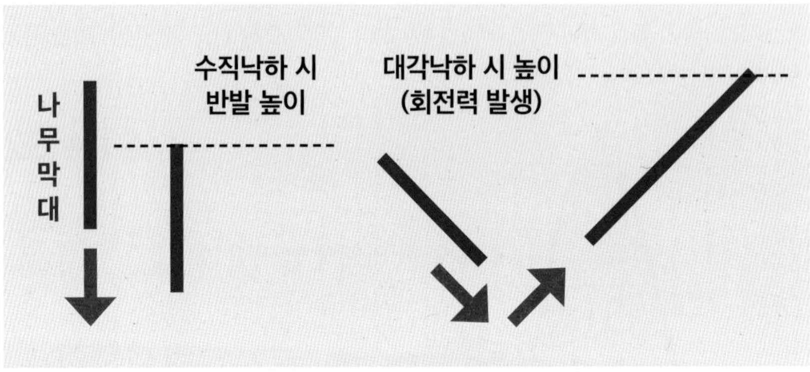

공과 막대기를 가지고 간단한 실험을 해보자. 똑같은 재질의 바닥에 공을 수직으로 튕겼을 때와, 수평에 가깝게 튕겼을 때 튀어오르는 높이를 비교해보면 큰 차이가 없다. 그러나 반대로 딱딱한 막대기는 바닥에 비스듬히 던졌을 때 훨씬 높게 튀어오른다. 모양이 균질한 공과 달리, 막대기는 비스듬히 던지면 바닥을 찍고 나올 때 회전력(토크)이 생기기 때문이다. 즉 수평에너지(달리기)를 수직에너지(점프)로 전환시키는 런닝점프에서 막대기같이 길고 뻣뻣한 구조물을 이용하면(장대높이뛰기) 맨몸으로 뛸 때보다 유리해지고, 맨몸으로 뛸 때는 몸을 마치 막대기처럼 만들어야 하는 것이다. 이 원리를 적용하면 런닝점프 기록에 필요하나 요소들이 구체화된다.

❶ —— **운동에너지를 저장해 놓는 인체에서 가장 큰 스프링, 아킬레스건의 탄력**

❷ —— **다리와 몸을 마치 장대처럼 뻣뻣한 한 덩어리**Rigid Body**로 만들어 유지하는 기술**

❸ —— **체대 입시, 중등교사 임용에서 활용되는 높이뛰기**High Jump **‘후경(뒤로 기울이기)’ 자세의 원리**

이 런닝 점프를 잘하는 사람들은 경험적으로 터득해 ‘전신을 고무줄처럼 탄력적으로 활용한다’는 말을 자주 하는데 **탄력 점프를 하는 순간 자신의 몸은 거대한 막대기처럼 활용하고 있는 것이다.**

| 마치 딱딱한 막대기(파란색)처럼 사용되는 몸의 구조물 |

https://youtu.be/ht0yINNzf4k

맥스 버티컬 점프 Max Vertical Jump

도움닫기 ------------------------------ 오른발 : 심는 발 ----------

팔치기
동시 진행

START ▶▶

https://youtu.be/DxQW-gvmqP0 

이론적 토대들을 배경으로 본격적으로 덩크슛, 스파이크 서브, 높이뛰기의 바탕이 되는 '맥스 버티컬 점프' 방법을 알아보자.

단계별 동작 설명

왼발 : 막는 발 ---------- 도약

팔치기 동시 진행

맥스 버티컬 시범

◀◀ FINISH

1단계 도움닫기

Runup

이론 설명의 '에너지 총량 보존' 편에서 큰 교훈을 얻었을 것이다. 빠르게 뛰어오는 것이 핵심이 아니다. 점프 높이가 만족스럽지 못하다고 도움닫기 구간을 늘리고, 전력질주를 해 봐도 수직 방향으로의 '전환'이 제대로 일어나지 않으면 아무 의미 없다. 농구선수나 배구선수가 덩크, 스파이크를 하려고 수십 미터 밖에서 뛰어오는 경우는 없다. **점프에 직접적으로 이용되는 마지막 두 걸음(심는 발, 막는 발)과 도움닫기를 모두 포함해 4스텝(도움닫기 2번 + 심는 발 + 막는 발) 정도면 점프에 충분하다.** 어색하다면 도움닫기를 한 걸음 줄인 3스텝, 한 걸음 더 늘린 5스텝 정도 내외의 조절은 가능하다. (오른손잡이 기준, 4스텝 기준의 설명으로 왼손잡이는 발과 손의 방향을 반대로 바꿔서 이해할 것.)

주의 사항은 등이 구부러지거나 앞으로 숙이는 고양이 등이 나오지 않도록 허리를 꼿꼿이 세우고 있어야 한다. 상체를 지면에서 수직에 가깝게 세우는 것은 제자리 점프와 구별되는 이질적인 지침이다. 후면 사슬(엉덩이) 수축력을 극대화하기 위해 허리를 숙이는 제자리 점프들과 달리 '몸의 구조물을 장대처럼' 쓰는 탄력 점프는 상체를 세우고 있어야한다. **만약 허리를 숙여 버리면 점프의 높이도 높지 않을뿐더러 위가 아니라 앞으로 몸이 튀어 나갈 것이다.**

1 출발 전 왼발을 앞에 내밀고 서서 몸에 힘을 빼고 앞으로 20~30도 정도만 기울인다. 팔은 바닥을 향하게 늘어뜨린다.

2 오른발 ▷ 왼발 순서로 총 두 걸음을 내밀면서 점차 보폭의 크기를 늘린다. 첫걸음은 '전력 질주'라기보다 '조깅'에 가까운 수준의 보폭, 두 번째는 보다 더 큰 보폭을 잡는다.

3 달리기하듯이 오른발이 나갈 땐 왼팔을 앞으로, 오른팔을 몸 뒤로 젓는다.

마지막 왼발의 보폭이 최대한 크게

상체를 숙이지 않는다. 몸통이 꼿꼿하게 서서 상체와 내미는 발 사이의 각도를 110~120도 수준으로 유지한다.

2단계 오른발 : 심는 발

Right Foot : Planting Feet

마지막 오른발 스텝은 도움닫기의 끝이며 동시에 점프의 시작이다. 달리기하듯 내젓던 양팔을 동시에 몸 뒤로 '백스윙'하면서 오른발과 왼발은 마치 한 다리 멀리뛰기 하듯이 앞뒤로 껑충 뛰어서 앞서 두 걸음과 비교가 안 될 정도로 큰 보폭을 만든다. 이때 오른발은 뒤꿈치부터 착지할 준비를 하며 땅에 닿고 무릎을 구부리며 충격을 완화한다. 이것을 '심는 발'이라 부른다.

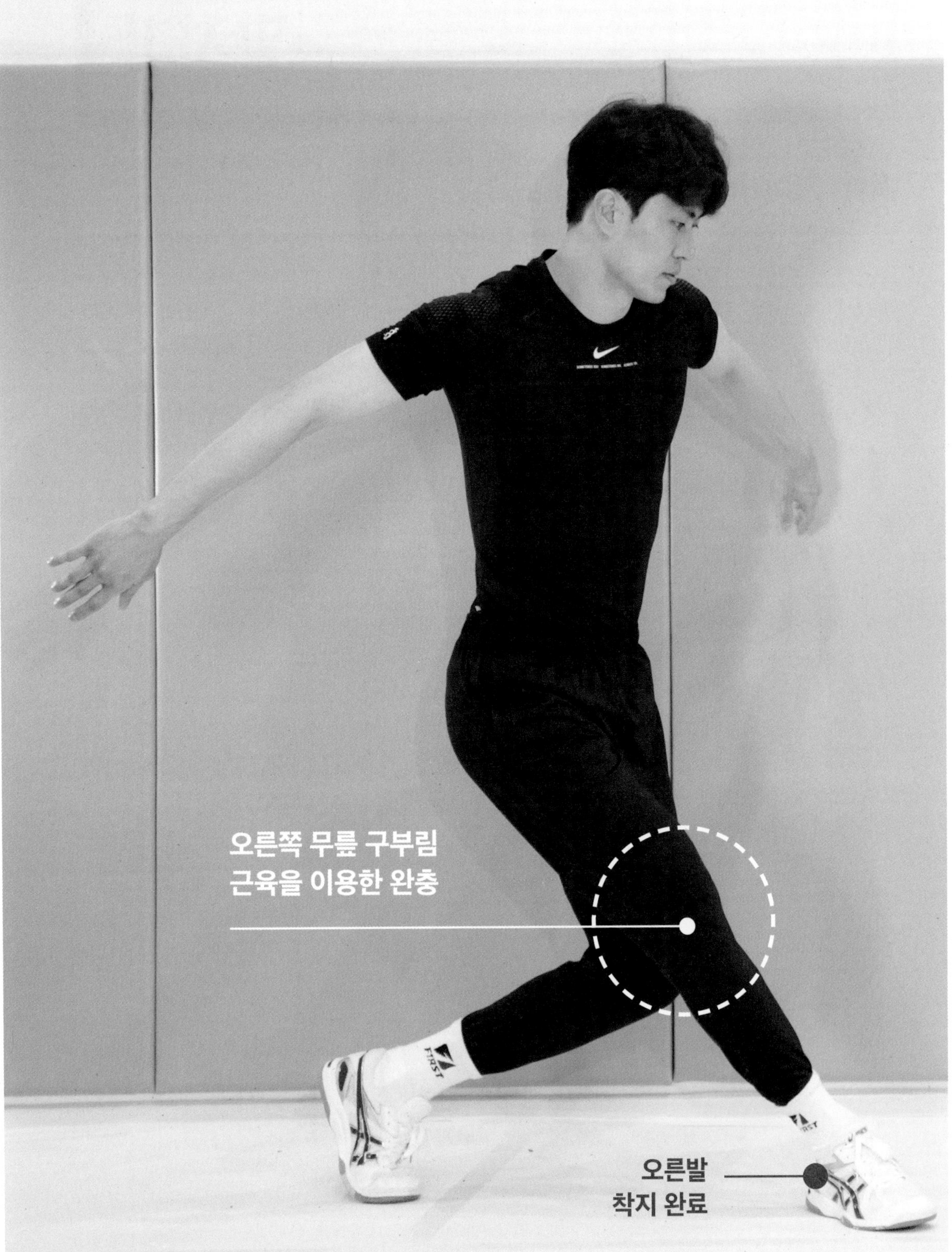
오른쪽 무릎 구부림
근육을 이용한 완충
오른발
착지 완료

2.5단계 팔치기

Arm Swing

팔치기의 타이밍과 임팩트는 수직 점프에서 매우 큰 영향을 미친다. 앞의 서전트 점프보다 팔치기의 비중이 크다. 강조하고 싶은 것은 **'좋은 타이밍, 큰 힘'을 좇기 전에 먼저 실수를 줄이라는 것이다.** 탄력 점프에서 팔치기의 핵심은 얼마나 힘을 잘 빼느냐에 있다.

팔의 길이가 길수록, 회전반경이 클수록 큰 원심력이 발생해 점프에 도움이 된다. 그러나 팔치기를 할 때 '임팩트'에 신경 쓰다 어깨에 힘이 들어가면 견갑골Scapular이 고정된 상태에서 위팔뼈Humerus만 회전을 하게 된다. 이 상태로 아무리 세게 팔을 휘둘러도 실제 원심력의 크기는 작다. 반대로 견갑 자체에서 힘을 빼면 견갑골이 위팔뼈와 별개로 흉곽 위에서 한 번 더 돌면서 단순히 팔을 돌리는 것보다 큰 회전반경을 만들어낸다. (녹색 타원형이 견갑골의 궤적). 인위적으로 팔의 길이를 늘릴 수는 없지만 타고난 팔길이 안에서 최대의 원심력을 뽑아내는 비결이다. 팔에 힘을 빼라는 주문은 팔꿈치를 구부리지 말라는 뜻도 된다.

점프기록이 좋은 사람들의 팔치기를 보면 팔이 몸 뒤로 간 백스윙에서 팔꿈치는 펴지고 손목이 꺾여 있다. '팔에 힘을 빼고 마치 채찍처럼' 유연하게 휘두르고 있다는 증거다.

이렇게 팔에서 힘을 뺄 수 있게 됐다면 비로소 타이밍을 고려할 수 있다. **최적의 팔치기 타이밍은 심는 발 뒤꿈치가 땅에 닿을 때와 막는 발 뒤꿈치가 땅에 닿을 때, 이 두 지점 사이에 양손이 수직 방향 아래를 바라보며 내리꽂아 주는 것이다.** 만약 타이밍이 느리다면 다리는 점프를 시작했는데 팔이 지면 아래로 향하니 점프의 방향과 팔의 방향(지면 쪽)이 서로 반대가 되면서 기록을 깎을 것이다. 반대로 팔스윙의 타이밍이 지나치게 빠르다면 상체가 위로 뜰 때 하체는 바닥을 누르고 있기 때문에 역시 기록이 저조할 것이다. 타이밍이 느리건, 빠르건 상하체의 움직임이 엇박을 이루기 때문에 점프력이 약해질 것이다.

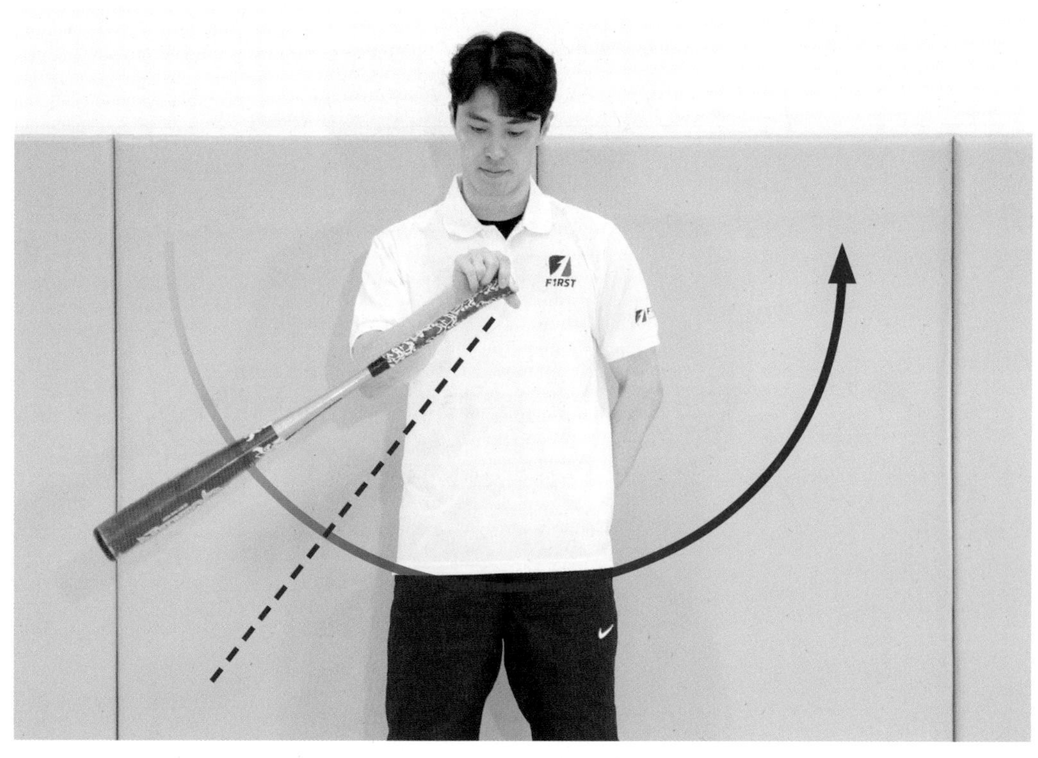

| 위팔뼈가 견갑골의 소켓에 박힌 상태의 작은 회전 |

| 견갑골 전체가 회전(녹색)하며 생긴 더 큰 회전 반경 |

O

X

주의사항

- 오른발이 나올 때 팔은 뒤로, 견갑의 힘은 뺀 상태
- 팔꿈치가 구부러지지 않게 끝까지 이완을 유지하기
- 손끝이 지면이 향하는 순간에만 팔에 힘줘서 내려꽂기

3 단계 왼발 : 막는 발

Left Foot : Blocking Foot

오른 무릎은 그대로 구부린 상태로 왼발을 오른 무릎 옆에 어깨넓이 정도 떨어뜨려 착지시킨다. 이때 도움닫기를 하면서 정면으로 '심었던' 오른발과 달리 왼발은 골반뿐만 아니라 몸 전체가 '옆을 바라보도록' 회전시킨다. 이때 마지막 왼발을 '막는 발'이라고 부르는데 무릎을 거의 구부리지 않고 곧게 편 다리를 마치 '장대'를 세우듯 지면에 박아 넣어 '브레이크'를 걸어 주기 때문이다.

점프 직전 왼발의 위치. 마치 '장대'처럼 지면과 45~55도 각도를 이루고, 아킬레스건의 탄력을 활용.

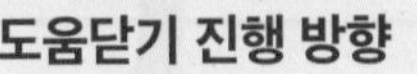

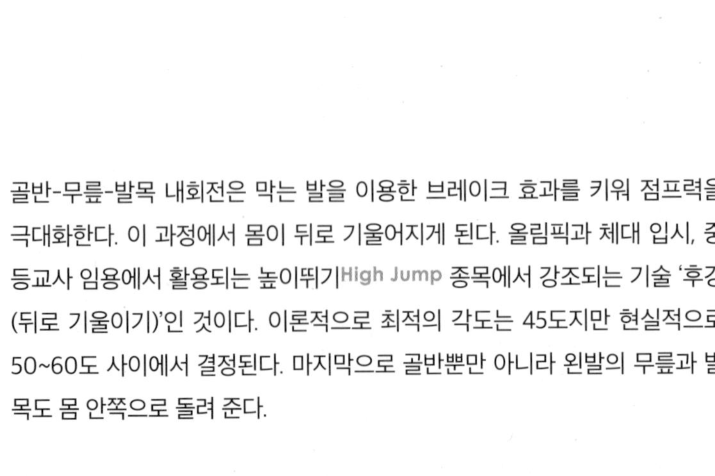

골반-무릎-발목 내회전은 막는 발을 이용한 브레이크 효과를 키워 점프력을 극대화한다. 이 과정에서 몸이 뒤로 기울어지게 된다. 올림픽과 체대 입시, 중등교사 임용에서 활용되는 높이뛰기High Jump 종목에서 강조되는 기술 '후경(뒤로 기울이기)'인 것이다. 이론적으로 최적의 각도는 45도지만 현실적으로 50~60도 사이에서 결정된다. 마지막으로 골반뿐만 아니라 왼발의 무릎과 발목도 몸 안쪽으로 돌려 준다.

심는 발과 막는 발의 발끝 방향

선수들의 상체 각도는 50~60도 사이가 자주 관찰된다!

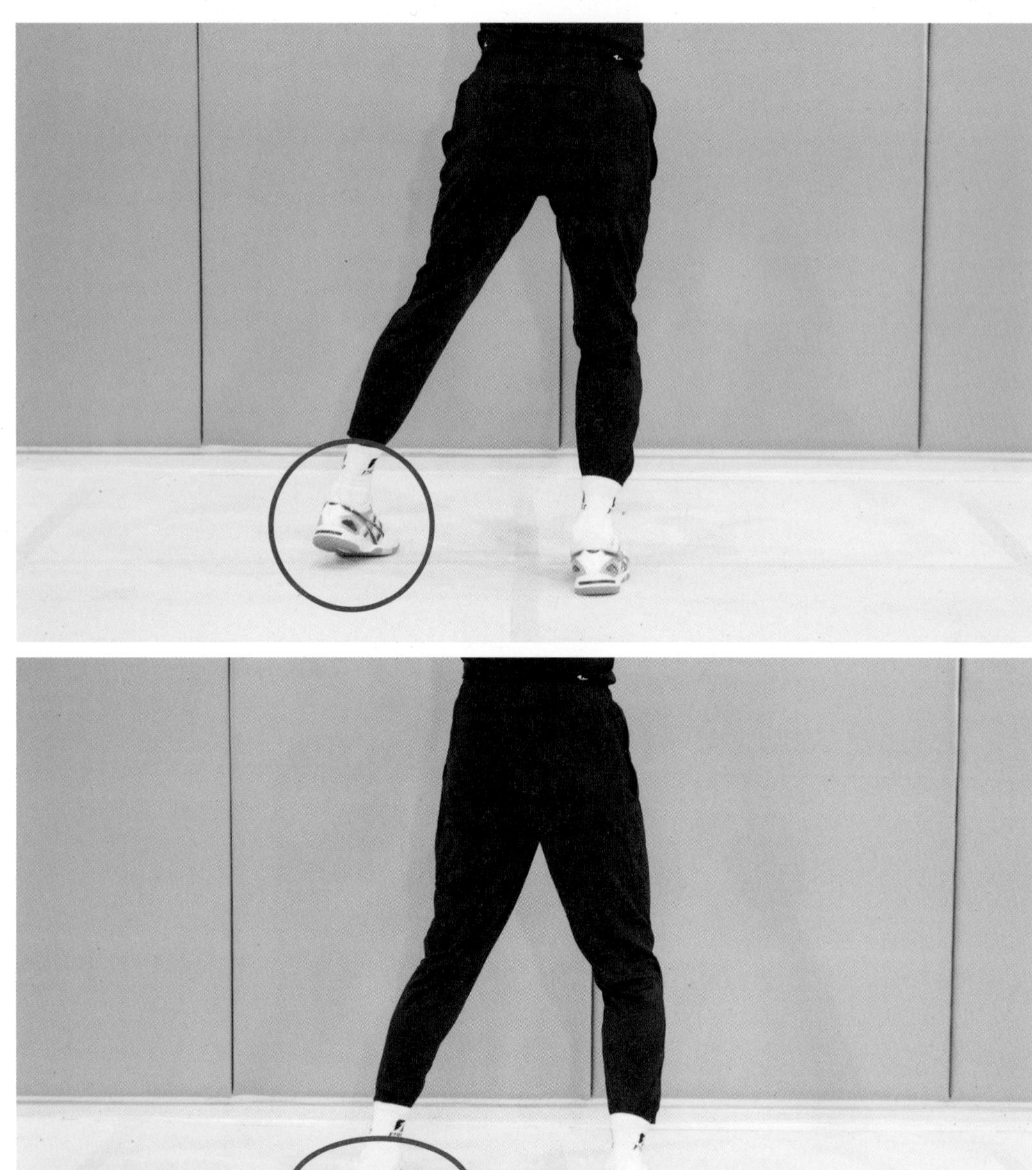

마지막 막는 발은 뒤꿈치가 한 번 바닥에 닿아야 한다

뒤꿈치부터 땅에 닿는 심는 발과 다르게 막는 발은 앞볼부터 까치발 상태로 지면 접촉이 시작된다. **그러나 막는 발도 심는 발과 마찬가지로 뒤꿈치까지 (단, 아주 빠르게) 지면에 닿았다 떼도록 한다.** 지면에 막는 발의 앞볼이 닿을 땐 장딴지 근육이 수축된, 근력 점프에 가까운 상태인데 그 상태에서 뒤꿈치까지 지면에 닿도록, 발을 눌렀다 떼어 주면 막는 발의 아킬레스건이 늘어났다 튕겨지면서 “탄성 점프”가 완성되는 것이다.

4단계 도약

Jumping

심는 발, 막는 발 그리고 그사이의 팔치기가 모두 순조롭게 이루어졌다면 막는 발 뒤꿈치가 지면에 닿았다 뜨는 순간 몸을 곧게 세우면 '탄력'이라고밖에 설명하기 어려운 느낌과 함께 몸이 수직 방향으로 떠오를 것이다. 이것이 수평 방향의 모멘텀을 아킬레스건에 저장해 수직 방향으로 쏘아 올리는 '탄력 점프'인 것이다.

5단계 착지

Landing

제자리 점프에 비해 높은 체공을 가지는 맥스 버티컬 점프는 안전을 위해 착지 자세에도 신경을 써야 한다. 완만한 충격 흡수를 위해 양다리를 모아 '하프스쿼트' 형태로 무릎이 90도 정도 구부러지고 허벅지는 지면과 평행할 정도가 되도록 만든 뒤 허리를 숙이면서 팔을 앞으로 내민다. '엉덩이를 뒤로 내밀면서 쪼그려 앉으며 손으로 바닥을 짚는다'라고 생각하면 된다. 충격량을 하체뿐만 아니라 상체까지 분산시키려는 의도다. 만약 불가피하게 한 다리로 착지하게 된다면 발목과 무릎에 가해지는 충격이 크기 때문에 약간의 시간차가 있지만 다리를 앞뒤로 벌린 '런지' 형태로 앉아 최대한 양다리로 체중을 분산시키도록 하자.

https://youtu.be/jXiMvoyiVSM

심화분석 1

맥스 버티컬은 사실상 한 다리 점프다!

맥스 버티컬 점프는 양발 점프로 분류되지만 실제 역학은 마치 올림픽 높이뛰기와 같은 한 다리 점프에 가깝다. 양다리는 그 기저에 깔린 역학적 원리와 실제 움직임이 다르다. 양발을 동시에 뛰는 것처럼 보이지만 실은 **좌우 다리의 지면 접촉 시간에 0.2초 정도의 시간차**가 발생하기 때문에 그 역학은 한 다리 점프 2개가 아주 빠르게 연결된다고 볼 수 있다!

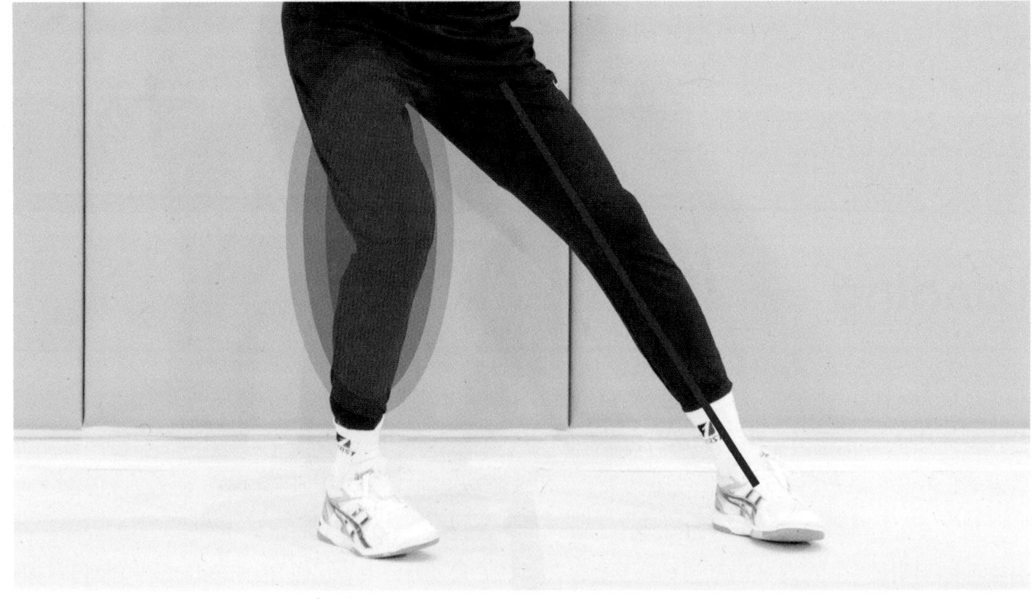

	오른발	왼발
역할 ▶	심는 발	막는 발
무릎각도 ▶	90도 이상 구부림	거의 구부러지지 않음
지면 접촉시간 ▶	0.35초	0.15초
활용구조 ▶	근육 수축	건의 탄성
기타 용도 ▶	몸의 후경을 돕고 충격을 흡수하는 테크닉	장대높이뛰기의 장대처럼 탄성을 저장 후 방출 역할

심화분석 2 막는 발의 부상 예방

다리를 뻣뻣한 장대와 같이 만들어야 하는 탄성 점프의 특성상 마지막 막는 발에서 무릎과 발목에 부담이 생길 수밖에 없다. 이때 부상 예방을 위해 명심해야 할 두 가지 사항이 있다. 첫째는 그냥 발목이나 무릎만 안으로 돌리는 게 아니라 '고관절'까지 내회전해서 막는 발을 찍을 것, **두 번째는 반드시 막는 발의 엄지 쪽 발볼이 지면에 닿도록 컨트롤하는 것이다.** 발의 착지 지점을 준수해 발목 부상을 예방할 수는 있지만 막는 발의 위치는 자체는 무릎(특히 십자인대)에 대미지가 쌓이는 구조다. 따라서 단순히 기록 강화가 아닌, 부상 예방 차원에서 맥스 버티컬 점프 연습에는 기존이 근력 강화 웨이트와 다른 '관절 강화' 웨이트 트레이닝을 병행해야만 한다. (이 내용은 6장에서 구체적으로 알아본다.)

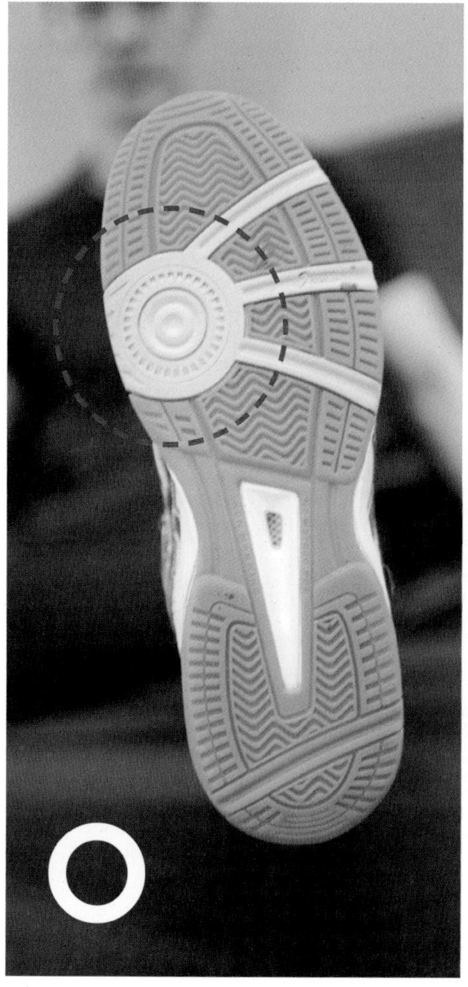

심화분석 3

팔치기를 강화해 보자

The Training of Arm Swing

탄성 점프인 맥스 버티컬 점프는 하체의 근력을 강화시켜 얻을 수 있는 효과가 상대적으로 미미하다. 이때 추가로 추진력을 얻을 수 있는 영역이 바로 팔치기다. 앉은 자세에서 하체의 개입 없이 순수 팔치기만 사용해 몸을 띄우는 연습을 해 보자. 생각보다 단순하지 않다. 척추를 스프링처럼 활용하기, 흉곽을 들어 올리기, 견갑골을 흉곽 위로 띄우는 힘(슈러깅), 윗팔뼈의 상방회전까지 상체에도 추진력으로 활용할 수 있는 관절과 근육의 움직임이 상당히 다양하다는 사실을 발견하게 될 것이다. 팔치기를 비롯한 순수 상체의 힘만으로 앉은 자세에서 자기 몸을 띄울 수 있다면 버티컬 점프에 큰 도움을 받을 수 있을 것이다.

ttps://youtu.be/RbPIF4yZFs0

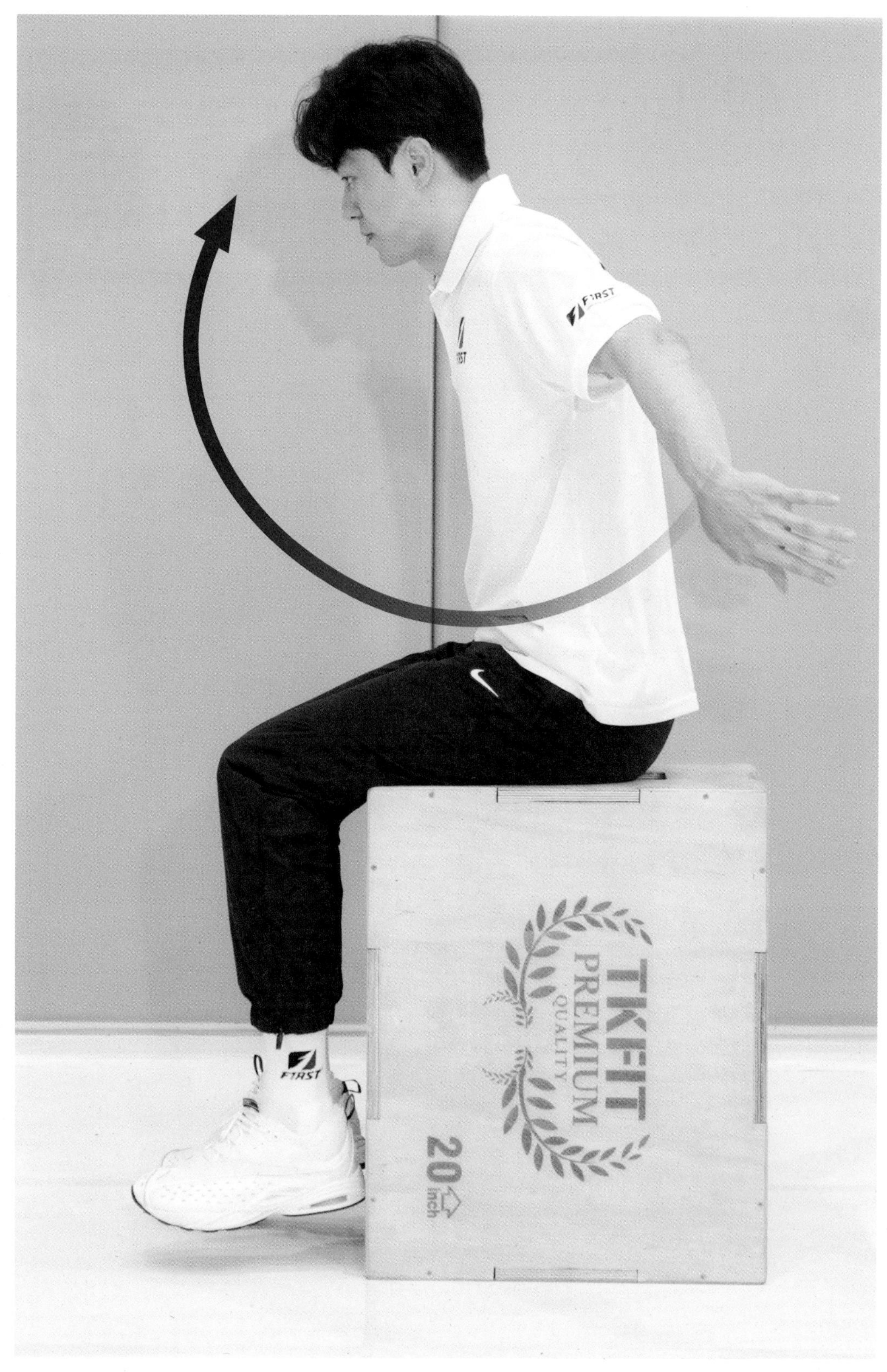

숙련자는 하체의 반동 없이 순수 팔치기의 힘만으로 전신을 공중에 띄울 수 있다

심화분석 4

고관절 굴곡근 : 점프력의 지원군

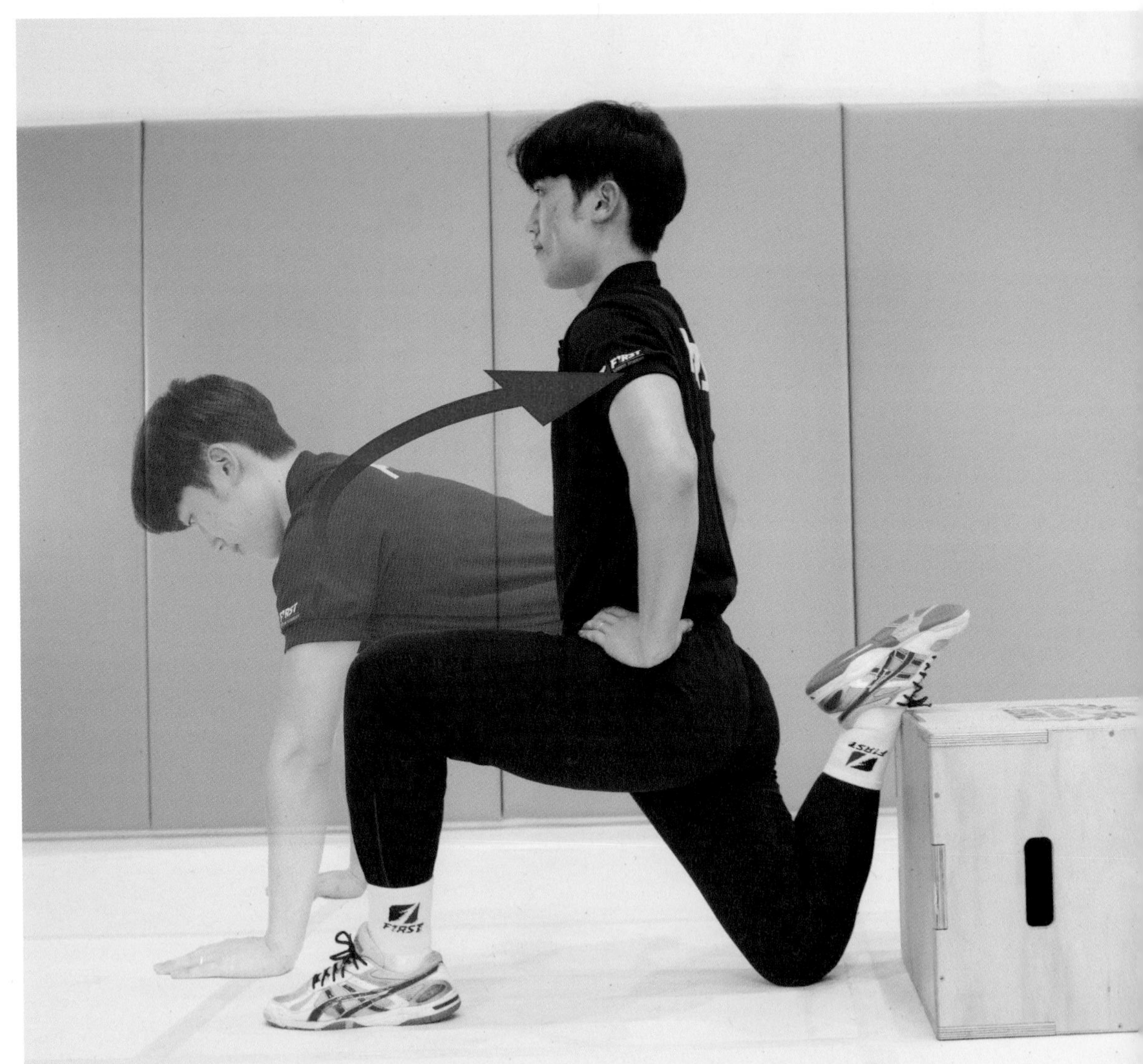

카우치 스트레칭 Couch Stretching

Hip Flexor

고관절 굴곡근(장요근, 대퇴직근)은 달리기에서 핵심적인 근육이다. 다리를 강하게 들어 올렸다 지면을 내려찍는 달리기 동작에서 주력을 만드는 근육이다. 그런데 단순히 고관절 굴곡근의 수축력이 아니라 가동 범위를 늘리는 '스트레칭'이 달리기에서 강조되는 이유는 이외로 모르는 사람들이 많다.

고관절굴곡근을 늘리는 이유는 이들의 가동 범위가 곧 '보폭'으로 이어지기 때문이다. 똑같은 원리가 맥스 버티컬 점프에서도 통한다. 근력보다 탄성의 활용도가 큰 맥스 버티컬 점프에선 근육의 수축력보다 몸을 곧게 펴고 세우는 능력 또한 중요하다. 특히 골반전방경사처럼 몸을 구부정하게 펴는 습관을 가진 사람들은 맥스 버티컬 점프 기록에서 손해를 볼 것이다. 고관절 굴곡근들은 수직 점프의 이웃사촌이라고 생각하고 자주 스트레칭해 주고 운동해 주자.

| 대표적인 고관절 굴곡근 스트레칭 두 가지 |

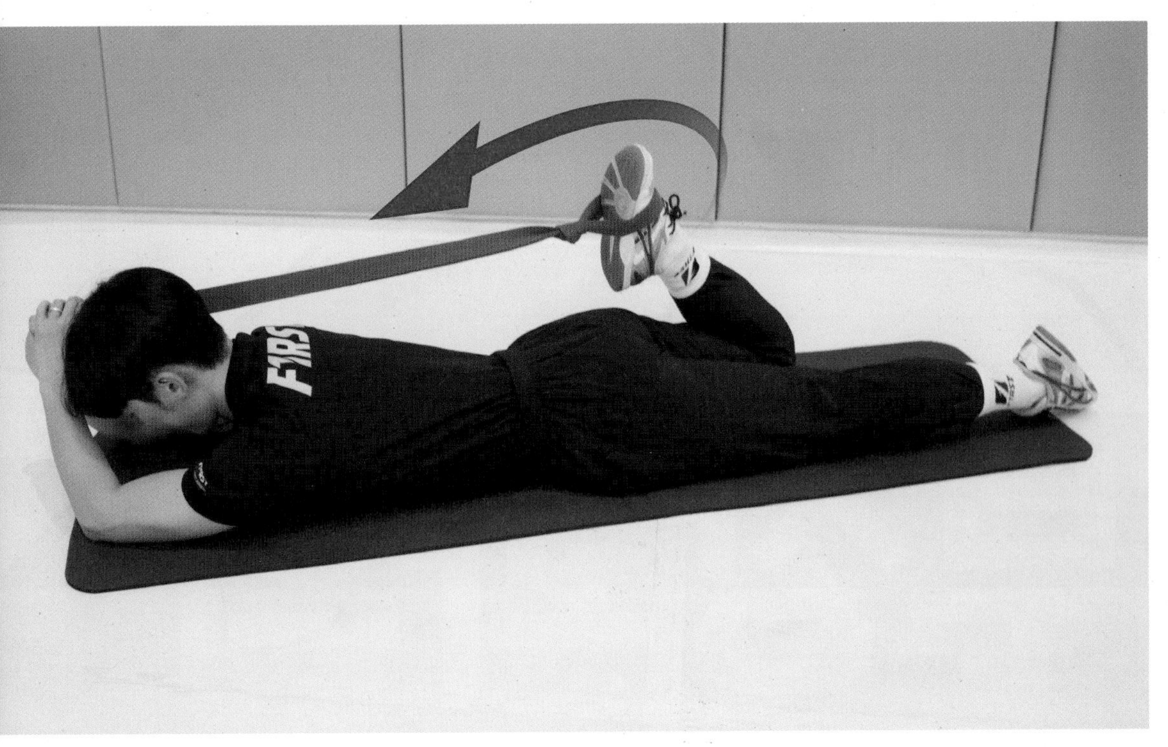

고무줄 스트레칭 Band Stretching

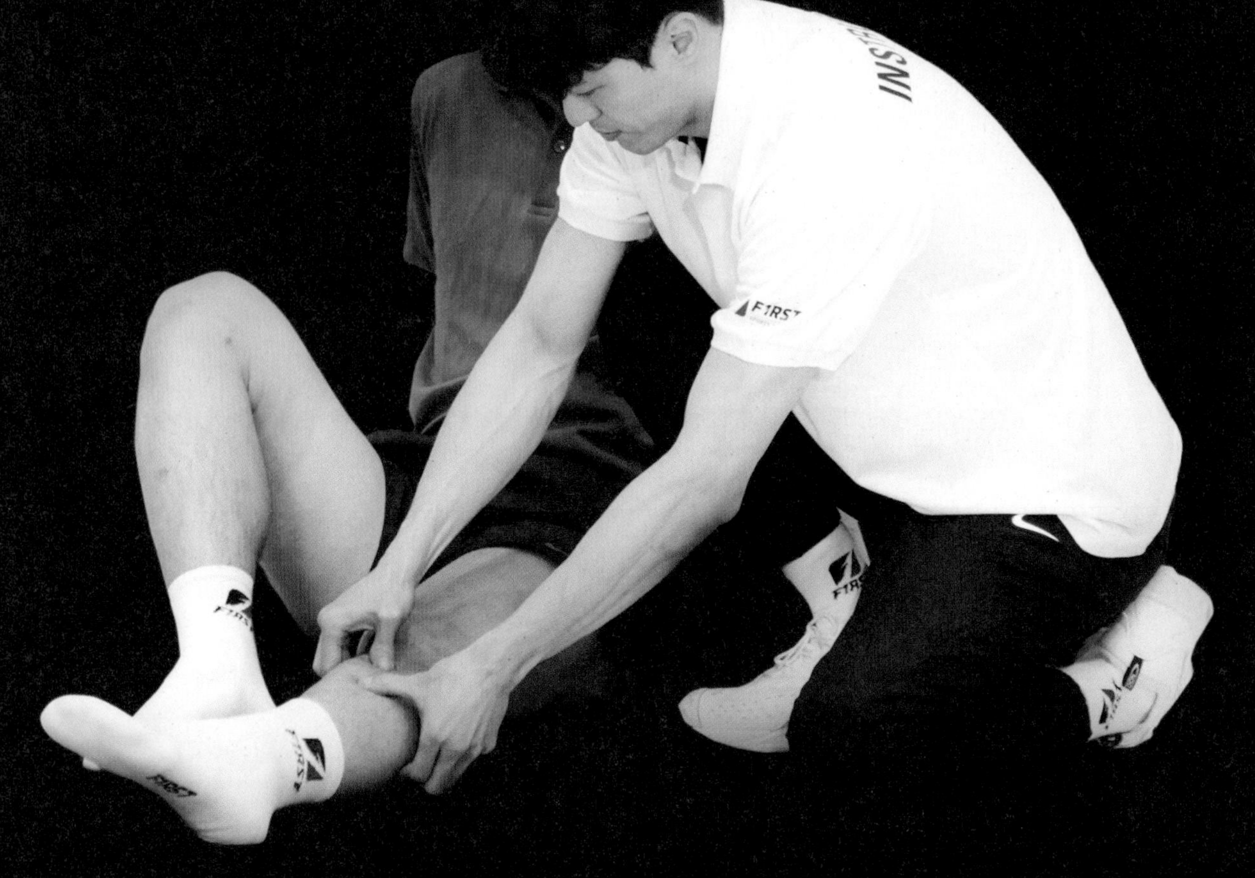

부상과의

CHAPTER 6

전쟁

WAR ON INJURIES

준경쌤의 Letter is...

부상과의 전쟁,

때는 지금으로부터 약 10년 전인 2014년의 어느 날이었다. 사범대 반 높이뛰기 수업이 끝나고 막간을 이용해 오랜만에 시범 삼아 높이뛰기를 기록을 측정해 봤다. 희한하게 몸이 가벼운 날이었다. 170cm로 몸을 풀고 180cm가 수월하게 넘어갔다. 컨디션 좋은 날 어쩌다 한 번씩 넘었던 2m도 가능할 것 같은 그런 날이었다. 수업이 끝난 학생들이 주위에서 숨죽여 지켜보는 가운데 훌쩍 2m를 넘었다. 기쁨도 잠시, 곧장 상황이 잘못됐음을 알아차리게 됐다. 화근은 좁은 연습용 매트였다. 낙하 거리가 늘어나자 몸이 매트에 박히는 것이 아니라 아예 튕겨 갔던 것이다. 머리부터 바닥에 떨어지는 최악의 상황을 피하기 위해 반사적으로 몸을 비틀었다. 순간 '따악' 매우 딱딱한 그 무언가가 쪼개지는 듯한 불길한 파열음이 적막을 뚫고 온 체육관을 울렸다. 당사자가 아닌 제3자들도 눈치챌 수 있을 정도로 유별난, 그런 소리였다. 벌떡 일어나 아무 일도 없었던 것처럼 성큼성큼 체육관을 나섰다. 입으로는 별일 아닌 듯 애써 웃음 짓고 있었지만 아드레날린마저 소용 없을 정도로 격렬한 통증이 발목을 뚫고 올라오고 있었다. 이미 머릿속에는

그리고 승리까지

응급실이라는 세 글자가 가득했다.

응급실에서 마주한 것은 의사가 아니어도 알아볼 수 있을 정도로 정말 깔끔하게 쪼개진 발목뼈의 엑스레이였다. 그냥 캐스트로 고정한다고 해결될 수준의 단순골절이 아니었다. 부러진 뼈를 드러내 철심을 박아 고정하는 대수술이 잡혔다. 그 뒤로 꼬박 3년간 이어진 지긋지긋한 부상과의 전쟁이 시작된 것이다. 철심 고정 수술, 예후가 나빠 대학병원으로 옮겨 수술 부위의 유착 제거 수술, 관절경을 이용한 염증 제거 수술, 철심 제거와 재봉합 수술. 이렇게 수술만 네 번, 캐스트로 고정한 기간만 꼬박 1년 반, 성급한 마음으로 서둘러 강도 높은 훈련을 재개했다가 재발한 통증. 다시 재활에서 완치까지 만 3년이 걸린 인고의 시간이었다. '언젠가는 끝이 난다, 반드시 부상 전의 기록으로 돌아갈 것이다'라는 자기 최면에 가까운 확신 하나로 버텨 온 시간이었다. 통증 없이 가동 범위까지 부상 전으로 되돌리는 재활을 마친 뒤에도 추가로 꼬박 2년의 시간이 강화 훈련에 필요했다. 그렇게 2022년에 이르러서야 20대의 전성기 기록인 제자리멀리뛰기 354cm를 되찾을 수 있었다. 인생에 버리는 경험은 없다. 다치지 않았으면 더욱 좋았겠지만 부상과의 전쟁이라고 할 수 있었던 그 기간을 견뎌 낸 결과 '전리품' 또한 얻어 냈다. 부상 예방과 재활에 대한 노하우다.

MLB 오클랜드의 빌리 빈William Lamar Beane단장은 선수 관리의 중요성을 강조하며 '선수가 덜 다치는 것이 구단 운영비를 절약하는 길이다'라는 뜻의 '메디신 볼medicine ball'이라는 방침을 제시한 바 있다. 입시나 임용을 준비하는 수험생 개개인 역시 엄연한 운동선수Athlete와 같다. 목표 달성을 위해 전략적인 훈련과 기록 관리가 필요하다. 표면으로 보이는 훈련과 기록의 토대엔 보이지 않는 '건강'이라는 요소가 깔려 있다. 수십, 수백 명의 수험생들을 이끌고 매년 입시를 맞이하는 '원장'의 입장에선 '다치지 않는 것', '다친 뒤 빠른 필드복귀'를 고민하는 야구단 단장의 '메디신 볼'이라는 방침이 남의 이야기 같지 않다. 국내 입시 체육계를 통틀어 나만큼 부상 회복과 재활, 그리고 예방에 이르기까지 실질적 노하우를 보유한 이는 없을 것이다. 이것은 바로 부상과의 전쟁에서 내가 거둔 승리다.

수술 후 필수적인 재활, 흉터 마사지

SCAR TISSUE MASSAGE

훈련 중 부상으로 피부를 절개하는 외과수술을 받고 난 뒤에 반드시 거쳐야 하는 — 그러나 그 존재를 몰라 많이들 생략하는 — 재활 단계가 있다. 바로 수술자국(흉터)에 대한 마사지다. 특히 절개범위가 크고 깊을수록 필수적인 후속 조치다. 봉합사를 제거하고 난 뒤에도 붉은색으로 계속 튀어나온 수술 부위나 켈로이드라고 불리는 딱딱하게 뭉쳐 섬유화된 흉터를 그대로 방치하면 미관은 물론 기록에도 악영향을 미친다. 수술 자국 흉터는 눌러 보면 통증을 유발하고, 주변 근육 및 피부에 유착되어 마치 피부에 테이프를 붙여 놓은 것 같은 이물감이 느껴진다. **그 결과 수술 전보다 관절의 가동 범위가 줄어든다.** 이를 당연시하지 말고 수술 자국이 완전히 봉합되었다면 흉터에 직접 물리적 자극을 가하는 마사지를 통해 회복을 촉진시켜 줘야 한다. 아프기 때문에 꺼리게 되지만 불편함(통증)을 참고서 의도적으로 실시해야 한다.

하루 2~3회, 5분씩 흉터 부위를 마사지한다.

수술 후 6개월에서 1년 동안 매일 실시한다.

흉터마사지를 실시하지 않고 자연치유에만 의존하면 봉합 후 1, 2년 정도가 아니라 10년 이상의 시간이 지나도 문제가 해결되지 않는다. 감각 이상(누르면 아프거나 먹먹함), 섬유화로 인한 유착, 그로 인한 가동 범위 제한 등이 일정 수준에서 정체되어 개선되지 않을 것이다. 이미 수술 후 오랜 시간이 지났더라도 물리적 자극을 통해 흉터 부위를 만져 주면 흉터 자국에서 느껴지는 통증도 점점 줄어들고, 다른 조직에 비해 티나게 튀어오른 흉터도 가라앉고, 주변 피부-근육을 붙들고 있던 가동 범위 제한도 점점 개선된다. 수술 자국 자체를 마사지하는 것은 수술 후 재활에 있어 필수적이다.

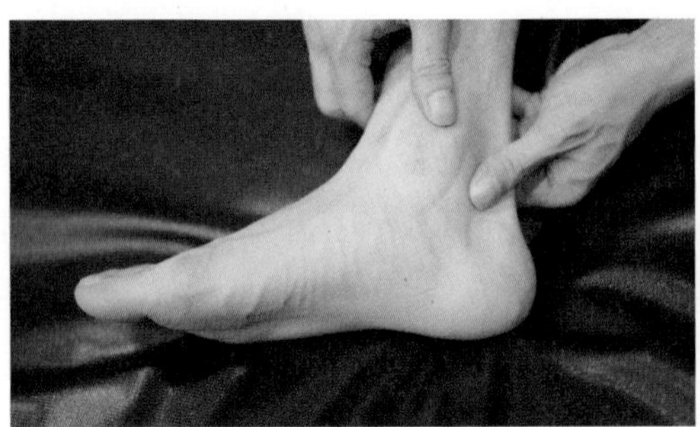

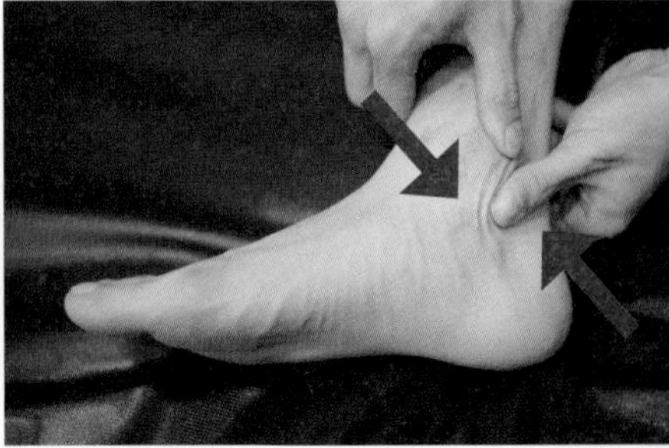

| 흉터 마사지(1) : 흉터와 수직 방향으로 비비기 |

수직 방향으로 최대 높이까지 점프한 뒤 한 다리로 착지하면 최대 자기 체중의 6~8배에 달하는 충격이 가해진다. 급격한 방향 전환이 포함된 달리기 훈련은 발목과 무릎에 단순한 압력이 아닌 전단력Shear Force, 뒤틀림이 걸린다. 메디신볼 투척, 싯업과 같이 허리를 반복적으로 활용하는 동작 탓에 허리에는 피로가 누적된다. 경험적으로 봤을 때 입시 체육 훈련 도중 발생할 수 있는 부상들은 빈도순으로 무릎, 발목, 허리를 '3대 부상'이라 묶을 수 있다. 이 순서에 따라 해당 부위의 만성 통증 해소, 부상 방지를 위한 강화에 도움이 되는 운동들을 알아본다.

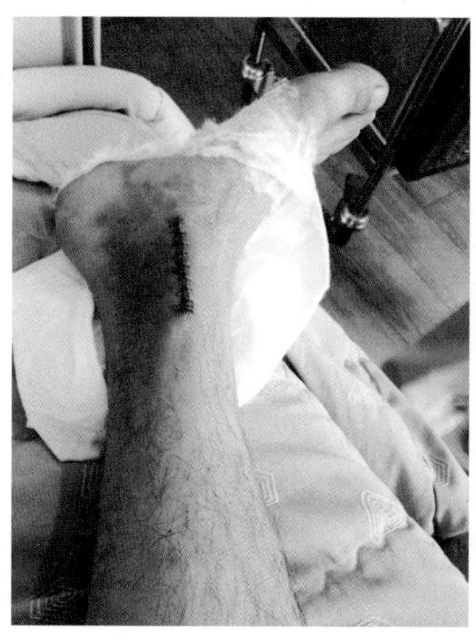

| 1차 골절수술 직후 |

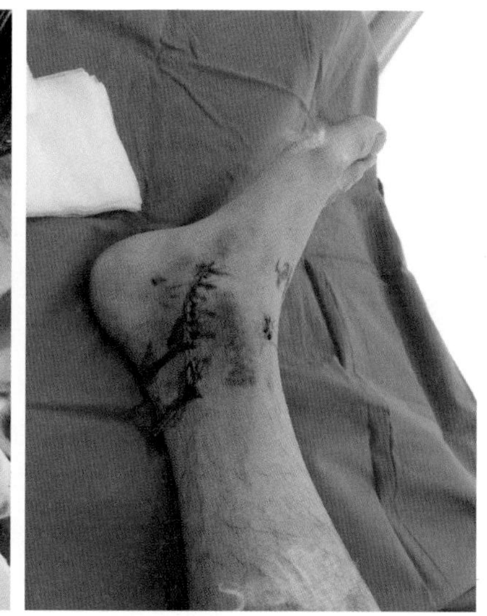

| 재수술(3차수술) 직후 |

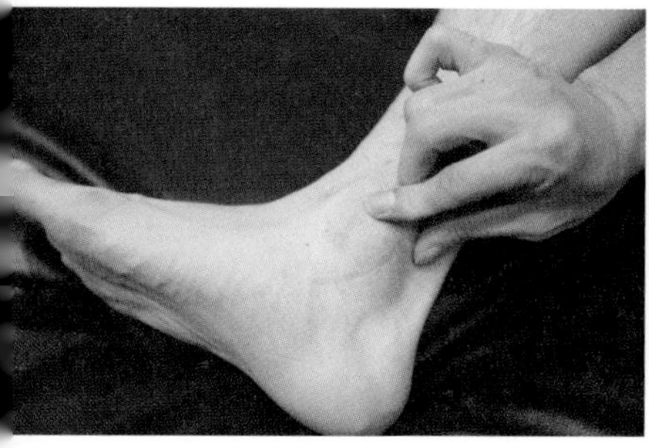

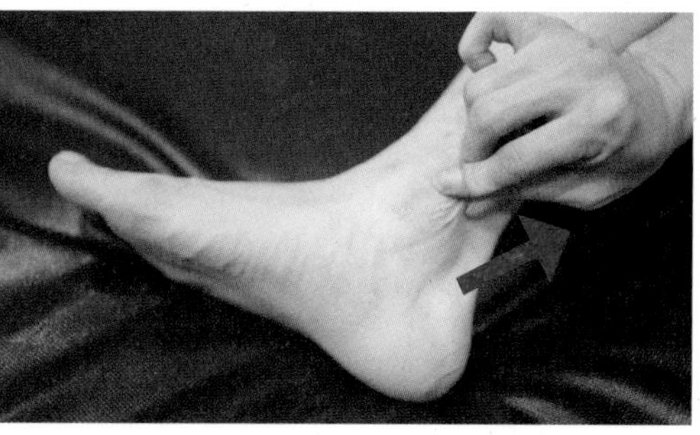

| 흉터 마사지(2) : 흉터 꼬집어 말아 올리기 |

단계별 무릎 강화 운동

무릎 관절의 특성

무릎은 점프와 달리기를 연습하는 이들이 1순위로 통증을 호소하는 관절이다. 특히 만성 통증을 호소하며 의료기관에서 진료를 받아도 엑스레이와 같은 영상진단 결과 명확한 통증의 원인이 나오지 않는 경우가 많다. 이 경우 '운동을 해서 무릎관절(혹은 근육)을 강화시키라'는 추상적인 처방이 내려진다. 안타깝지만 구체적으로 무슨 운동을 어떻게 해야 하는지 아는 사람이 드물다. 여기에선 3장의 '심화 개념, 건과 인대 같은 결합조직의 강화'에서 소개한 바 있는 벤 패트릭Ben Patrick의 무릎 재활법을 토대로 강화 운동의 단서를 제공한다.

무릎에 안전한 자세는 없다. 어떤 각도에서든 구부리는 순간 무릎엔 응력Stress이 가해지며 가장 특정한 자세를 오래 유지할수록 피로는 커진다. (ex. 쪼그려 앉은 상태로 오랫동안 앉아 있는 것). 따라서 스트레스를 피하는 게 아니라, '통증 없는 한도' 내에서 전 구간에 걸쳐 무릎을 접었다 펴고, 가동 범위와 중량에 점진적 과부하를 가해 스트레스를 받는 각도상에서도 잘 버틸 수 있도록 강화해 나가자는 접근법이 새롭게 대두되고 있다. 이는 슬개골, 십자인대, 반월상연골과 같이 무릎 통증의 주범으로 지목되는 조직들을 강화시킬 때 특히 중요하다. 이들 결합 조직들은 근육과 달리 혈관이 발달되지 않아 하얀색을 띠고 있다. 혈관을 통해 영양을 공급받고 노폐물을 배출하는 근육에 비해 회복과 성장이 더딘 이유다. 이런 백색 조직은 주변의 활액을 통해서 대사를 하는데, 심장이 펌프질해 주는 혈액과 달리 활액은 공급과 순환도 더디다. 활액 공급과 배출은 '마치 스펀지를 쥐었다 짜는 것 같은' 물리적 자극에 거의 전적으로 의존한다. 따라서 **관절이 아프다고 관절을 아예 움직이지 않으면 활액 공급이 멈춰 아예 회복할 수 있는 방법이 영영 사라지는 것이다.** 관절과 인대 건 같은 결합조직의 회복 수단으로 운동의 영향력이 매우 클 수밖에 없다. 따라서 병원에서 무릎 통증에 대해 운동을 통해 강화하라는 처방을 받았다면 아래와 같은 운동 단계를 추천한다.

풀스쿼트 도중 무릎 구부림 정도

0-60	전방전단력 최대구간
15-30	전방십자인대 최대구간
10-70	햄스트링 최대활성화구간
80+	대퇴사두 최대활성화구간
50-90	후방전단력 최대구간
-90	후방십자인대 위험구간
90-130	압력 최대구간
90+	둔근 최대활성화구간

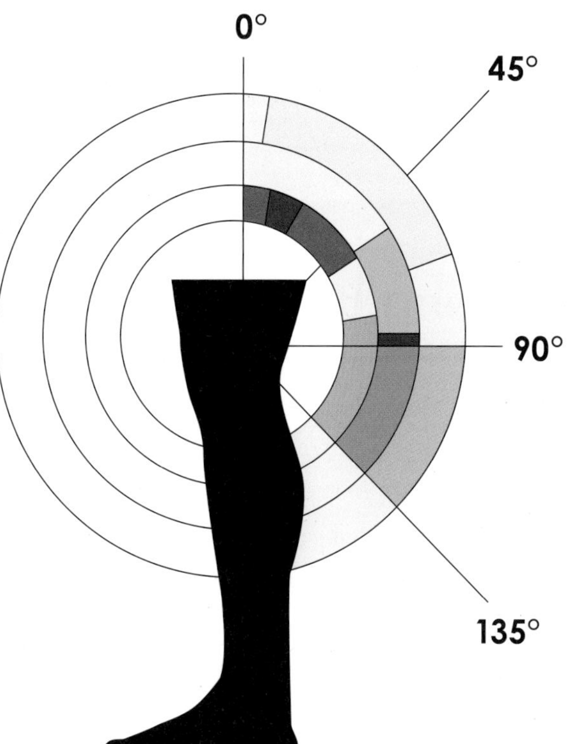

| 무릎가동 범위별 자극되는 근육과 인대, 스펀지와 같은 연골의 기능을 시각화한 일러스트 |

TMI

벤 패트릭의 새옹지마

벤패트릭의 20대는 '실패한 체대 입시생'이었다. 농구 특기생으로 대학진학NCAA을 준비하던 그는 고교시절부터 만성적인 무릎 통증에 시달려 왔다. 근력운동을 해서 무릎을 강화시키면 통증관리가 된다는 말에 무릎이 발끝을 넘어가지 않는 '하프스쿼트'를 많이 했다. 하지만 그런 방식으로 무릎이 강화되는 느낌은 받을 수 없고, 결국 무릎 통증으로 대학 특기생 선발에서 탈락한다. 이후 막노동을 하며 학비를 벌고 무릎 재활 운동을 공부하던 그는 찰스 폴리퀸과 같은 고전적인 스트렝스 코치들의 가르침을 따라 **무릎을 최대한 굽혀 완전히 쪼그려 앉는 연습을 했고 그 결과 고등학교 때부터 그를 괴롭히던 무릎 통증에서 탈출할 수 있게 됐다.** 이후 패트릭은 '무릎 내미는 남자Knees Over Toes Guy'라는 닉네임으로 SNS상에서 활동하며 자신의 무릎 재활 노하우를 전 세계인들에게 알리는 데 힘쓰고 있다.

0 단계

뒤로 걷기

Walking Backwards

무릎이 아픈 상태에선 곧바로 무릎을 구부리는Flexion 운동 대신 '무릎을 완전히 펴는Extension' 운동부터 실시한다. 무릎 슬개골을 잡아 주는 근육 내측광근VMO 강화는 통증 개선에 효과적으로 알려져 있다. 이를 위해 과거부터 '니 익스텐션'같이 무릎을 펴는 '머신운동'이 재활로 권장되어 왔다. 그러나 가만히 앉아서 특정 근육만 자극한 머신을 이용하기보다 실제 운동 동작에 가까운 걷기를 활용하는 게 요즘 트렌드다. 재활 이외에도 하체 운동 전 워밍업 목적으로도 활용 가능하다. 걸을 공간이 충분하지 않다면 런닝머신(트레드밀)에서 경사도를 올려 놓고 뒤로 걷는 제자리 걸음으로 대체 가능하다.

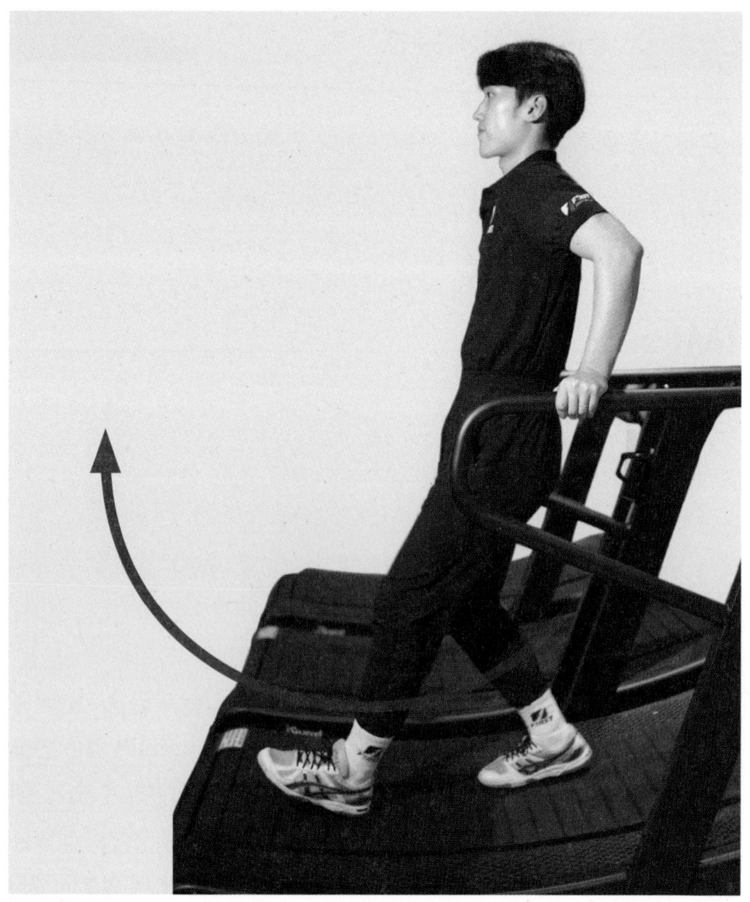

1단계 폴리퀸 스텝업

Poliquin Step Up

원래 스텝업은 박스로 올라가는 동작이다. 전설적인 스트렝스&컨디셔닝 코치 찰스 폴리퀸의 이름을 딴 이 운동은 일반 스텝업과 반대로 박스에 올라선 뒤 천천히 무릎을 구부려 내려가는 '네거티브' 동작이 핵심이다. 반대 발이 바닥에 닿기 직전에 다시 올라오는 것을 반복한다. 이 구간은 스쿼트로 치면 쿼터스쿼트 정도의 무릎 각도가 나오는데 전방십자인대에 큰 장력이 걸리는 구간으로 이 구간대에서 운동하며 십자인대 강화를 노린다. 처음엔 맨몸으로 시작하지만 익숙해지면 무게를 추구하고 발뒤꿈치에 받침대를 올려서 무릎이 구부러지는 각도를 더할 수도 있다.

2단계 스플릿 스쿼트

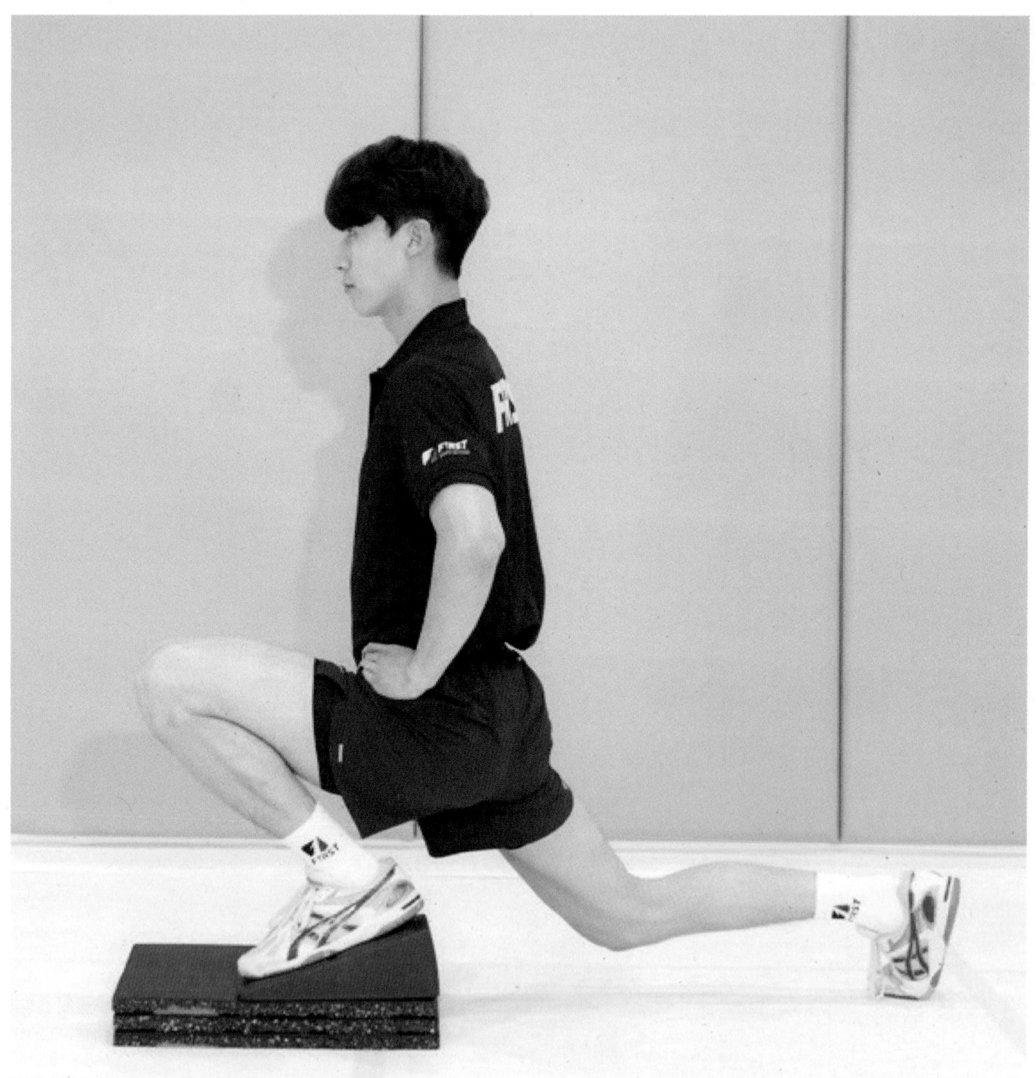

Split Squat

양발을 앞뒤로 교차해 서서 한 다리씩 교대로 박스 위에 올린 뒤 쪼그려 앉는 동작이다. 무릎을 적극적으로 완전히 구부려 최종적으로는 허벅지 뒤와 정강이가 닿는 수준까지 목표로 삼는다. **통증 없이 가동 범위가 늘어났다 싶으면 점차 무게를 올려서 자기 체중 수준을 들고 가능해질 때까지 강화 운동을 계속한다.** 벤 패트릭이 전파하며 가장 유명해진 운동으로 시그니처 격인 동작이다. 이 운동에는 숨은 장점이 있는데 앞으로 내민 다리는 무릎 재활 및 강화 운동을 하면서 뒤로 내민 다리는 고관절굴곡근들의 스트레칭이 이루어진다는 점이다. 달리기나 점프를 연습하는 이들에게 단순히 통증, 재활 운동이 아니라 기록 강화 효과도 볼 수 있다.

3 단계

리버스 노르딕 : Z플랭크, Z업

Reverse Nordic Curl

충분한 가동성과 힘이 확보되면 천천히 뒤로 내려갔다 올라오는 리버스 노르딕 컬을 통해 무릎을 강화한다. 여기서 확인할 것은 운동 동작을 나누는 Long Rage / Short Range개념이다. 기존의 운동 분류법(열린 사슬/닫힌 사슬, 에센트릭/콘센트릭)과 다른 벤 패트릭의 새로운 분류 기준으로 그의 운동 방법론의 축을 담당하는 개념이다. 운동을 가동형태에 따라 롱레인지/쇼트레인지로 나눌 수 있으며 완전한 재활과 강화를 위해선 같은 관절 부위도, 롱/쇼트 두 종류의 운동을 모두 골고루 실시해야 한다는 것이다. 무릎의 관점에서 봤을 때 가장 고난도 롱레인지 모션은 리버스 노르딕이다. 이런 일련의 단계를 모두 밟으면 일명 '방탄 무릎Bullet Proof Knee'의 경지라고 인정받고, 무릎을 쉽게 다치지도 않고 무릎을 사용하는 스포츠 종목의 퍼포먼스 역시 상승할 것이다.

롱 레인지 운동 Long Range	쇼트 레인지 운동 Short Range
원심성 수축 Ecentric Phase	구심성 수축 Concentric Phase
주로 관절을 펼 때 Stretch than flex	주로 관절을 구부릴 때 Flex Than Stretch
건 중심 Tendon Dominant	근육 중심 Muscluar Dominant
닫힌 사슬 운동이 다수 CKC	열린 사슬 운동이 다수 OKC
동일 부위 자극 운동 시 예시	
노르딕 컬 Nordic Curl	햄스트링 컬 Hamstring Curls
앱스 슬라이드 Abs Slide	니 레이즈 Knee Raises
R.노르딕 R.nordic	쿼드 익스텐션 Quad Extension
코펜하겐 플랭크 Copenhagen Plank	애덕션 Adduction

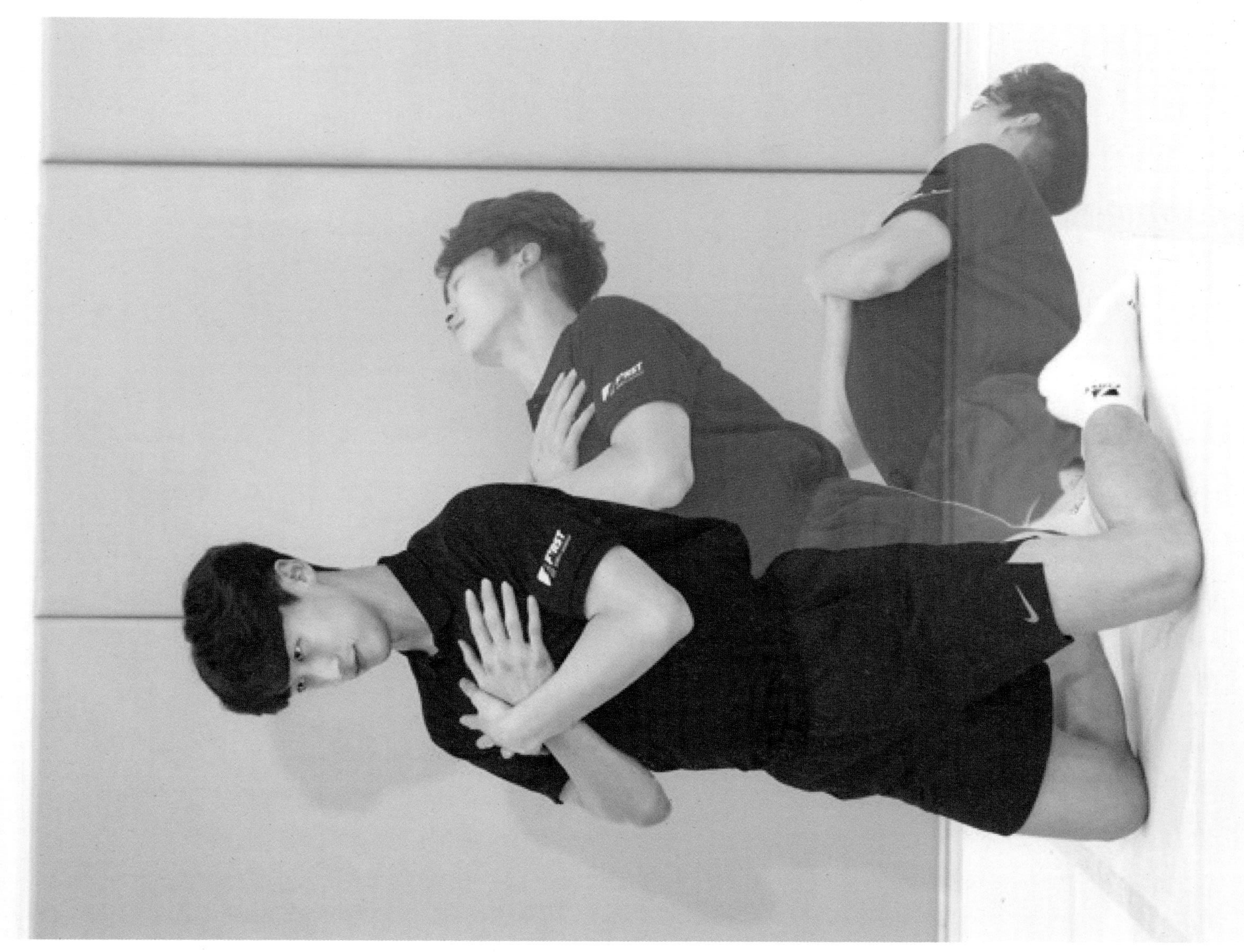

강화운동 | 재활운동

무릎강화

무릎재활

무릎 운동

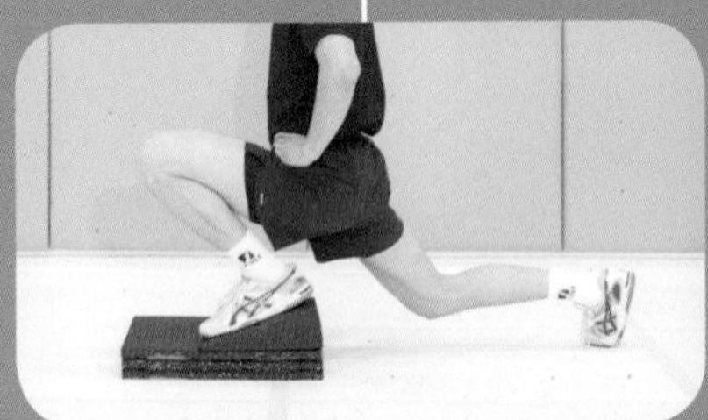

맨몸 스플릿 스쿼트

중량 스플릿 스쿼트

리버스 노르딕 컬

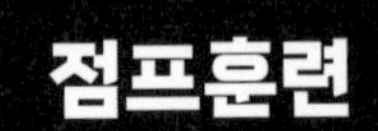

뒤로 걷기

벽 대고 서기

폴리퀸 스텝업

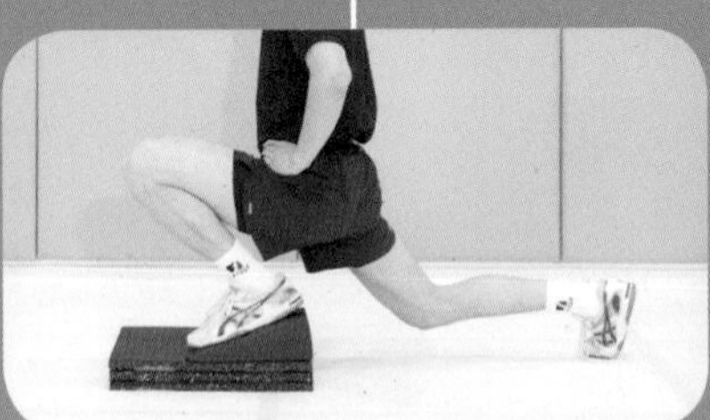

스플릿 스쿼트

통증 개선 평가

제멀왕

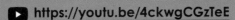

https://youtu.be/4ckwgCGzTeE

피로 골절은 골절이 아니다

뼈가 아픈 것이 아니다!

무릎 부상 다음가는 빈도인 발목 부상으로 넘어가기 전에 무릎과 발목 사이 정강이의 통증을 알아보자. 육상과 달리기 연습에 빠지지 않는 통증유발자, 피로골절이다. **사실 피로골절은 골절이 아니다.** 역설적으로 들리지만 농담이 아니다. 피로골절Stress fracture은 본디 엑스레이상에 보이지 않을 정도로 매우 미세한 속칭 '실금'이 생긴 상해다. 그러나 점프나 달리기 훈련과정에서 나타나는 정강이 통증이 진짜 이런 골절인 경우는 만분의 일 수준의 확률이다. 정강이 통증의 절대다수는 골절과 근본적으로 다른, 영어로는 — **Shin Splint** — 라고 불리는 근육통의 일종이다. 평소 단련되지 않았던 정강이 근육이 늘어난 훈련량을 버티지 못해 염증이 쌓인 것이다. 어떤 근육이 통증을 유발하는지 확인해 보자.

| 피로골절 개념도 |

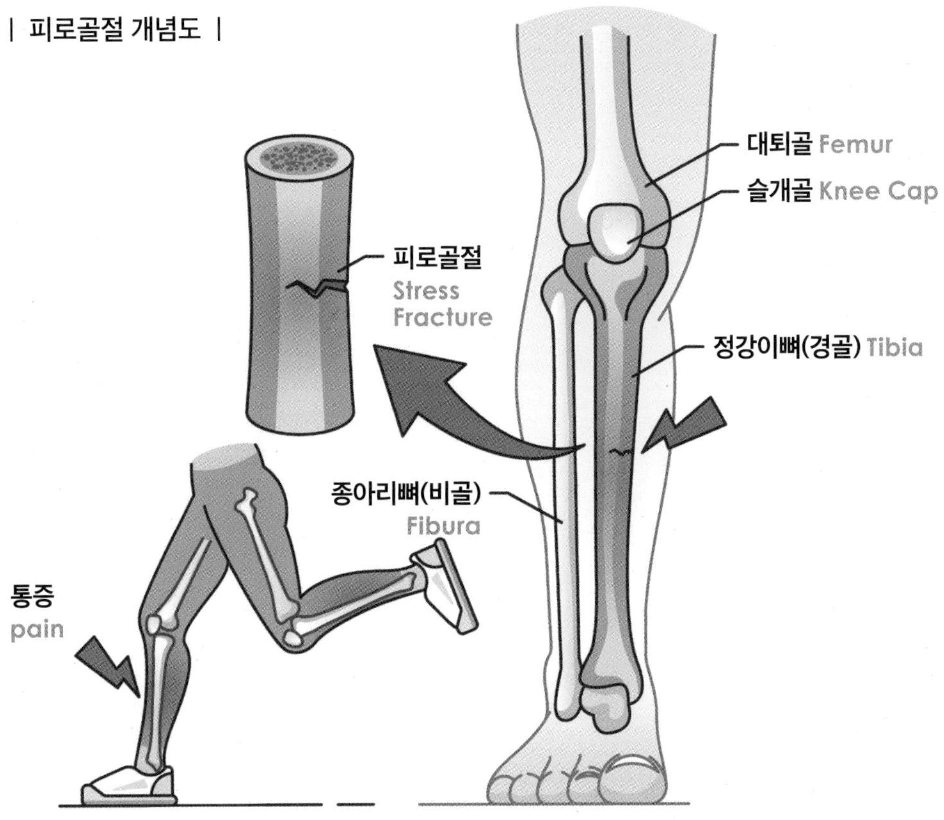

문제근육 1

가자미근

Soleus

장딴지, 정강이에 있는 근육이라면 다들 비복근Calf부터 떠올리지만, 피로골절은 비복근에 알이 박힌 느낌이랑 확연히 다르다. **사람들이 '뼈'를 다친 거라고 착각할 정도로 뭔가 '깊은 곳'에서부터 울리는 아픔. 그것은 비복근보다 심층부에 들어있는 근육 '가자미근Soleus'이 타격을 받았기 때문이다.** 깊은 곳에 숨겨져 존재가 잊혔지만 이 가자미근은 무릎에서 발바닥까지 쭉 연결된 상당히 큰 근육이다. 자연스럽게 이 가자미근의 능력은 육상이나 점프 기록과도 연동된다.

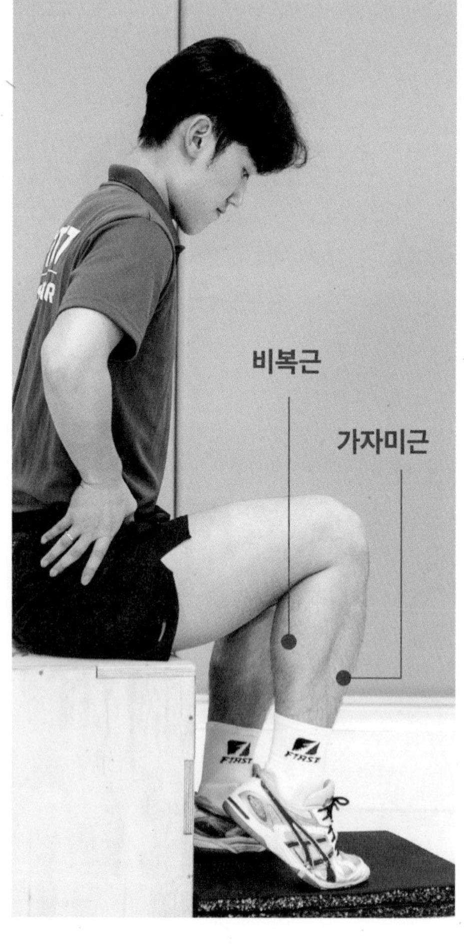

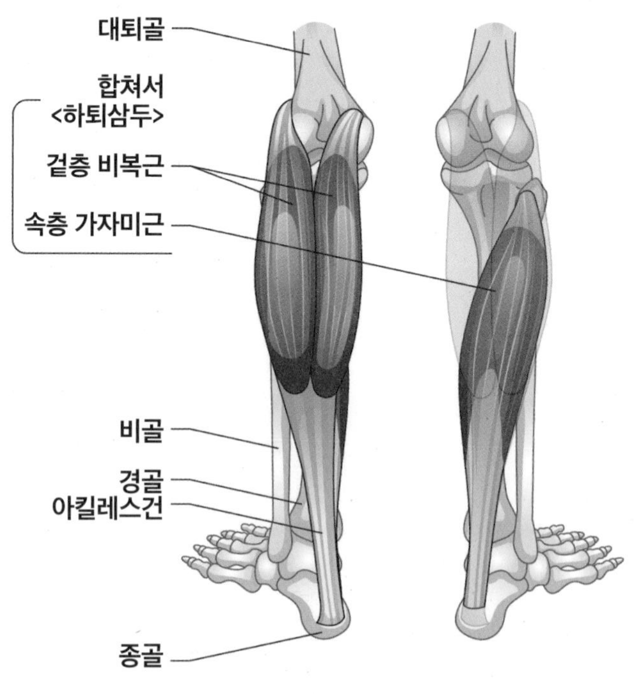

| 비복근과 가자미근의 위치 |

문제근육 2

전경골근

Tibialis Anterior

'전경골근'으로 정강이뼈 바로 옆, 몸 바깥쪽으로 붙어 있는 길쭉한 근육이다. 사실 크기도 꽤 크고 장딴지 근육만큼이나 육상에서 중요한 근육인데 대부분이 사람들이 존재와 쓰임 자체를 자각하지 못하는 숨겨진 근육이다. 발목을 빙글빙글 돌려 보면 이 근육의 움찔거림을 느낄 수 있다. 달리기 동작에서 급격한 방향 전환이나 감속할 때 브레이크 역할을 하는 매우 중요한 근육이다. **이 전경골근의 피로가 쌓여 정강이 앞쪽이 '깨지는' 느낌으로 나타난다.**

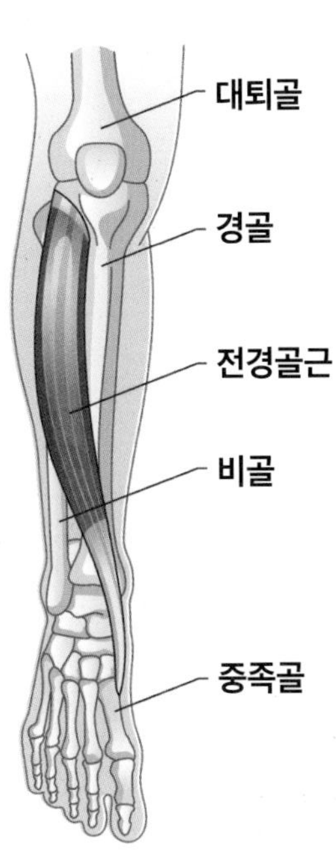

| 전경골근 |

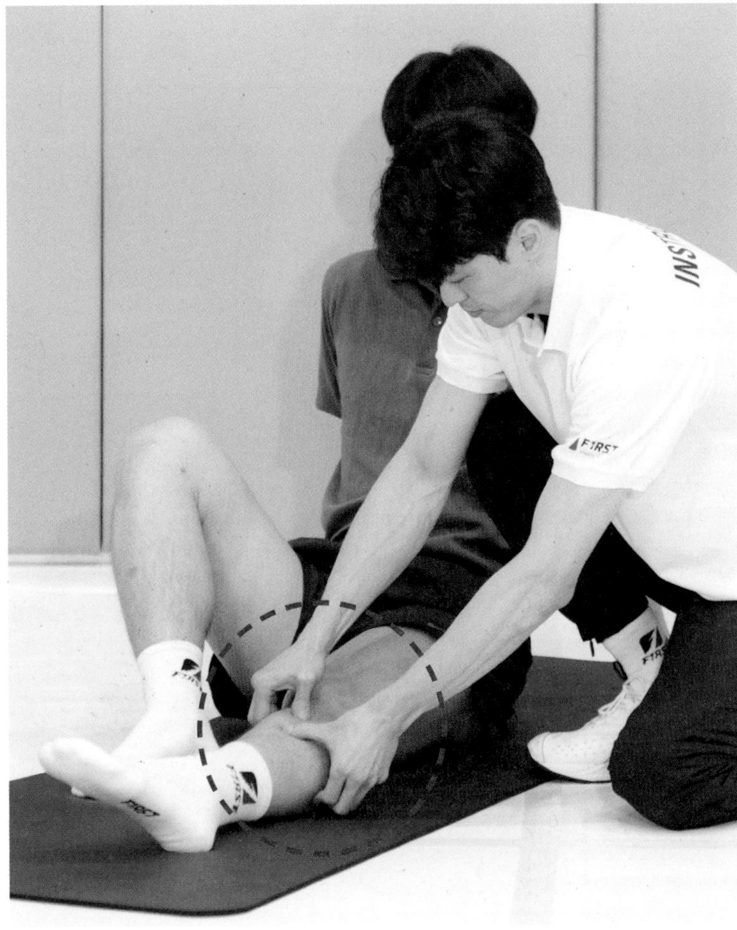

통증 관리

피로골절이 심할 때 가장 즉효를 볼 수 있는 통증 관리수단은 한의원을 방문해 해당 부위에 침을 맞는 것이다. 근육통의 일종이기 때문에 근막을 찢고 근육에 물리적으로 충격을 가하는 침치료Dry Needling가 긴장해소에 매우 효과적이다. 통증이 어느 정도 완화됐다면 의료기관을 찾지 않고 스스로 해결할 수 있는 통증관리 수단, 마사지가 추천된다. 진통소염성분 — 피록시캄, 노시셉톨, 멘솔 등등 — 이 포함된 연고나 마사지겔을 바르고 마사지스틱, 마사지볼, 그라스톤(괄사), 마사지건 등 자기 몸에 잘 맞는 마사지 용품을 활용해 직접 정강이 앞쪽(전경골근)과 정강이 옆쪽(가자미근)을 마사지할 수 있다. 그밖에 운동 시 마라톤이나 수영 동호인들처럼 카프 슬리브Calf Sleev 형태의 컴프레션 기어를 착용하거나 미리 키네시오 테이핑 등을 활용해도 좋다.

가장 확실하고 선제적인 예방 조치는 운동을 통해 가자미근과 전경골근을 강화하는 것이다. 특히 아래에 소개할 운동들은 통증 예방뿐만 아니라 육상기록 단축이나 점프력 향상을 위한 보조훈련을 겸한다.

| 정강이 통증, 피로골절 예방과 치료법 |

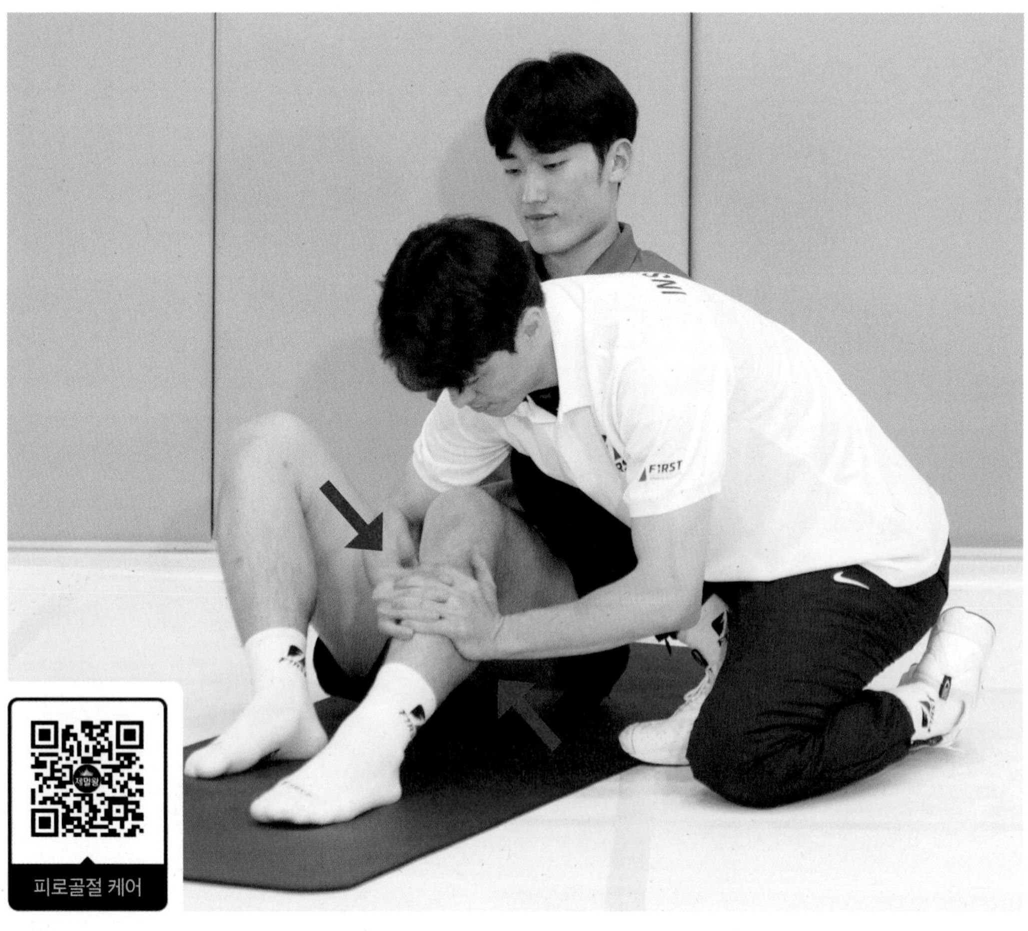

https://youtu.be/9bBOU9iaHto?si=BO577_a9gTFdie1h

예방 운동 1

KOT 카프 레이즈

Calf Raise

카프 레이즈 자체는 널리 알려진 보조운동이다. 그러나 무릎을 펴고 서서 단지 까치발을 서는 일반적 카프레이즈는 아무리 중량을 올려도 가자미근에 자극이 가지 않는다. KOTKnees Over Toes라는 이름처럼 무릎을 구부린 상태로 까치발을 서야 한다. 가자미근은 발목만 지나는 단일관절근육이기 때문에 무릎을 구부려야 제대로 활성화된다. 그래서 앉은 자세로 카프 레이즈를 실시한다. 무릎 위에 덤벨이나 케틀벨을 올려놓고 그 무게를 밀어올리면 가자미근을 타깃으로 하는 KOT 카프 레이즈가 된다.

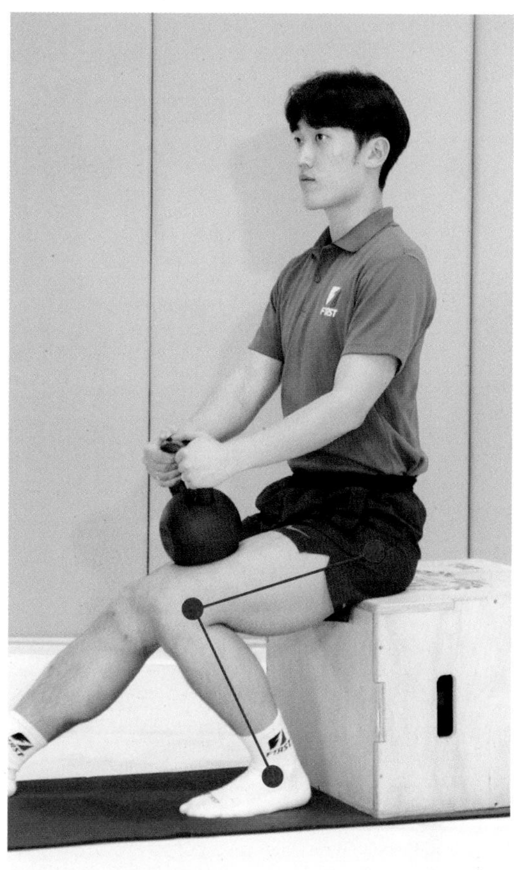

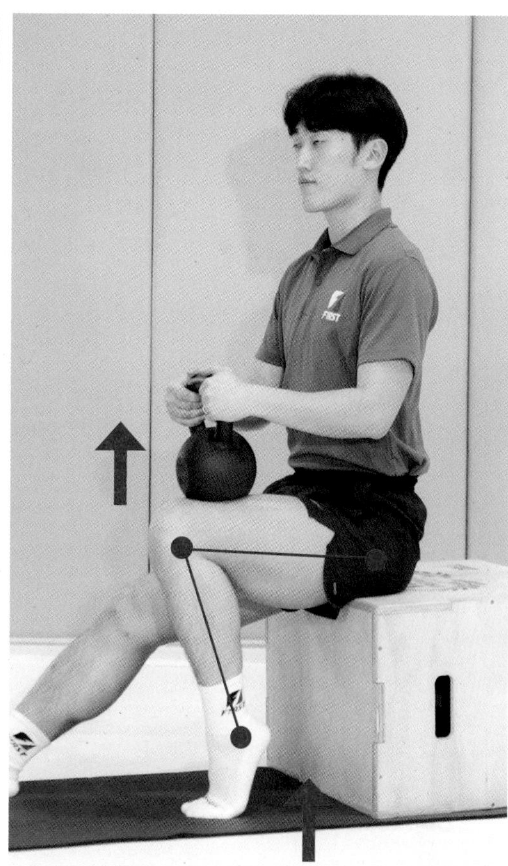

예방 운동 2

티비아 레이즈

Tibial Raise

전경골근 운동인 티비아 레이즈는 발에 케틀벨 손잡이를 걸고 발등을 정강이 쪽으로 끌어당기면서 전경골근을 수축시키는 운동이다. 무게가 익숙해지면 단순히 발등을 몸 쪽으로 당기는 동작뿐 아니라 발목을 시계/반시계 방향으로 돌리는 회전운동까지 실시한다.

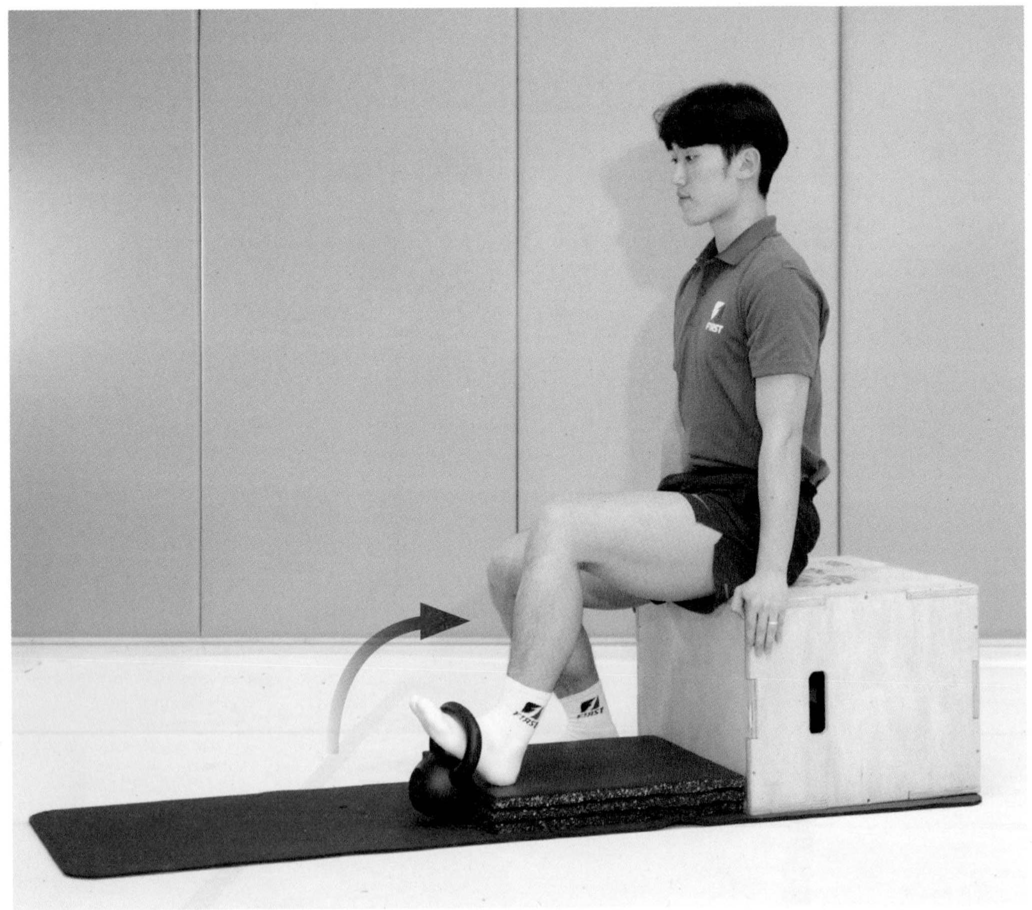

| 케틀벨을 이용한 티비아 레이즈 |

발목 불안정성과 통증

발목 부상의 일반적인 형태

발목 염좌Ankle Sprain라고 부르는 발목 접질림은 점프나 달리기 도중 발생하는 스포츠 상해 이외의 일상 속에서도 자주 발생한다. 비 오는 날 지면에서 미끄러지거나, 계단에서 발을 헛딛는 식의 특별한 촉발 사건을 겪는 경우가 대표적이다. 심지어 특별한 계기가 없어도 평소 발목의 불안정성이 심했던 사람은 계속 대미지가 쌓여 가다 어느 날 임계점이 넘어서면 큰 통증을 호소하기도 한다. 이렇게 붓기, 피멍, 작열감, 통증, 불안정성(발목 흔들림)이 발생하면 일단은 휴식을 취해야 한다. 대다수 1~2주 정도의 휴식으로 운동 복귀가 가능한 수준까지 회복되지만 심하면 3주 이상의 고정이 요구되기도 한다. **이 단계인 사람들은 "전거비인대ATFL"나 "종비인대CFL"의 완전 파열이 일어났을 가능성이 크다.**

전거비인대 ATFL

A — Anterior 전면 ▶ 앞쪽
T — Talus 거골 ▶ 복숭아뼈
F — Fibula 비골 ▶ 종아리뼈
L — Ligament 인대

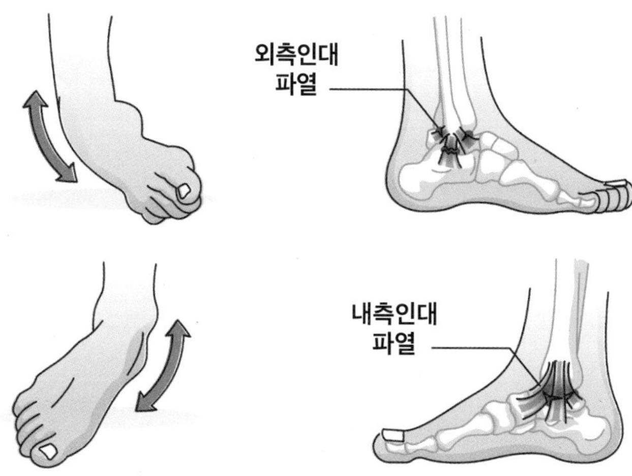

| 발목 염좌 |

종비인대 CFL

C —————— Calcaneus 종골 ▶ 발꿈치뼈
F —————— Fibula 비골 ▶ 종아리뼈
L —————— Ligament 인대

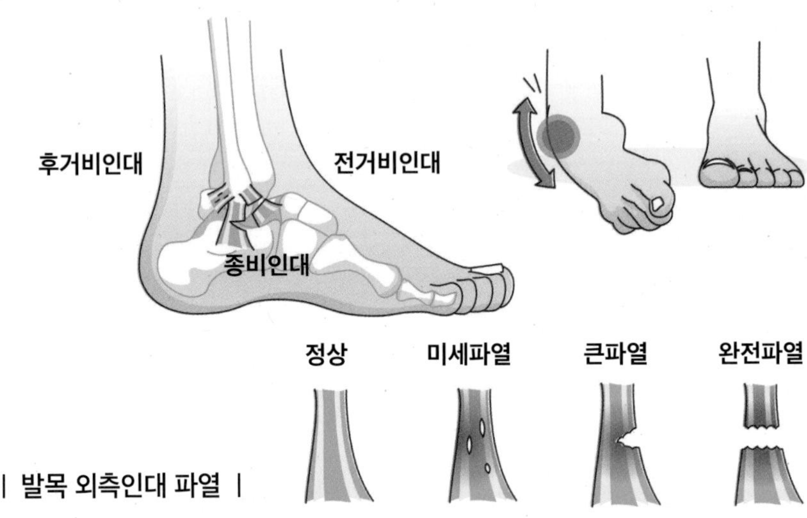

| 발목 외측인대 파열 |

인대의 파열은 무조건 가래떡 자르듯이 '뚝' 끊어졌다는 뜻이 아니다. 파열 중에서도 '완파(완전파열)'라고 부르는 수준의 부상은 초음파 검사를 통해 진단되며 수술과 같은 별도의 처치를 권유받게 될 것이다. 이런 완파 수준은 아닌, 만성적인 불안정성이나 통증을 동반하는 부분 파열이 일어난 인대의 상태는 일명 **'찢어진 청바지'**로 설명된다. 군데군데 구멍나고 해졌지만 아직 긴바지 형태를 유지하고 있는 청바지를 떠올려 보라. 정상적인 인대보다 탄성이나 지지력은 줄어들었지만 끊어진 것은 아니다.

의외의 사실일 수 있지만 **발목 바깥쪽 종비인대나 전거비인대는 이런 부분 파열 상태의 경우 수술 없이도 가만히 놔두면 대부분 자연치료가 이루어진다.** 무릎의 십자인대처럼 관절 안에 위치한 인대들은 파열 후 자연회복이 어렵지만 종비인대, 전거비인대처럼 관절 밖으로 노출된 인대들은 자가회복 시 예후가 상당히 좋다. 따라서 부착점에서 아예 뼈를 물고 떨어진 인대박리, 비골 골두(붓돌기)의 골절, 종비인대나 전거비인대 2개가 동시에 완파되는 복합손상 등의 극단적 경우가 아니면 수술 없이 자연 치유를 기대하는 것이 일반적이다. 따라서 전거비 인대나 종비인대 파열의 경우 지나치게 겁먹지 말고 보수적으로 접근하자. 보존적 치료를 우선하는 의료기관과 비수술적인 치료 수단을 우선적으로 고려하되 한 걸음 더 나아가서 발목염좌를 겪지 않도록 사전에 미리 강화 운동을 하자.

발목 부상 예방 운동 : 외번해서 걷기

발을 외번eversion한 뒤 발날로 체중을 지지하면서 걷는 훈련이다. 처음 하는 사람들은 배구화를 신고(각도가 덜 꺾인 상태로) 매트 위에서 조금씩 하면서 점점 적응되면 맨발로 매트 위에서, 나중엔 맨발로 딱딱한 바닥 위에서 걸을 수 있을 정도로 단련하면 발목이 어지간한 일로 꺾이지 않을 정도로 단단해진다.

| 발목 외번해서 걷기 |

TMI

발목 안쪽을 다치는 경우는 어떻게 하나요?

발목 부상은 발목이 외번된 상태에서 다치는 경우가 대부분이다. 발은 여러 개의 뼈를 수많은 인대들이 감싼 관절인데 발목 안쪽의 경우 종비인대나 전거비인대보다 감싸고 있는 인대의 수가 더 많고 치밀해 어지간한 일로는 안쪽 인대들은 파열되지 않는다. 그러나 **만에 하나 안쪽 인대들이 파열됐다면 그것은 굉장히 큰 부상으로 응급수술을 요구할 정도로 위급한 상황이다.** 재활이나 만성 불안정성과는 차원을 완전히 달리하는 문제다.

허리 부상

허리 부상 1 속근육을 단련하라

피하기 어려운 숙명, 요통

점프 훈련 도중엔 허리를 다치는 경우가 많다. 다소 의외라고 생각될 수도 있을 것이다. 바벨운동처럼 척추에 직접 부하가 가해지는 것도 아니고 착지 시 무릎이나 발목처럼 체중 직접 쏠리는 것도 아닌데 왜 허리를 다치는 것일까? 점프 시 허리 부상은 대다수 공중 동작에서 중심을 잃고 허리를 삐끗하거나 착지 시 지면과 충돌할 때 생긴 충격이 허리까지 전달되면서 발생한다. 웨이트 트레이닝시엔 부상예방을 위해 허리를 곧게 세운 '척추 중립' 자세와 보호대(에어백) 역할을 하는 "복압 유지"가 강조된다. 그러나 급격한 방향전환, 가속과 감속 동작이 이루어지는 점프 동작 도중에선 현실성 없는 예방 수단이다. 공중 동작에선 '아치Hyper Extension, 과신전'에 가까운 가동 범위까지 허리를 폈다가 착지 순간에는 '벗윙크Butt Wink, 엉덩이 말림'가 일어날 정도로 허리가 구부러지는 급격한 동작 전환이 단 1초 이내에 일어난다. 숨이 차오르는 호흡 도중에 복압을 유지할 여력도 없다. '바른 자세, 정자세를 유지하면 허리 안 다쳐요'라는 말은 정적인 웨이트 트레이닝에서나 적용되는 말이다. 동적인 변수가 발생하는 실제 스포츠 현장에선 정자세, 척추 중립, 복압 등을 조절하며 운동할 수 없다. 난수에 가까운 변수 발생 도중 부상을 예방할 수 있는 **수단은 결국 돌발 상황까지 고려해 최대한 가동 범위를 늘린 상태에서 스트레스를 받는 '속근육'의 근력을 강화하는 것이다.**

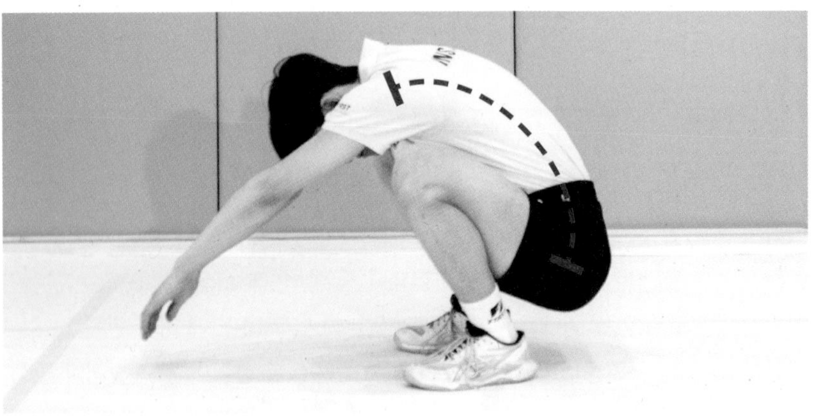

난수에 가까운 변수가 발생하는 스포츠 현장에선 척추중립을 유지할 수 없다!

요통과 허리의 속근육

요통에 잘 듣는 압박형 보호대(일명 복대)의 원리에 요통 및 허리 부상 예방법의 실마리가 있다. Travel & Simons가 요통 유발 원인 가운데 1순위(통계상 요통의 약 40%)를 차지하는 근육으로 지목했던 **요방형근**QL: 허리네모근의 힘을 키우는 것이다. 지도자들 사이에선 필라테스나 물리치료에서 일명 '겉근육과 속근육'이라는 표현을 쓰는 걸 들어본 사람들도 있을 터. 아니면 로컬머슬, 글로벌머슬이라는 표현도 좋다. 호흡, 자세유지 등에 사용되는 작은 근육들을 말한다. 이 속근육들 가운데 허리에 달린 요방형근이라는 근육이 있는데 배 속에 붙어서 갈비뼈와 골반을 연결하는 네모난 모양의 작은 근육이다.

복대를 착용하면 복압이 올라가면서 이 요방형근에 '마사지' 효과가 생긴다. 배 속에 있어서 직접 누를 수 없는 근육을 복대를 이용해서 대신 눌러 주는 원리다. 바로 이 요방형근을 별도로 강화하는 것이 허리 부상 예방의 핵심이다. 시중에 유통되는 일반적인 요통 예방, 코어 강화 운동들은 몸의 안정성을 강화하는 데 초점을 맞춰 맥길 빅3 같은 '등척성 운동'으로 근육의 길이 변화 없이 몸통에 힘을 주고 버티는 데 집중한다. 그러나 실제 격렬한 동작 변화가 수반되는 점프와 같은 실제 스포츠 필드에선 결국 안정성을 더 이상 유지할 수 없는 돌발 변수가 발생한다. 여기까지 염두에 둔 예방 운동으로 요방형근까지 직접 움직여 강화하자. **단 하나의 동작을 추가하는 것만으로도 허리의 상태가 놀라울 정도로 개선될 것이다.**

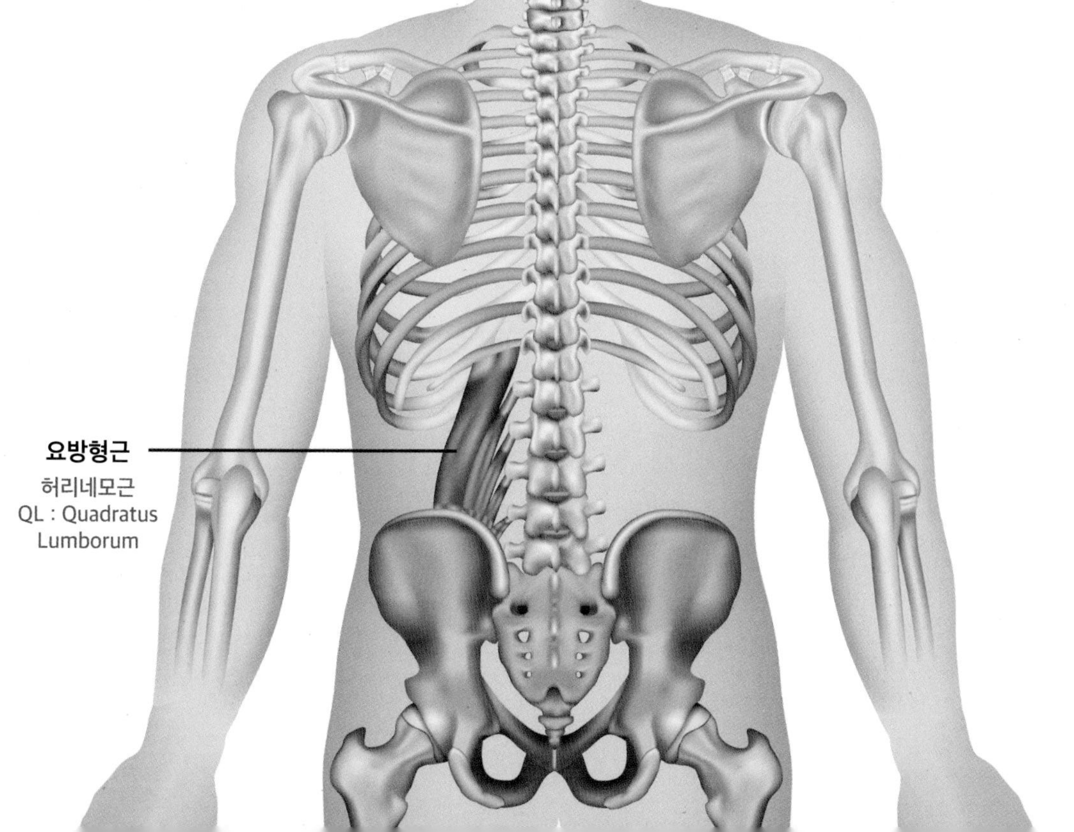

속근육을 위한 외측굴곡 강화운동, 사이드 싯업 Side Sit-Ups

필라테스에서는 이 요방형근QL을 직접 움직여 강화시키는 "사이드 싯업"이라는 동작이 존재한다. 바렐, 짐볼, 익스텐션 기구 등으로 각도 변화를 준 상태로 옆구리를 당겨 주면 훌륭한 속근육 강화 운동이 된다. 처음엔 맨몸으로 시작하는 것만으로도 충분하고 무게도 5kg 이상 올리는 것조차 쉽지 않을 것이다. 그리고 무엇보다 반드시 그림처럼 익스텐션 기구, 짐볼, 그리고 필라테스 바렐 같은 보조기를 이용해 몸이 옆으로 기울어진 상태로 실시해야만 한다.

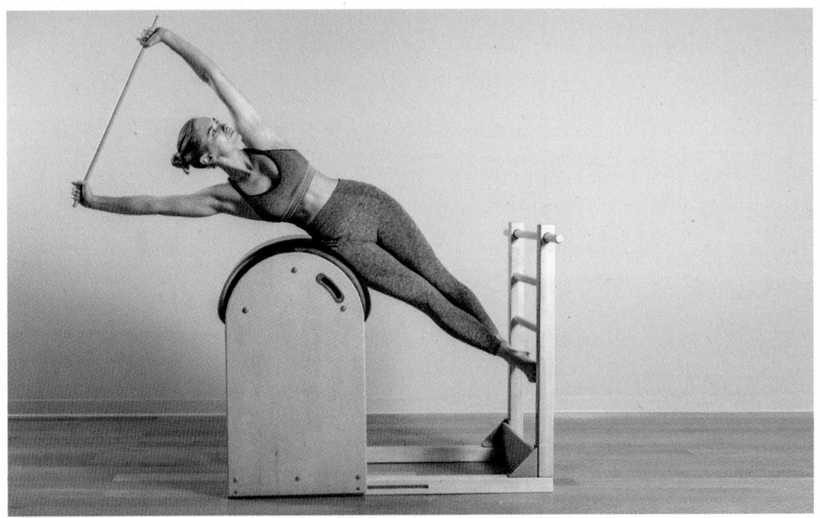

| 바렐을 이용한 사이드 싯업 |

TMI

사이드벤드와 혼동 금지!

사이드 싯업은 사이드벤드와 엄연히 다른 운동이다! 주의력 없는 사람들은 사이드벤드와 차이를 대수롭지 않게 생각한다. 앞서 '겉근육와 속근육'이라는 표현을 이용하자면 사이드벤드는 '겉근육 운동'이다. 일어선 상태로 각도 조절 없이 옆구리를 움직이면 외복사근에 모든 무게가 걸리면서 요방형근QL으로 자극이 들어가지 않아 우리가 원하는 예방 운동 효과를 볼 수 없다. (추가로 허리만 굵어진다) 형태가 유사한 사이드벤드와 유사해 보이지만 이 각도 조절로 외복사근(겉근육)의 개입이 줄어들면서 속근육인 요방형근 '고립된' 자극이 들어간다. 사이드 싯업을 처음 시도하면 매우 힘들어하며 사이드벤드와 느낌이 다른 '깊은 곳'에서부터 올라오는 작열감을 느낄 수 있다.

허리 부상 2 **가동 범위를 늘려라 : 시티드 굿모닝**

좌우 다음엔 앞뒤로 움직이자

허리 부상을 예방하고 요통 재활에 한 가지 더 추가할 운동이 있다. 바로 척추를 앞뒤로 움직이는 움직임이다. 일반적인 허리운동은 크게 4가지 동작으로 나눌 수 있다. 먼저 몸통의 근육들의 길이가 변하지 않는 버티기Isometric 동작들. 최근 10여 년 사이 피트니스 업계에서 가장 많이 권해지고 있는 동작이다. 몸통의 주된 역할은 움직이는 것이 아니라 팔다리가 움직일 때 이를 지탱해 주는 안정성을 제공해 주는 것이라는 믿음에서 나왔다. 가장 대중적인 코어 운동 플랭크, 맥길 빅3 등이 이 버티기 종류에 들어간다. 버티기 동작의 대립쌍은 몸통을 비트는 회전Rotation 동작이다. 실제 몸을 비틀기보다 역시 버티기에 입각해 "사지가 움직일 때 회전에 저항하는 항회전력이 스포츠 기록에 효과적이다"이라는 믿음에 입각해 회전보다 항회전, 즉 버티는 방식으로 많이 하고 있다. 이 버티기가 떠오르면서 반대로 가라앉은 동작은 구부리기Flexion다. 구부리기의 대표격인 싯업은 한때 허리 강화 운동으로 불렸으나 지금은 허리 다치는 동작으로 죄악시되고 있다. 구부리는 것과 반대로 허리를 펴는Extension 동작 역시 인기가 없고 하는 사람이 적다.

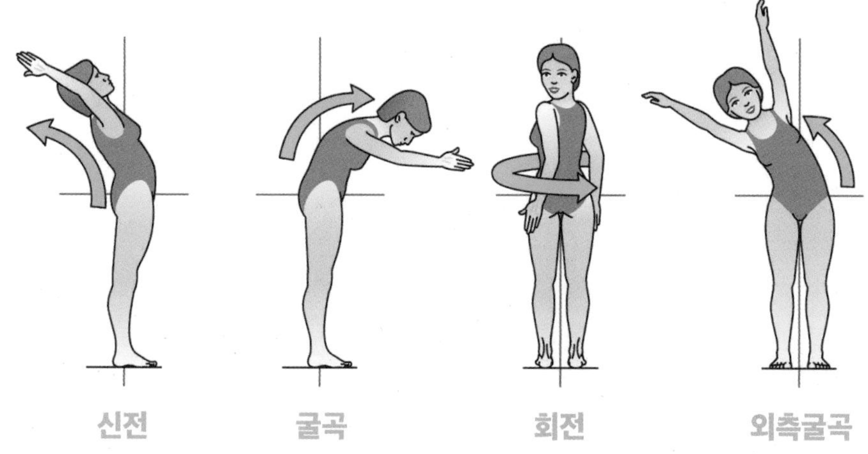

| 대표적인 척추의 움직임 |

그래서 역설적으로 가장 인기 없고 최근 잊히고 있는 허리를 구부렸다 펴는 동작을 보강해 줄 필요가 있는 것이다. 보다 정확히 말하자면 척추 자체는 마치 플랭크처럼 버티기 상태를 유지하되 몸의 가장 중심이 되는 관절, 고관절을 접었다 펴면서 허리를 강화시키는 복합적인 운동, 시티드 굿모닝Seated Goodmorning이다. 허리를 좌우로 움직이는 운동을 충분히 해 봤다면 요통 예방을 위해 앞뒤로도 움직여 보자.

0 단계 자세잡기

| 허리가 구부러지는 나쁜 자세 |

Novice

제일 먼저 숨을 들이마시고 복압을 유지한 상태에서 허리를 곧게 편 아치 상태를 능동적으로 만들 수 있는지 확인한다. 추후 중량을 올려 나가야 하기 때문에 허리가 구부러지는 습관을 들였다간 크게 다칠 수 있다.

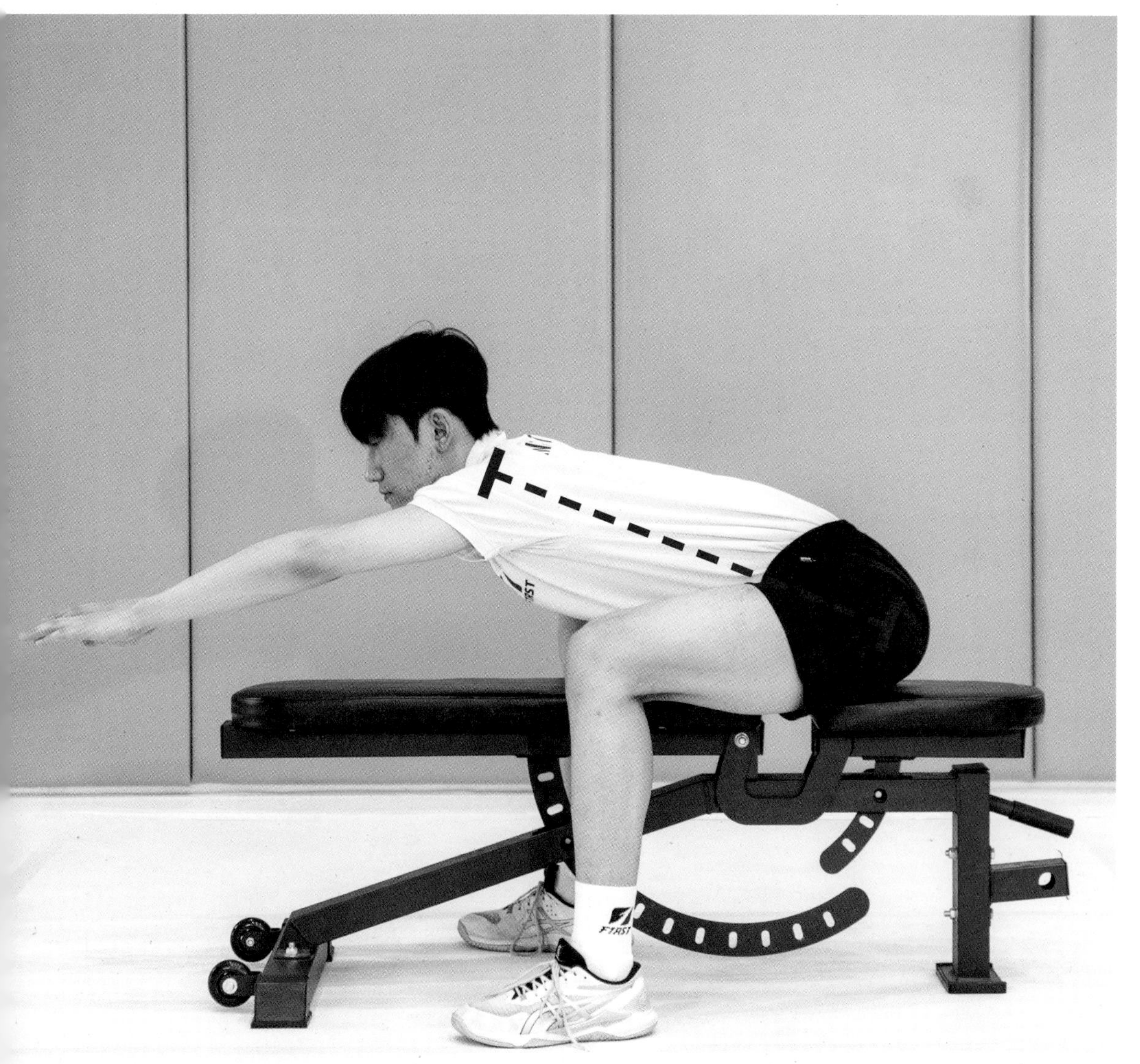

| 시티드 굿모닝 시작을 위한 준비자세 |

1 단계

허리에 부상이 남은 상태

허리가 제대로 펴지지 않는 수준

| 케이블 머신, 고무줄 등 보조를 받아 실시하기 |

Beginner

케이블 머신이나 고무밴드를 앞에 두고 이를 잡아당기는 보조를 이용해 통증 없이, 허리 말림 없는 구간까지 천천히 허리를 숙였다 펴는 것을 반복한다. 적응되면 가벼운 덤벨을 이용해 무게를 몸 앞에 걸고 천천히 허리를 숙였다 편다. 등 뒤에 무게를 견착했을 때 불편함이나 통증이 있는 사람들도 이 방식으로는 무게를 늘려 나갈 수 있다.

| 무게를 앞에 두고 실시하기 |

2 단계

중량 뒤에 걸기 + 제한된 가동 범위

Intermediate

같은 무게라도 중량을 앞에 걸었을 때와 등 뒤에 걸었을 때의 척추에 걸리는 부담이 다르다. 앞에 무게를 걸어 어느 정도 적응과 강화가 이루어졌다면 등 뒤에 중량을 견착한 뒤 허리를 숙였다 펴는 연습을 시작한다. 단 인클라인 벤치 등을 이용해 최대한 통증이 없는 구간까지만 내려갔다 올라오는 연습을 하며 점차 구간을 늘려 나간다.

| 무게를 뒤에 두고 제한된 범위로 실시하기 |

3 단계

무게를 늘려 가며 완전 가동하기

Advanced

백스쿼트와 같이 바벨을 견착하고, 아치를 유지하며 가슴이 앉아 있는 의자의 바닥면에 닿을 때까지 내려갔다 올라온다. 목표는 자기 체중×1회가 가능한 수준이다. 이 정도 중량을 달성하면 더 이상 요통으로 고생하지 않는 것은 물론 운동 도중 허리 부상을 입는 일 자체가 없어질 것이다.

| 무게를 뒤에 두고 완전가동범위로 실시하기 |

https://youtu.be/L8W1FDOVaRQ

짝발의 원인과 교정

짝발이란?

6장의 마지막 순서로 부상은 아니지만 때론 부상보다 더 점퍼Jumper들을 괴롭히는 '짝발'에 대해서 다룬다. 착지 시 한쪽 발이 유달리 뒤로 처지는 짝발 현상은 제자리멀리뛰기 연습 과정에서 누구나 한 번쯤은 겪는 문제다. 고작 1~2cm 정도의 차이는 점수에 큰 영향이 없지만 상태가 심각한 사람들은 도약 전 발의 좌우 대칭을 아무리 정확히 맞추고 시작해도 착지 시 앞발과 뒷발의 위차가 5cm 이상 벌어진다. 최종 기록은 뒷발을 기준으로 측정되기 때문에 사람에 따라서 짝발이 당락을 결정지을 수도 있다. 문제는 정확한 원인과 해결책을 아는 사람의 수가 극히 드물다는 점이다. **실제 현장에서 대다수의 지도자들은 수강생들에게 '짝발'이라는 현상에 대해서 지적만 할 뿐, 구체적인 해결책을 제시하지 못한다.** '원래 인체는 비대칭이라서 어쩔 수 없다'라는 식의 두루뭉수리한 말로 상황을 모면하는 경우가 대부분이다.

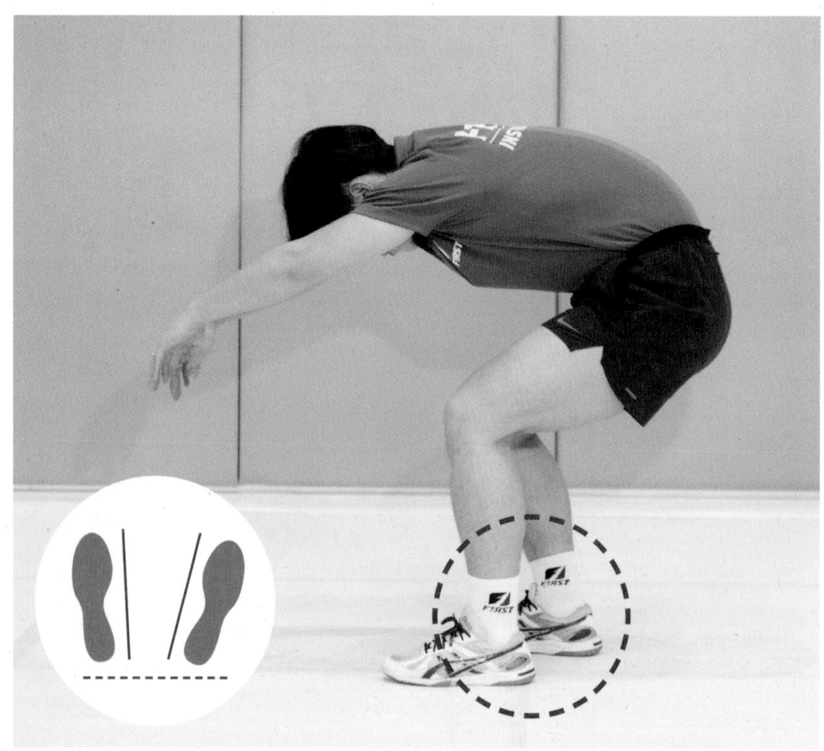

골반 비대칭

인체는 비대칭이다'라는 명제는 참이다. 그러나 짝발 교정을 위해선 보다 구체적으로 어느 부위에서 왜 비대칭이 일어났으며 해결 방안은 무엇인가까지 구체적인 해설이 필요하다. 이때 대다수가 지목하는 짝발의 주 원인이 '다리 길이의 차이'다.

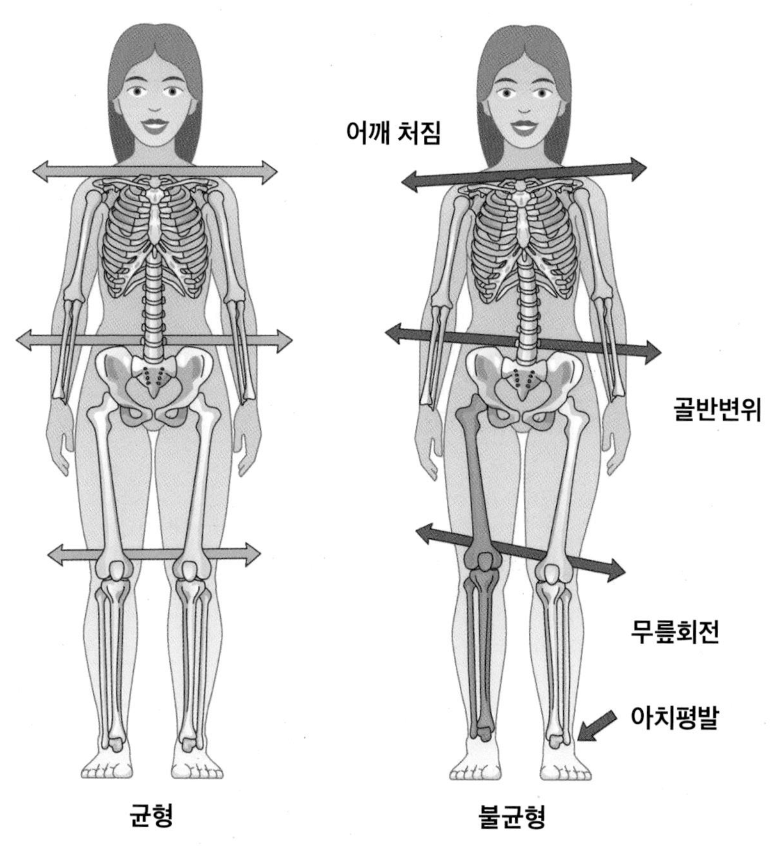

| 다리 길이의 차이 |

눕거나 엎드렸을 때 양쪽 발뒤꿈치 위치를 비교해 보면 차이가 나는 사람들이 많다. 그러나 이것을 다리뼈(대퇴골, 경골)의 변형이 일어난 것으로 오해하면 곤란하다. **다리 길이 차이의 골반의 좌우 비대칭 때문에 양쪽 다리의 위치가 어긋난 결과다.** 따라서 다리 길이 차이가 아니라 **골반불균형 혹은 골반비대칭Hip Shift이라고** 인식해야 비로소 교정이 가능하다. 진단은 간단하다. 천장을 보고 누운 뒤 다리를 두세 번 터는 동작을 하고 몸에 힘을 뺀 뒤 발등을 내려다본다. 이때 한쪽 발이 더 크게 밖으로 돌아가는지 여부를 확인한다. 혹은 스쿼트와 데드리프트 같은 웨이트 트레이닝 도중 뒷모습을 관찰하면 골반이 돌아간 정도를 육안으로도 알 수 있다.

골격근의 관점에서 살펴보면 이런 골반 비대칭의 원인은 몹시 다양하다. 발목의 유연성 부족, 무릎 부위 경골의 내회전 제약, 고관절 외회전이나 외전이 부족한 경우, 대내전근의 단축, 혹은 둔근의 근력 약화 등등. 그러나 문제가 되는 근육이나 관절 부위를 지적하는 것 역시 미봉책일 뿐 골반비대칭 그 자체의 '기저 원인'에 대한 답은 아니다.

여기서 많은 이들이 기저 원인으로 '오른손잡이/왼손잡이 습관에 따라서 한쪽 다리의 근육량/근력 비대칭이 생긴 것이 아닐까?'라는 추측을 내놓는다. 그래서 한 다리 운동을 짝발 교정의 솔루션으로 제시하는 경우가 많다. 하지만 결론을 말하자면 이런 접근은 실제 짝발 교정에 큰 효과를 보지 못할 것이다. 애초에 **제멀에서 짝발과 오른손/왼손잡이 여부는 관련이 거의 없어서다. 오랜 시간 수많은 수험생들을 지도하며 알게 된 흥미로운 관찰 결과는 "오른손/왼손잡이 구분 없이 오른쪽 다리가 처지는 경우가 많다."**는 것이다. 따라서 지금부터 국내에 특히 입시 체육계엔 거의 알려지지 않은 짝발 교정에 관한 최신 이론을 소개한다.

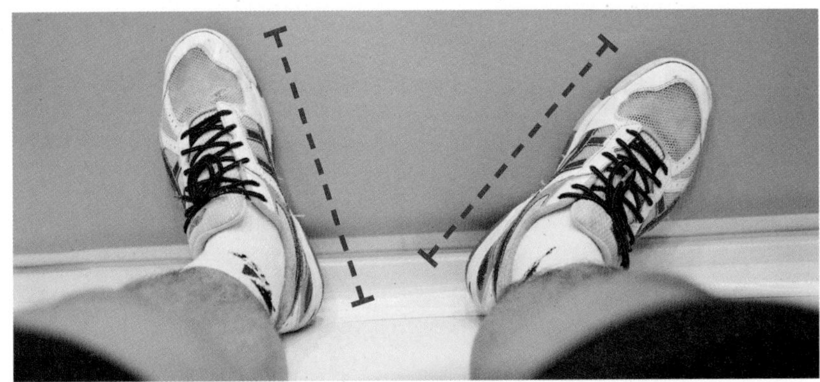

| 골반이 돌아간 상태를 확인하는 방법 |

해부학적 관점에서 바라본 인체의 비대칭성

사람은 흉곽 속 내장기들의 비대칭 때문에 왼쪽 골반이 앞으로 튀어나오고 오른쪽이 뒤로 빠진다. 골반을 따라 상체도 왼쪽 어깨를 내밀고 오른쪽 어깨가 뒤로 빠진 자세가 나오는데 이 상태를 **'몸의 왼편은 닫혀 있고 오른쪽은 열려 있다'라고 표현하며, L-AIC 패턴**Left Anterior Interior Chain Pattern, 왼쪽 신전 자세**라고 부른다.**

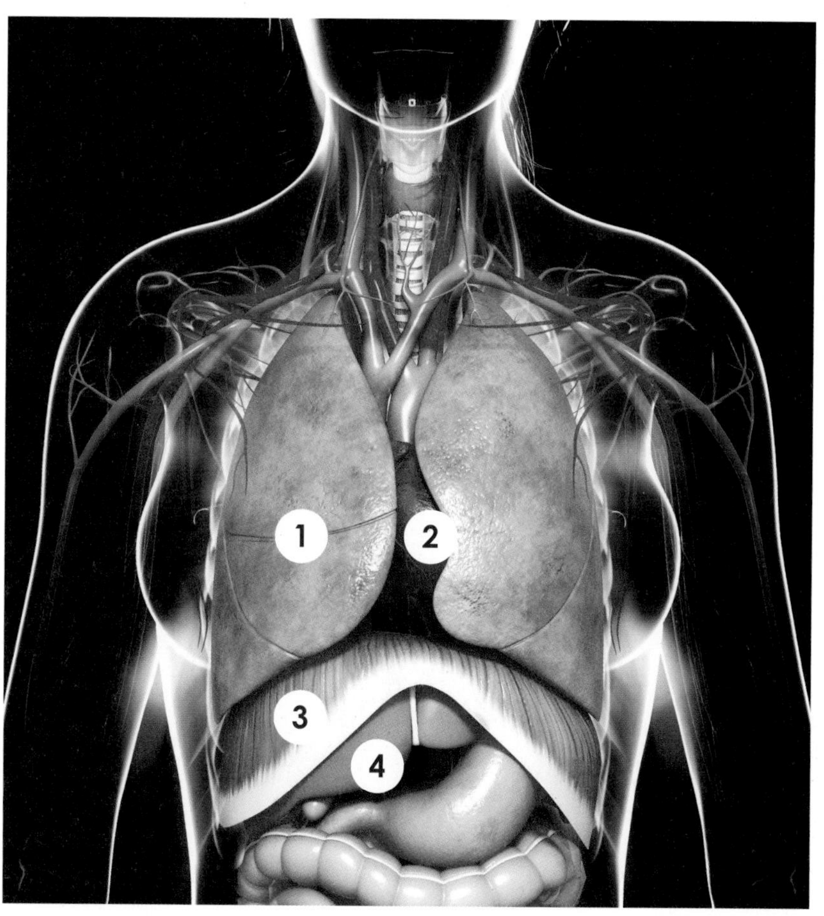

1 왼쪽 폐는 2개의 엽으로 나뉘지만 오른쪽 폐는 3개 엽으로 나뉘고 부피도 더 크다.

2 심장은 가슴의 왼쪽에 위치한다.

3 횡경막은 오른쪽이 왼쪽보다 두껍다.

4 간은 가슴 오른쪽에 위치하고 무게중심도 오른쪽으로 쏠린 비대칭적 형태다.

내장 비대칭에서 비롯된 왼쪽 신전 자세L-AIC Pattern의 특징들

오른손/왼손잡이 여부와 상관없이 나타나는 공통 현상

프레스 계열의 근력운동을 장기간 한 사람들의 왼팔이 더 굵어진다.

여성의 경우 왼쪽 유방의 크기가 더 크다.

서거나 누웠을 때 오른발이 왼발보다 더 밖으로 벌어진다.

서서 자기 배꼽을 내려다봤을 때 오른쪽으로 돌아가 있다.

스트레칭을 해 보면 왼쪽 햄스트링과 광배근이 더 뻣뻣하다.

오른쪽 고관절 굴곡근들Hip Flexors의 근력이 왼쪽보다 떨어진다.

짝다리를 짚고 서는 게 편하게 느껴진다.

※ 위의 특징 중 굵게 표시된 두 가지가 오른쪽 짝발의 결정적 원인

바로 이 체형 불균형이 제멀 시 오른발이 처지는 짝발의 기저 원인이다. 아무리 발의 좌우대칭을 맞춘 뒤 점프를 해도 공중에서 몸통과 골반이 무의식중에 오른쪽으로 틀어지면서 착지 시 오른발이 뒤로 빠지는 짝발이 나온다. 대부분 제멀 폼을 분석하기 위해 시상면(측면)에서 영상을 촬영해서 분석하지만 관상면(정면 혹은 후면)에서 영상을 촬영해 관찰해 보면 이런 문제가 확연히 관찰될 것이다.

PRI 교정 운동

횡경막, 왼쪽 햄스트링, 오른쪽 대둔근

이미 해외에선 이런 인체의 비대칭 패턴에 대해서 **PRI**Postural Restoration Institute**라는 이름으로 교정해 퍼포먼스의 향상을 꾀하는 움직임이 있다.** 핵심이 되는 근육은 다소 놀랍지만 '갈매기살'이라는 이름으로 불리는 횡경막이다. 호흡에 사용되는 근육인 횡경막은 겉으로 드러나는 근육이 아니지만 '호흡'이라는 24시간 365일 반복되는 움직임에 관여하기 때문에 습관의 결과물인 '자세'를 만드는 데 지대한 영향을 미친다. 앞서 살펴본 바와 같이 간과 심장의 비대칭적인 배치 때문에 좌우 횡경막 역시 비대칭적으로 발달하고 이것은 사람이 나이를 먹어 갈수록(달리 말해 호흡이 쌓여 갈수록) 심화된다. 따라서 의식적으로 호흡을 조절하고 교정 운동을 통해 횡격막과 주변 근육들을 자극해 몸통이 돌아가는 것을 억제한다는 접근법이다.

1	**횡경막 확장 / 흉복식 호흡**
2	**왼쪽 햄스트링 활성화**
3	**왼쪽 내전근 긴장 완화**
4	**오른쪽 대둔근 강화**
5	**심부 코어 강화**

교정 운동 1

횡경막 확장 흉복식 호흡

Costo-Abdominal Respiration

L-AIC 형태로 돌아간 몸통의 상태는 좌측 외복사근 수축되어 있고 우측 외복사근/전거근이 이완된 것으로 볼 수 있다. 이를 교정하는 첫 단추는 호흡법이다. 성악가들이 발성을 위해 배 위에 무거운 물건을 올리고 힘을 주는 '복식호흡'을 하는 것처럼 **횡경막을 위한 일종의 웨이트 트레이닝을 하는 것이라 생각하면 쉽다.**

1 좌측 옆구리를 눌러 오른편 횡경막 부위를 강제로 팽창시킨 상태에서 복압을 올린 복식호흡을한다.

2 최대한 호흡을 들이마시면서 처음엔 호흡을 최대한 담은 상태에서 30초를 유지하는 것을 목표로 한다.

3 기본적으로 운동 전후 5~10회 실시하지만 습관과 체형을 교정하기 위해선 **매일 2~3시간마다 수시로 6개월 이상 실시해야 효과를 볼 수 있다.**

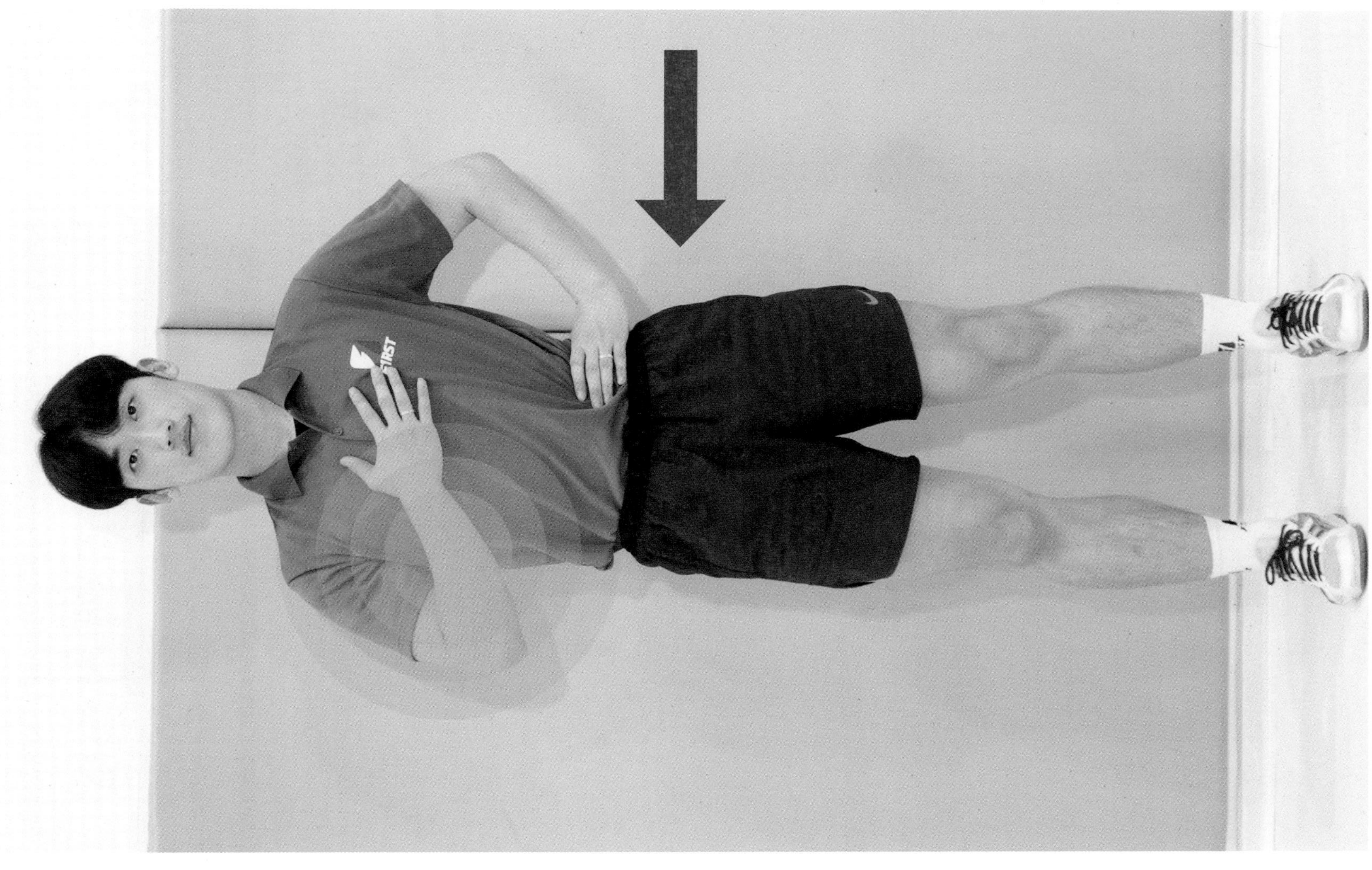
F1RST

교정 운동 2

왼쪽 햄스트링 활성화

1 무릎을 90도로 구부리고 벽면에 발바닥을 짚는다.

2 왼쪽은 허벅지 뒤(햄스트링)에 힘을 주면서 엉덩이를 살짝 바닥에서 띄운다. (골반을 후방경사 시킨다)

3 앞서 자세를 유지한 상태로 복식호흡을 길게 유지하며 흉곽을 내린다.

4 오른팔을 허공을 향해서 밀어내듯, 오른쪽 어깨를 앞으로 천천히 내민 상태로 유지한다.

5 무릎 사이에 폼롤러나 고무공 같은 물체를 끼우고 누워 허벅지 안쪽(내전근)의 자극을 강화시킬 수도 있다.

90/90 Hip Lift

L-AIC 패턴은 왼쪽 햄스트링을 단축시키고 이 장력은 골반전방경사로 이어진다. 따라서 왼쪽 햄스트링에 걸리는 긴장감을 줄여 주고 골반후방경사를 만드는 연습을 자주 해야 한다. 90/90자세는 이 후방경사를 연습하는 대표적인 교정 운동이다.

교정 운동

3

왼쪽 내전근 긴장 완화

Sidelying Left Adductor Pullback

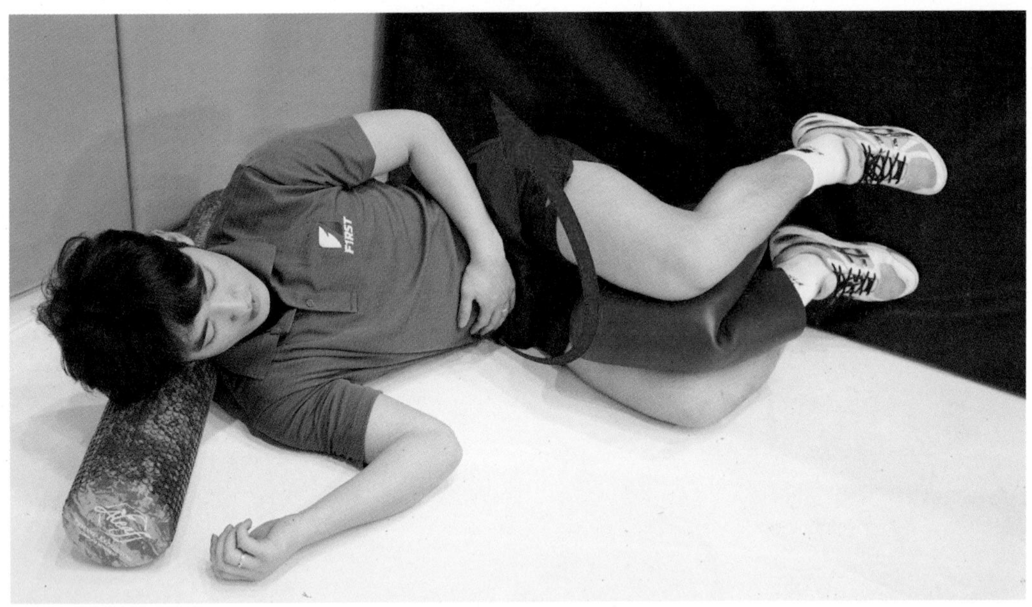

STEP

1 오른편으로 누워 발 사이에 폼롤러 같은 물체를 두고 고관절이 내회전된 상태로 만든다.

2 그림처럼 고관절을 당기며 오른쪽 골반과 무릎은 앞으로 내미는 동작을 10~20회 반복한다.

3 **이 동작은 왼쪽 대내전근을 활성화하여 골반을 균형 잡힌 상태로 되돌려 주려는 것이다.**

4 교정 운동을 실시하는 동안 길고 천천히 복식 호흡을 유지하도록 한다.

교정 운동 4 | # 오른쪽 대둔근 강화

Left Sidelying Right Glute Max

'클램쉘'이라는 이름으로 알려진 중둔근 운동과 유사해 보이지만 보다 '대둔근'에 집중하기 위한 변형 동작이다. 본래 대둔근은 달리기나 킥 백 같은 동작이 큰 움직임에 '협응적'으로 동원되는 경우가 일반적이지만 체형교정 목적으로는 아래와 같이 '고립'시킨 뒤 작은 움직임으로 타기팅시켜 자극을 줘 활성화시키는 편이 좋다.

STEP

1 왼쪽으로 누워 양쪽 발을 모은 뒤 왼쪽 복숭아뼈 밑에 폼롤러나 고무공을 받쳐 놓는다.

2 양 무릎을 90도로 구부린 뒤 고무줄을 감고 왼쪽 옆구리를 바닥에서 살짝 띄운다.

3 양쪽 발바닥 모두 벽을 밀면서 힘을 유지한다.

4 양 발바닥 벽에서 떨어지지 않게 유지하면서 양쪽 무릎이 벌어지도록 힘을 주는 동시에 오른쪽 무릎이 왼쪽 무릎 앞으로 향하도록 밀어낸다.

5 골반을 왼쪽으로 돌린다고 생각하면 쉽다. 큰 동작이 나오지 않아 제3자의 눈에는 거의 움직임이 없어 보일 정도일 것이다. 최고점에서 복식호흡을 하며 30초간 유지하기를 5회 정도 반복한다.

교정 운동 5 | # 심부 코어 강화

Seated Hip Flexion

위 네 가지 동작을 통해 골반의 위치가 어느 정도 잡힌 뒤 실시하는 가장 마지막 단계의 교정 운동이다. 해당 스포츠 기록에 '전이'를 목적으로 실시하는 운동은 종목 동작에 가장 가까운 형태로 실시하는 것이 맞다. 바로 이 운동이 그러하다.

1 앉은 상태에서 양발이 지면에 닿을 정도 높이의 박스나 의자에 앉는다.
2 엉덩이를 의자 뒤에 다소 깊게 넣고 어깨를 의자 끝에 위치하도록 허리를 다소 숙인다. 손을 의자 끝선에 짚는다.
3 이 상태에서 천천히 무릎을 최대한 가슴에 가깝게 들어 올린다.
4 **좌우 높이나 횟수에 비대칭이 발견될 것이다. 균형이 맞을 때까지 근력운동처럼 부족한 방향을 10회씩 3~5세트 추가로 실시한다.**
5 익숙해지면 발목에 모래주머니 등을 착용해 저항을 늘려 실시한다.

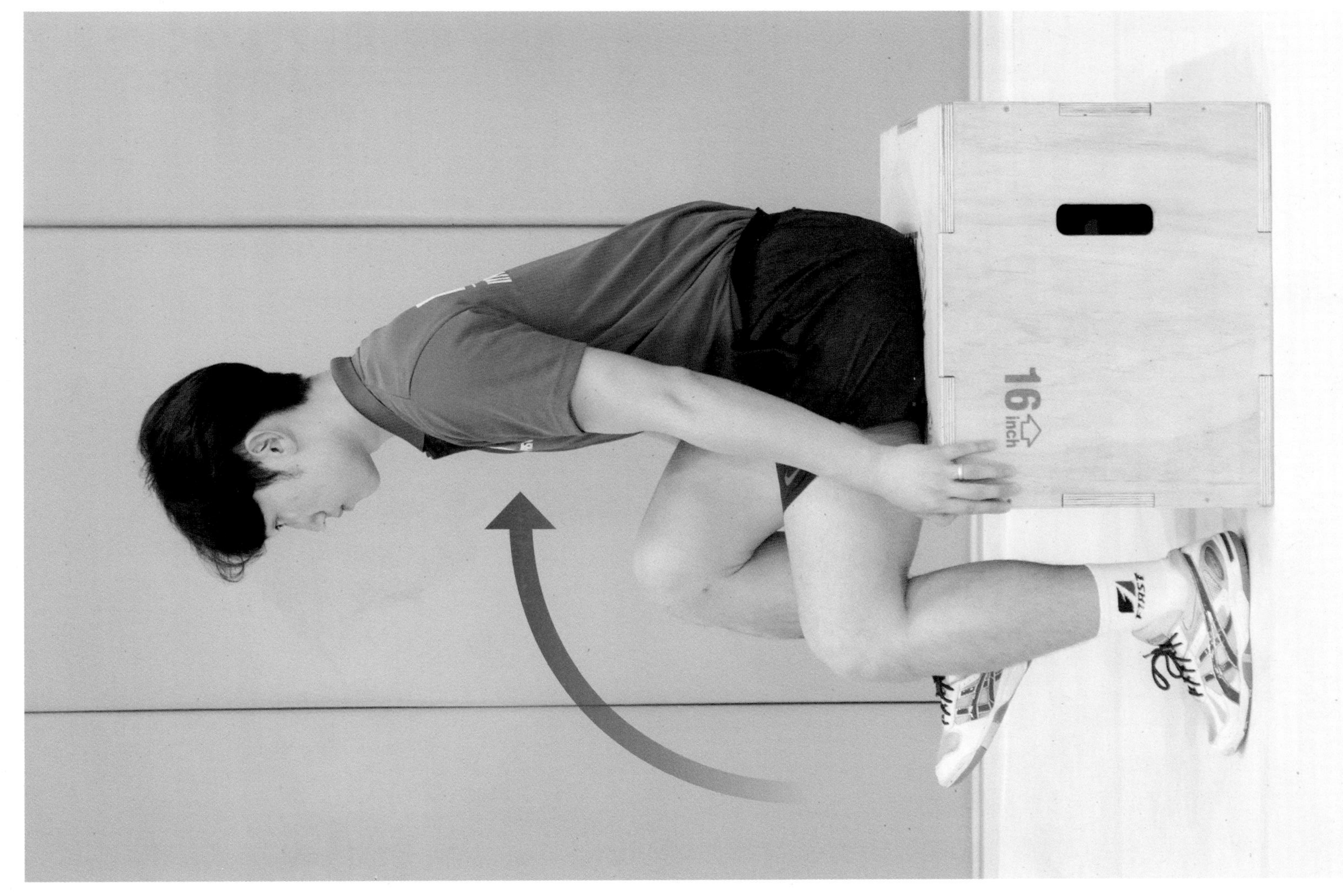

CHAPTER 7

AID TI

기록 향상을 위한 보조훈련

AINING

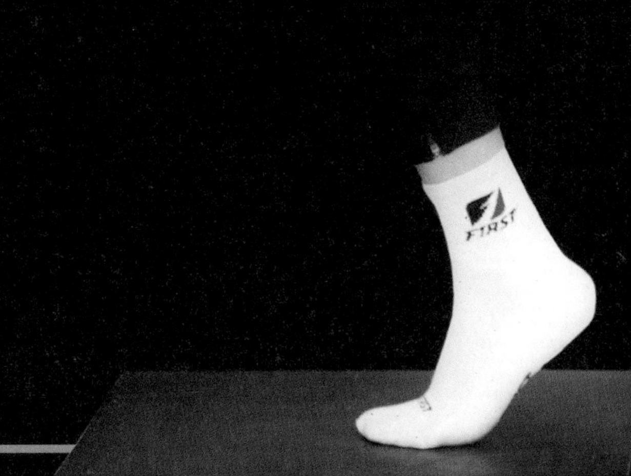

준경쌤의

Letters...

기초체력의 중요성

오래전부터 인터넷상에 떠도는 유명한 '썰'이 있습니다. 미군 특수부대인 네이비씰이 부상을 유발한다는 이유로 '싯업(윗몸일으키기)'을 훈련에서 뺐더니 병사들의 달리기 기록이 떨어졌다. 그래서 정규 훈련에 싯업을 다시 집어넣었더니 달리기 기록이 복구됐다는 이야기. 구체적인 출처가 불분명한 소문이지만 개인적으론 사실무근은 아닐 것이라 봅니다. 그와 유사한 경험을 직접 겪어 봤기 때문입니다.

일종의 '라떼는 말이야' 같지만 저는 7차 교육과정부터 20여 년 가까이 입시 체육 업계에 몸담아 왔습니다. 당시 주요 대학들의 실기시험은 지금보다 훨씬 단순한 기초체력 측정 성격이 강했습니다. 팔굽혀펴기, 턱걸이, 매달리기, 싯업 등이 주종목이었고 학습 커리큘럼 역시 이런 기초체력 연마에 많은 시간을 할애하고 있었습니다. 그러나 시간이 흐르면서 대학들이 보다 '기술적인' 종목들을 선택하면서 점점 기초체력 단련을 등한시하는 풍조가 생겨났습니다.

2016년으로 기억하고 있습니다. 이화여대가 실기시험에서 시그니처였던 구름사다리(몽키바)를 폐지하자 저도 학원 내부에 설치했던 철봉을 철거하고 수업에서 푸시업이나 턱걸이 같은 기초체력의 비중을 크게 줄였습니다. 그리고 그해 연말 재원생들의 실기 기록을 집계한 뒤 큰 충격에 휩싸였습니다. 기술훈련 시간은 더 늘어났는데 제자리멀리뛰기 배근력, 육상 등 거의 전종목 기록이 예년 대비 크게 줄어든 겁니다. 변인이라고 지적할 수 있는 것은 기초체력 훈련 비중을 줄인 것뿐인데…. 결국 그날 이후 부랴부랴 지원 대학과 상관없이 모든 재원생들이 일정 이상의 기초체력 수준을 달성하도록 커리큘럼을 바꿨습니다. 이것이 제가 아픈 경험에서 얻은 교훈입니다. 체대 입시를 준비하는 수험생이 팔굽혀펴기 하나도 제대로 못 하면서 '테크닉'만 배워서 실기 기록이 오르길 바라는 것은 '기본을 갖추지 못한' 태도입니다.

만약 자신의 기록이 정체되어 있다면 자신의 기초체력은 얼마나 갖춰져 있는지 스스로를 되돌아보시기 바랍니다.

선 기술, 후 근력

체력 훈련의 중요성은 누구나 알고 있다. 하지만 '총론'만 있고 '각론'이 없는 지도자는 제대로 된 지도를 할 수 없다. 웨이트 트레이닝이 중요하다, 중량 훈련하면 기록이 오른다는 식의 누구나 할 수 있는 추상적인 구호 대신 '무엇을 어떻게 얼마나' 할 것인지에 대한 구체적인 지침을 제시할 수 있어야 한다. 기록 향상을 위한 체력 훈련 방향의 첫 번째 지침은 다음과 같다.

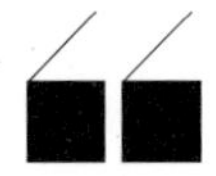

기술부터 채워 넣고 한계가 오면 근력(체력) 훈련에 들어간다.

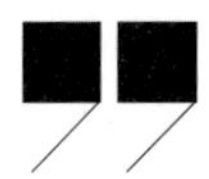

기술이란 해당 종목에 특화된 움직임이다. 반복과 숙달을 통해 움직임이 최적화되면 같은 동작도 더 적은 에너지 소모로 수행할 수 있고, 같은 에너지 소모 시에는 더 빠르고 정확한 동작을 수행할 수 있게 된다. 완전한 초보자들의 경우는 기술 습득 목적으로 실시하는 각종 맨몸 점프 반복훈련Drill만 실시해도 일정 수준까지 근육이 붙는 근력운동 효과를 볼 수 있다. 그러나 동작을 다듬는 기술적 한계에 도달한 뒤 본격적인 기록 향상을 위해선 별도의 심층적이고 개별화된 '체력(근력)'훈련이 필수다.

3장에 언급한 대로 **힘은 기술의 가장 단순화된 형태이며, 매우 '솔직한' 기술의 일종이다.** 이 솔직하다는 표현은 익히기 쉽고 단기간의 성장을 보장한다는 의미다. 그래서 아껴 두는 것이다. 특정 종목(예를 들어 점프)에 특화된 기술적 동작 체화가 끝난 뒤 별도의 근력 훈련을 추가해 주면 폭발적인 기록 향상을 기대할 수 있다. 반대로 이미 평균 이상의 힘을 갖춘 사람은 특정 종목에 특화된 기술을 습득하는 속도가 지연되는 경향을 보인다. 따라서 기술(동작의 정교화, 체화, 반복 숙달)부터 채워 놓고 한계(기록의 정체기)가 오면 별도의 힘(근육) 훈련에 들어가라는 지침을 제시하는 것이다.

점프력 향상을 위한 체력 훈련 1 : 근력

기록 향상을 목적으로 실시되는 별도의 체력 훈련을 "스트렝스-컨디셔닝" 훈련이라고 부른다. '체력 단련'을 의미하는 영어 표현으로 영미권은 물론 국내에서도 널리 정착된 용어다. 왜 체력을 의미하는 표현의 첫머리에 힘Strength이 나오는지 곱씹어 볼 필요가 있다. 사실 체력(육체 능력)은 단순한 한 가지 요소로 결정되지 않는다. 유연성, 근지구력, 심폐 능력, 순발력, 최대근력 등 다양한 요소들을 종합해 도출된 결과물이다. 그러나 그 가운데 가장 '근간'이 되는, 다른 운동 능력들의 바탕이 되는 '원소'가 바로 근력(근육)이다. 그 어떤 종목을 훈련하더라도 가장 밑바탕이 되는 범용성 있는 체력 훈련 1순위는 근력이다. 따라서 점프력 향상을 위한 체력 훈련도 근력(근육) 강화를 최우선 순위로 놓는다. 그러나 근력 하나만으로 모든 것을 해결할 수 없다. 그래서 근력을 의미하는 '스트렝스' 이외에도 '컨디셔닝Conditioning: 맞춤 체력'이라는 개념이 추가되어야 종합적인 체력이라는 의미가 완성된다.

| 정적인 근력(근육) 훈련들의 예시 |

TMI

스트렝스 앤 컨디셔닝의 정확한 의미는?

스트렝스Strength의 사전적 의미는 힘, 즉 근력을 의미한다. 그런데 컨디셔닝은 무슨 뜻일까? 컨디셔닝의 사전적 의미는 '조건'이다. 특정한 기준을 만족시킨다는 뜻이다. 운동선수가 자기가 뛰는 특정 종목의 조건에 맞춰진 맞춤 체력을 갖춘다는 뜻이다. 단, 해당 용어가 제일 먼저 사용된 곳이 레슬링인지라 컨디셔닝의 의미를 좁게는 레슬링 같은 투기 종목에 적합한 '단기 지구력'으로 해석하기도 한다. 그러나 굳이 단기 지구력이 아니어도 자기가 목표로 하는 특정 종목의 '개별성'을 만족시키는 요소라면 그게 곧 컨디셔닝이라 할 수 있다. 따라서 컨디셔닝의 가장 적절한 번역어는 '맞춤 체력'이라고 본다. 즉 스트렝스 앤 컨디셔닝은 스포츠 체력에 있어서 각 종목에 따른 '범용성과 개별성'을 의미한다.

점프력 향상을 위한 체력 훈련 2 : 순발력

컨디셔닝Conditioning의 의미가 '맞춤 체력'이라면 '점프력 강화'가 목표인 우리에게 근력 다음으로 필요한 맞춤 체력 조건이란 무엇인가? 점프력 기록 향상에 도움을 줄 수 있는 온갖 체력 요소, 예컨대 탄력 점프 능력 강화를 위해 발목 아킬레스건을 늘리거나, 착지 시 기록 향상을 위해 햄스트링 스트레칭을 하는 행위까지 모두 '점프력 강화'를 위한 '컨디셔닝'의 일환이다. 그런데 그중에서도 기록에 가장 결정적인 영향을 미치는 힘에 이은 두 번째 요소로 순발력을 꼽고 싶다. 순발력(파워)의 정의를 알고 파워 향상을 위해 어떤 운동을, 어떻게, 얼마나 해야 하는가에 대한 구체적 방향을 잡아야 제대로 된 점프력 강화를 위한 체력 훈련을 시작할 수 있다. 파워Power는 순발력과 동의어로 근력(힘)에 속도를 곱한 값이다. **순발력이란 순간적인 근력 발휘 능력 즉, 그냥 근육을 강하게 수축시키는(힘, 근력) 능력에 그치는 게 아니라, 짧은 시간 안에 얼마나 강하게 수축시켰는가를 나타낸다.**

| 동적인 순발력 훈련들의 예시 |

힘은 순발력의 밑천이다

순발력Power = 힘Force X 수축 속도Velocity

단순히 중량(힘)에만 초점을 맞추는 것이 아니라 무게를 움직이는 속도를 의식하고 훈련해야 순발력이 향상된다. 여기서 혼란에 빠지게 된다. 순발력의 정의에 따르면 서로 모순되는 것처럼 보이는 두 명제가 양립하게 된다!

힘과 순발력은 비례하지 않는다
VS 순발력은 힘에 비례한다

예를 들어 일명 '3대 운동' 같은 중량 훈련에 매진해 그 기록이 늘어났음에도 불구하고 점프력은 그대로거나 오히려 떨어지는 — '힘만 세고 둔하다'고 매도당하는 — 사람들이 있다. 반대로 겉보기엔 근육량도 변변찮고 힘도 약해 보이지만 점프력이 매우 뛰어난 사람들(즉 근수축 속도가 매우 극단적으로 빠른)도 보인다.

'힘×속도 = 순발력'이라는 공식을 각자 양극단으로 해석하면 바로 극단적인 힘 내지는 극단적인 속도, 둘 중 가운데 하나만 선택하는 '양자택일'을 스스로에게 강요하면 훈련의 방향성을 잃게 된다. 따라서 혼란에 빠진 평범한 사람들을 위한 지침을 제시한다.

기초닦기	전환	실현
스쿼트, 데드 등 복합다중관절운동 Compound Lift	올림픽 역도 중량점프 등 Power, Ballistic	전력질주 맨몸점프 Sprint, Plyo
무거운 무게로 천천히	가벼운 무게로 빠르게	맨몸으로 훨씬 더 빠르게

| 점프력 향상을 위한 체력훈련 기본 콘셉트 |

점프력 강화를 위한 체력 훈련 지침

❶ —— 순발력 향상은 힘과 속도 사이 양자택일의 딜레마가 아니다.
❷ —— '두 가지 모두' 다 증가시키면 순발력은 증가한다.
❸ —— 두 능력을 둘 다 추구하되, '선후관계'는 따진다.
❹ —— 힘을 먼저 성취한 뒤 이를 자산 삼아 속도로 '전환'시킨다.

"최대근력의 증가는 순발력의 증가를 동반한다"Schmidtbleicher, 1992는 명제는 이미 오래전 스포츠과학 분야에서 참으로 증명된 주장이다. 다만 **'힘을 속도로 전환시킨다'**는 사실을 놓치면 힘이 빠진 속도 훈련, 반대로 힘만 키우고 멈추는 근력운동으로 방향이 나뉘면서 두 능력 사이의 '연결 고리'가 끊어지면서 오해를 키우게 된다. 이제부터 '힘은 속도의 밑천이며 순발력 훈련은 힘(근력, 근육)을 먼저 키운 뒤 이를 속도 향상에 재투자한다'는 개념을 명심하자. 근력은 순발력의 종잣돈이다.

여기까지의 내용은 '각론'이 아닌 '총론'이었다. 구체적 각론(세부 지침)이 빠진 총론은 누구나 쉽게 설파할 수 있고 그럴듯한 포장을 씌울 수도 있다. 그러나 그 포장을 벗겨 봤을 때 나오는 구체적인 지침, 각론이 훨씬 더 중요하다.

우리가 점프력 강화에 구체적으로 적용할 훈련법들의 가장 큰 힌트는 올림픽 선수들에게서 가져올 것이다. 점프력을 겨루는 가장 치열한 분야, 올림픽 육상Field&Track에서는 '도약'이라는 종목들이 존재한다. 메달을 걸고 점프력을 겨루는 '롱 점프Long Jump: 멀리뛰기', '트리플 점프Triple Jump: 세단뛰기', '하이점프High Jump: 높이뛰기' 선수들은 실제 순발력 강화를 위해 별도의 체력 훈련에 많은 시간을 투자하고 있다. 과연 이들이 어떤 식으로 순발력을 강화하고 있는가 그 방식을 다음 장에서 구체적으로 살펴보겠다.

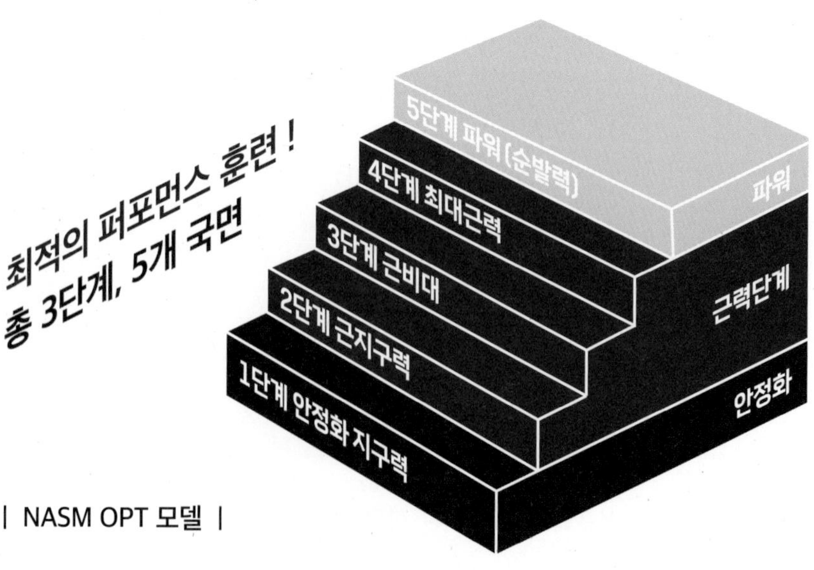

| NASM OPT 모델 |

기록 향상의 비결 세 가지

스트렝스&컨디셔닝의 정의와 점프력 강화에 적합한 컨디셔닝을 알아본 결과 우리는 같은 웨이트 트레이닝도 구분이 다를 수 있다는 사실을 깨달았다. **'힘(근육) 키우는 웨이트'와 '순발력용 웨이트'를 분리해야 하며 구분짓기는 단순히 중량 설정이나 반복 수뿐만 아니라 운동 종류 자체까지 갈라질 수 있다.** 예컨대 똑같은 중량 스쿼트를 실시한다고 하자. 이때 순발력을 높이기 위해서 실시하는 스쿼트와 근비대를 위해서 실시하는 스쿼트는 원래의 목적이 다르기 때문에, 중량도 다르고, 폼도 다를 수밖에 없다.

힘 키우기 : 신장성 수축 – 무거운 무게를 느리게

체력 훈련을 실시하는 사람들 사이에선 일명 3대 운동(스쿼트, 벤치프레스, 데드리프트)을 기준으로 중량 총합 몇백 킬로그램, 체중의 몇 배 같은 기준들이 통용된다. 이렇게 3대 운동 중량 총합을 체중과 비교하는 체력 기준의 효시는 5장 맥스 버티컬 점프에서 언급된 '쇼크 메소드(플라이오메트릭)'의 창시나 유리 베르코쟌스키 박사에게서 나왔다. 베르코쟌스키 박사가 이런 기준을 제시한 이유는 사실 기록보다 안전을 위해서였다. 베르코쟌스키 박사가 핵심으로 내세운 훈련법인 '뎁스점프(드롭점프)'는 낙하에 따른 반발력으로 관절에 가해지는 부담이 매우 큰 운동이다. 이를 우려하여 베르코쟌스키 박사는 쇼크 메소드 훈련에 앞서 **'성장기의 유소년들은 쇼크 메소드 훈련을 가급적 자제하고 풀스쿼트로 체중 1.5배의 중량을 밀어낼 수 있을 정도의 하체 근력이 잘 갖춰진 상급자'**로 훈련 대상을 한정했다.

일선 현장에서 전문적인 '리프터'가 아닌 수험생들을 지도하며 박사의 이 같은 지침을 적용해 본 결과 내린 결론은 '지나치게 보수적으로 높게 설정된 안전기준'이라는 것이다. 전업으로 중량 운동을 하지 않고, 중량 운동이 점프 기록을 위한 보조훈련이며, 동작 학습에 부담이 큰 풀스쿼트 등의 한계점을 고려했을 때 제시할 수 있는 점프력 향상을 위한 근력 기준은 다음과 같다.

남성 기준 ▶ 체중 1.5배의 컨벤셔널 데드리프트

여성 기준 ▶ 체중 1.25배의 컨벤셔널 데드리프트

추가 기준

자기 체중만큼의 신장성수축Eccentric 하프스쿼트
▶ 하강 3초, 상승 1초 10회

이보다 더 중량을 키울 수 있으면 분명 기록에 긍정적 영향을 미치겠지만 '한계효용체감'이 일어나 근력운동에 투자하는 시간 대비 기록 향상 효과가 미미할 것이다.

근력운동에 보다 더 투자하고 싶다면 **소위 네거티브라고 불리는 하강하는 동작을 천천히 힘줘서 내려가는 "신장성 수축Eccentric Contraction"에 집중하는 하프스쿼트를 추가하는 것을 권한다.**

5장 서전트 점프 보조훈련으로 소개된 PAP 훈련 가운데 트랩바 무게를 들고 버티는 네거티브 동작이 들어가 있었다. 이 신장성 수축은 점프에 사용될 후면 사슬의 근육군을 크게 작용하는 효과가 있어 폭발력의 기초를 쌓는 힘과 근육을 키우는 보조운동으로 그 효과가 특출나다.

순발력 키우기 1 : 최대출력지향 훈련

힘을 키우는 방식으로 자신의 컨벤셔널 데드리프트나 스쿼트 1RM을 키운 뒤 이를 기준(100%)으로 잡고 그보다 상대적으로 가벼운 무게를, 더 빠르게 움직이는 연습을 해야 한다. 순발력 향상을 위해선 무게뿐만 아니라 속도가 중요하다. 오랫동안 스포츠과학 쪽에선 무거운 무게를 천천히 드는 것보다 상대적으로 가벼운 무게를 더 빠르게 들어 올리는 것이 순발력 향상에 좋다고 보고되어 왔다. 이때 상대적으로 가벼운 무게의 '골디락스 존'으로 손꼽히는 구간이 대략 **1RM의 65~70%수준의 무게다.** 중량이나 무게뿐만 아니라 운동의 방식(종류) 선택 자체도 변한다. 순발력 전환 트레이닝을 위한 운동 종목을 고를 때 가장 우선순위는 목표로 하는 종목의 기술 동작을 최대한 가깝게 모방하는 것이다. 그래야 실제 기록으로 **'전달**Transferring, Translation**'이** 잘 이루어진다. 점프력 향상을 위해 순발력을 향상시키고자 한다면, 보조운동 또한 점프 동작과 최대한 유사한 동작으로, 유사한 근육군을 자극해야 한다.

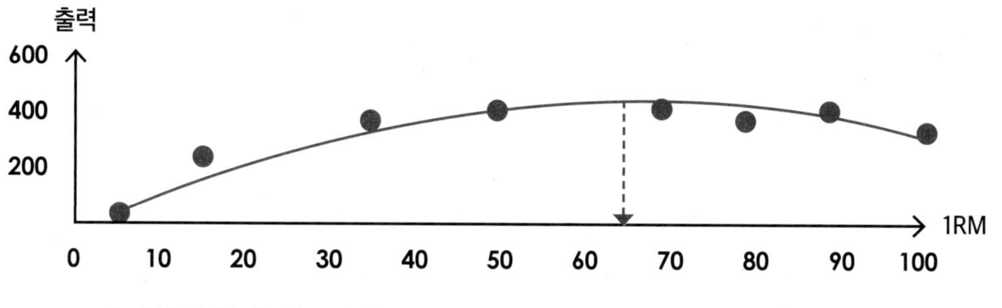

| 순발력 향상의 '골디락스 존'으로 손꼽혀 온 1RM의 65% 내외 지점 |

따라서 근력을 키우는 단계에선 보다 다양한 근육군을 자극하고, 관절 강화까지 고려한 하프-풀스쿼트 형태로 실시하다가 순발력 대비 구간에선 무릎은 덜 쓰고 후면 사슬로 부하가 집중되는 쿼터 스쿼트 형태로 실시하는 것이다. 그 방식도 최대한 빠르게 올라오면서 거의 점프하듯이 뒤꿈치가 바닥에서 뜰 정도로 스피드를 올려서 실시한다.

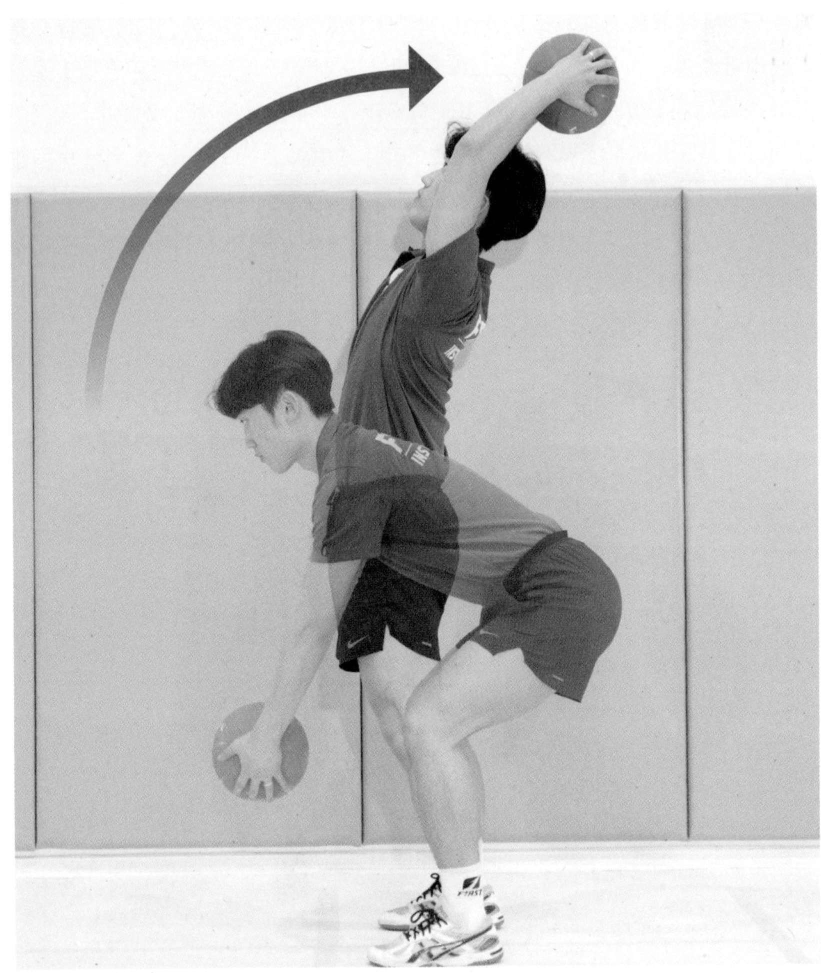

메디신 볼 오버헤드 토스 Medicine Ball Overhead Toss

무게를 들고 움직여서 순발력을 향상시키는 다른 방법은 '탄도성 중량 훈련법Ballistic method'이다. 투포환이나, 메디신볼을 던지는 동작을 본 적이 있을 거이다. 이때 힘은 동작의 시작부터 끝까지 물체에 아주 힘차게 전달된다. 그 결과 기구는 전달된 파워에 비례하여 멀리 날아간다. **이렇게 힘을 줬을 때 힘과 방향이 변하면서 '끝까지' 힘을 밀어낼 수 있는 동작들은 순발력 운동 중에서도 '탄도성'으로 분류된다.** 올림픽 역도나, 던지기(투척) 종목 동작들이 여기에 해당된다.

케틀벨 스윙 Kettlebell Swing

이처럼 최고 출력을 뽑아내는 데 가장 좋은 운동은 사실 올림픽 역도의 파워 클린, 파워 스내치라 할 수 있지만 안타까운 점은 훈련 환경이 제대로 갖춰진 곳을 찾기 어렵고, 별도의 기술을 배워야 하기 때문에 어디까지나 **보조훈련이라는 본분에서 벗어나 '옥상 위의 옥상'을 만들 위험성이 있어 무조건 권하기 어려운 측면이 있다.**

https://youtu.be/PvZ0b_NP9Nw

순발력 키우기 2 : 최대속도지향 훈련

순발력 훈련법 가운데 국내에 생소하고 덜 알려진 개념이지만 그 효과가 매우 뛰어나 주목해야 할 훈련 방식이다. **이른바 속도기반훈련VBT: Velocity Based Training으로 최대출력지향 훈련과 구분되는 특징이 많다.**

최대출력 지향 훈련에서 골디락스 존으로 타기팅한 1RM의 65~70%보다 한결 부담이 내려간 1RM의 30~40% 무게로 기구의 이동속도를 더 빠르게 끌어올리는 동작들로 순발력을 키우는 방법이다. 일단 편의상 무게로 표현을 했지만 이 훈련방식의 기준은 무게가 아니라 속도다. 이 방식은 2015년 화제가 된 브라이언 만Bryan Mann 박사의 미식축구 선수들 훈련 논문에서 출발한다. **출력 총합이 아니라 순수하게 속도에 집중해 1.0~1.3m/s 이내의 빠른 속도로 스쿼트나 데드리프트를 실시한 결과 운동선수들의 점프력과 달리기 기록이 향상되었다는 것이다.** 이 속도를 내려면 기존의 '골디락스 존'으로 불렸던 구간의 무게보다 더 가벼운 무게로 운동을 실시해야 한다. 이때 골디락스 존은 1RM, 즉 무게 기반이 아니라 초당 1.0m/s 속도 기반이다.

컨벤셔널 데드리프트의 역학, 근육군이 점프와 거의 흡사하다는 말은 앞서 여러 차례 반복했다. 그렇다면 둘의 차이는 무엇일까? 속도다. 똑같은 동작, 똑같은 무게라도 온몸의 관절을 더 빠르게 펴면 몸이 '붕' 뜨는 점프가 된다. 이동 속도가 1.3m/s 이상이 되면 그 동작은 근력 훈련이 아니라 '점프'로 구분된다. 즉 중량이 아닌 속도를 타기팅해

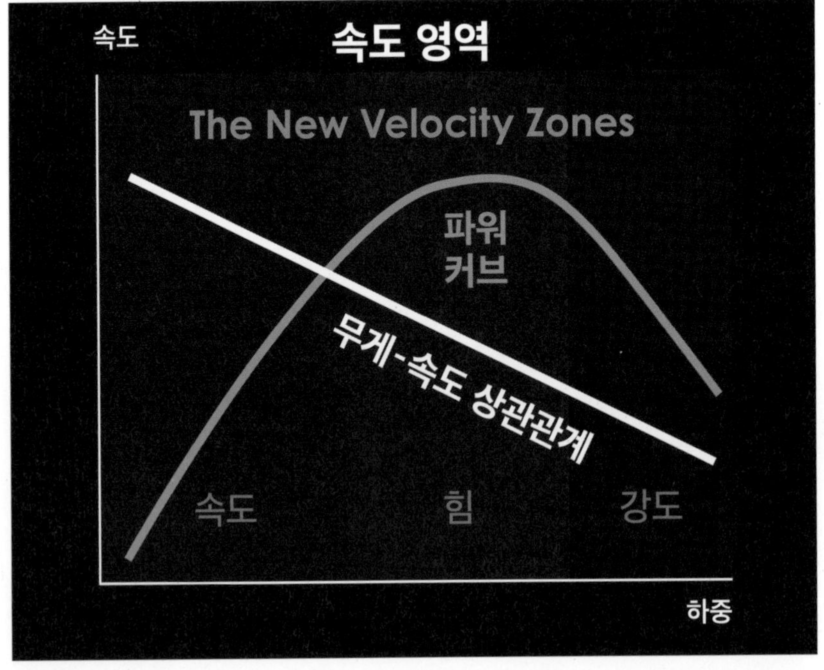

▶ **속도가 1.0m/s 이상인 구간을 POWER와 구분되는**

1.0~1.3m/s의 속도로 중량 운동을 한다는 것은 거의 점프에 가까운 속도를 연습한다는 뜻이다. 최대출력보다 속도에 주안점을 맞춘 훈련 구간을 기존의 파워 훈련과 구분해 "Speed"라고 명명하고 아예 훈련일을 구분해 따로 실시하는 것이다.

바벨에 무게를 몇 kg 걸었느냐로 정량적인 강도 파악이 가능한 힘 훈련, 최대출력지향 훈련과 달리, 이 속도기반 트레이닝은 숫치화된 측정이 어렵다. 따라서 운동기구에 부착해 기구의 속도를 측정하는 속도계를 이용하는 것을 권장한다. 최근에는 스마트폰의 카메라 기능을 활용해 속도계 없이도 속도를 추정할 수 있는 앱들이 존재하기 때문에 보다 쉽게 적용해 볼 수 있다.

이 속도 기반의 최대속도지향 훈련의 강도는 반복 횟수나 세트 수에 사로잡힐 필요 없다. 반드시 많은 반복 횟수를 수행할 필요도 없다. 결정적인 것은 근수축의 속도를 좌우하는 수행 속도이다. **운동 속도와 순발력은 속근섬유가 수축하는 동안만 보장된다.** 속근섬유가 지치는 순간 결국 지근들이 참여하며 그 이상 운동을 지속하는 것은 점프력 발달에 큰 의미 없는 그저 힘들기만 한 유산소 같은 짓이다. 흔히 "2~4회 반복 운동을 3~5세트 수행한다"라는 식의 지침들이 존재하지만 어디까지나 참고 자료로만 활용하고 '속도가 줄어든다' 싶으면 단 1회 1세트만 실시했더라도 훈련을 멈춰야 한다. 속도계나 카메라 앱처럼 정량적인 속도 계측이 가능한 장비가 필수적인 이유다.

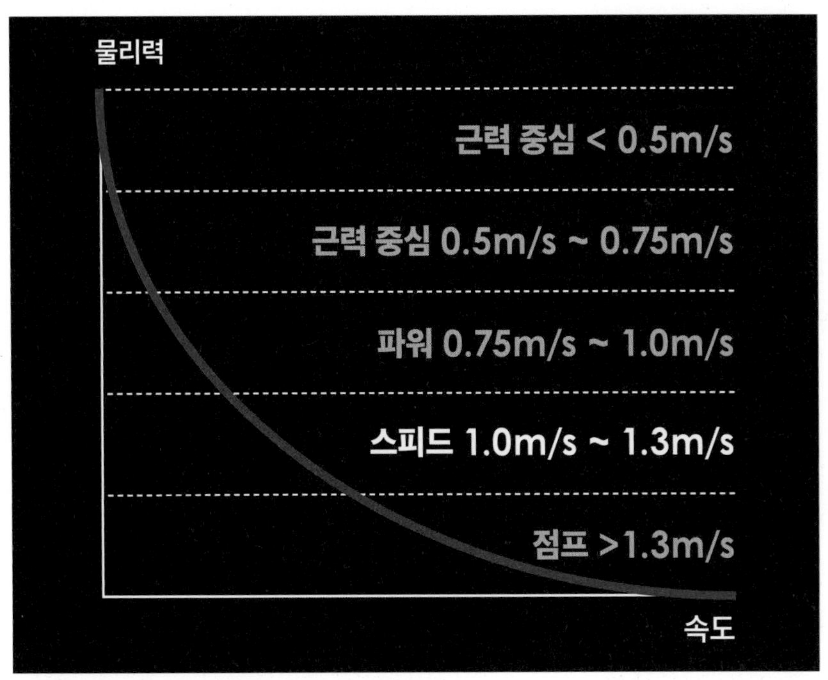

SPEED라는 새로운 영역으로 규정한다. ◀

준경쌤의 Latte is...

10%를 채워 주는

실기 기록에서 운동이 차지하는 비중이 90%, 그 밖의 영양과 휴식 등 부차적인 요소의 비중은 10%라고 봅니다. 훈련 자체를 제대로 하지 않았다면 아무리 좋은 건강식품, 보충제라도 부질없습니다. 그런데 말입니다. 수능과 실기를 합쳐 1000점 만점으로 환산하는 체대 입시에선 커트라인 근처 10점에 수십 명씩 경쟁자들이 몰려 있습니다. 10점이면 1000점의 단 1%입니다. 입시라는 좁은 문을 뚫기 위해 1% 차이라도 절실하다면 무엇이든 시도해 보는 게 맞겠죠. (물론 운동에 충실했을 때 이야기입니다.) 이때 가장 많이 찾는 보충제가 크레아틴, 카페인, 중탄산나트륨입니다. 이 세 가지 성분은 IOC(국제올림픽위원회)에서 퍼포먼스 향상 효과가 있다고 공인한 성분인 만큼 이미 많은 수험생들이 애용하고 있습니다. 그래서 여기에선 남들에게 잘 알려지지 않은, 제가 애용하는 기능성 식품 몇 가지를 소개합니다.

보조식품

MSM ▶ 식이유황

전성기 제멸 기록 복구를 목표로 30대 중반에 다시 운동을 시작하면서 크게 효과를 본 영양제입니다. 식이유황 자체가 피부노화나 모발을 개선하는 효과가 있고 관절, 연골 부분의 강화 효과까지 있다고 알려져 있습니다.

종합비타민+비타민B군+오메가3+커큐민(강황)

종합비타민과 비타민B군은 정말 대중적인 영양제입니다만 저만의 노하우를 말씀드리자면 오메가3와 커큐민을 함께 섭취하는 것입니다. 비타민제는 용량보다 흡수율이 관건인데 오메가3와 커큐민을 함께 먹으면 지용성 비타민 위주로 흡수율이 매우 개선된다고 합니다. 또한 커큐민과 오메가3의 항염증 작용은 오버트레이닝으로 만성적인 근육통에 시달리는 수험생들에게도 좋은 효과를 보여 줄 겁니다. 강력 추천하는 조합.

타르트체리주스, 샐러리주스

과거 지도했던 제자 중에 국가대표 상비군에 선발되어 선수촌에 입촌한 선수가 있습니다. 그곳에서 근육통 감소와 피로 회복 목적으로 국대 선수들이 타르트체리주스와 샐러리주스를 꾸준히 섭취한다는 정보를 전해 들은 뒤 저 역시 장복하고 있습니다.

연간 주기화 1단계 : 선형 16주

근력, 순발력, 기술 등 점프력 향상에 필요한 퍼즐 조각들을 모아 오는 단계를 마쳤다. 이를 조립하여 거시적인 '훈련 계획'을 작성해 볼 차례다. 몇 주에서 수개월 단위로 훈련의 성격을 명확히 구분하여 계획표를 작성하는 것을 주기화periodization라고 부른다. 기본적으로는 한 종류의 운동을 하면서 근력, 근육량, 심지어 순발력까지 더 좋아지는 구간이 존재할 수는 있다. 다만, 이것은 처음 운동을 시작한 초보자만 누릴 수 있는 일종의 '덤'으로 예외적인 특혜와 같다. 훈련을 본격적으로 시작하고 2, 3개월만 지나도 그런 '올인원'은 다시 일어나지 않는다는 냉혹한 사실을 명심해야 한다. 따라서 훈련 기간을 주간/월간으로 쪼개고 **각 구간마다 한 가지 콘셉트를 정해 해당 능력치에 집중하는 블록 주기화 훈련이 점프력 강화 훈련의 표준이다.**

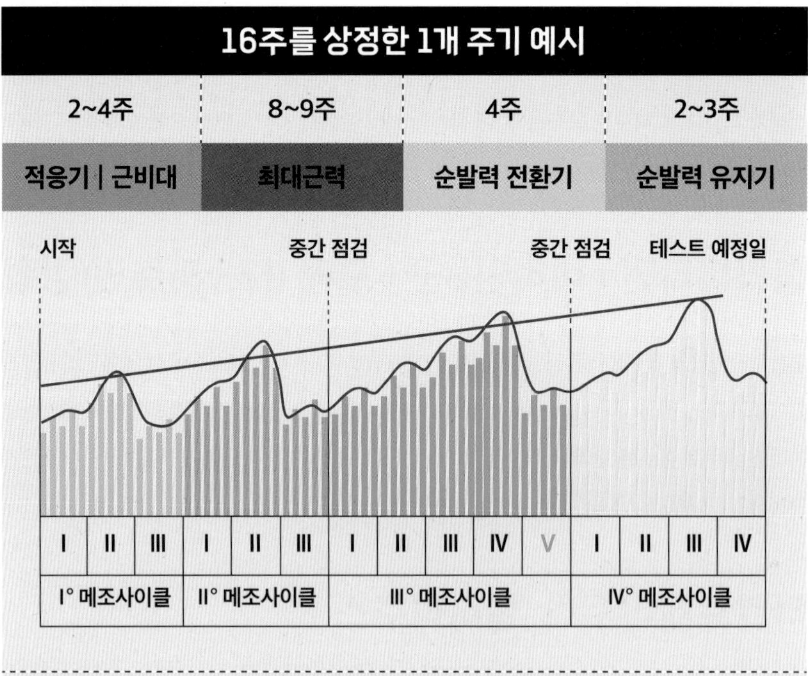

일반적은 훈력 기록 향상 그래프.
파동형으로 부침이 있지만 크게는 상승세를 그린다.

근력 트레이닝의 주기화 | 이중주기

Monthly Cycle

12	1	2	3	4	5	6	7	8	9	10	11

선형주기 16Weeks				동시적 주기화 16Weeks	전이기
조직 적용	최대 근력	순발력 전환	순발력 유지기		회복

1년에 한 번 시험을 치르는 수험생들의 리듬을 고려해 봤을 때 이러한 국면이 연간 2회 되풀이되는 '16주기×2회'로 훈련 계획을 나누어 설명한다.

적응기(2주)

'자세를 익힌다'는 표현에 적합한 단계. 태어나서 처음 순발력 훈련을 시작하는 초보자들에게 매우 중요한 단계지만 기존의 운동(수험) 경력이 있었던 이들은 생략해도 무방하다. 푸시업과 맨몸 런지 같은 전신 맨몸운동 서킷 운동으로 15~20회 반복 가능한 가벼운 동작들을 격일로 실시한다. 본격적인 중량 운동에 앞서 몸에게 준비할 시간을 준다는 의미다.

근비대기(4주)

'몸을 만든다'는 표현이 어울리는 단계. 8~12회 반복이 가능한 강도로(50~75% 1RM) 3~5 세트씩 수행한다. 세트 사이의 휴식은 1~2분이 적당하다. 전신의 큰 근육을 동원하는 '복합다중관절운동Compound Lift'과 일명 "코어"라고 불리는 허리와 고관절 주변의 작은 근육들을 자극하는 근력운동 위주로 실시한다. **사실 시간이 충분하다면 이 시기를 4주가 아니라 8~12주까지 길게 가져갈 수는 있지만** 제한된 시간 내 최적의 결과를 뽑아야 되는 '수험생'의 사정을 고려하여 단순 근비대에 머무는 훈련 시기는 줄이고 최대 근력이기와 병행하려는 것이다. 대중적 오해와 달리 근비대 구간에서도 근력이 자라나고, 근력 구간에 최적화된 중량과 반복 수에서도 근육량 증가(근비대)는 일어난다. (하단 NSCA중량 계수표 참조)

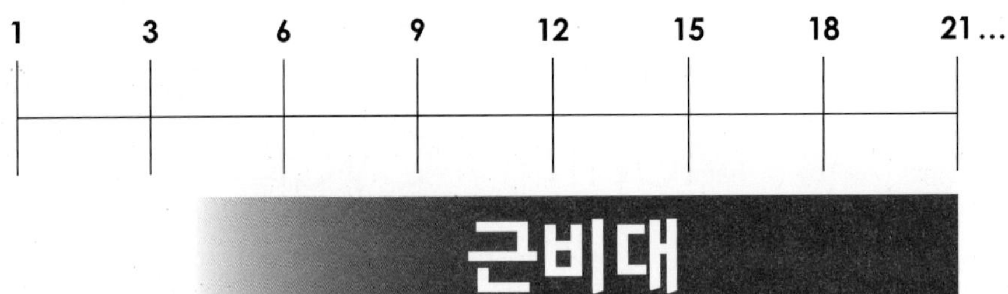

반복수 RM Repetition Max

최대근력 전이기(8~9주)

근력 운동의 횟수와 시간이 줄어들지만 훈련 강도는 만만치 않은 시기로 주당 2~3회 정도의 적은 빈도로, 최소 격일 이상의(48~72시간) 휴식을 끼고 실시해야 한다. **운동 횟수와 시간은 줄어들었지만 고중량을 실시하기 때문에 중추신경계**C.N.S.**에 주는 자극은 늘어나 휴식이 매우 중요하다.** 주기화의 핵심인 "순발력 전환 트레이닝"을 대비하는 기간으로 여기서 뽑아낸 근력의 최대치가 높을수록 순발력 트레이닝 단계에서 기록이 향상될 뿐만 아니라 부상도 예방할 수 있다. 4~6주에 한 번 실시하는 최대 중량(1RM) 테스트를 통해 다음 주기에 이어질 순발력 훈련의 운동 강도가 결정된다.

최대근력 가이드

체육학 교과서에는 '브리지키 계수'와 같이 1RM기준으로 했을 때 반복 수와 중량을 추산할 수 있는 통계자료들이 제시되어 있다 일반적으로 2RM은 1RM의 95% 정도 5RM은 1RM의 67% 정도의 무게다. 최대근력 기간에는 이 1RM의 87~94% 정도의 무게를 가지고 2회×5세트~2회×6세트로 운동하는 것을 권한다. (세트 간 휴식은 3분~5분.) 폼이 망가지지 않으면서도 너무 가볍지 않게 신경계를 자극할 수 있는 중량과 반복 수다.

2회 반복을 추천!

순발력 전환 훈련 주기

점프력 향상을 위해 근력운동을 하는 핵심적인 이유. 이곳이 하이라이트다. 너무 중요하기 때문에 앞서 7-2에 별도의 장을 구성해 순발력 전환 트레이닝을 두 가지 방식(최대출력지향, 최대속도지향)으로 세분화해 따로 설명했다. 출력지향과 속도지향의 훈련을 격일로 번갈아 최대한 많이 실시한다. 세트와 반복 수를 고정된 숫자로 정해서 채우려고 하지 말라. 흔히 "2~4 회 반복 운동을 3~5세트 수행한다"라는 식의 지침들을 참고하지만 **순발력 훈련들의 핵심은 "최대한 쌩쌩하게" 실시하는 훈련의 질에 있다.** 제3자가 관찰하거나 본인이 체감했을 때 '속도가 줄어든다' 싶으면 한 1회 1세트만 실시했더라도 훈련을 멈추는 게 맞다. 속도를 객관적으로 측정할 수 있는 속도계나 카메라 앱 등을 활용할 것을 적극 권한다.

경기 국면(근력 및 순발력 유지기)

앞선 훈련이 축적되어 근력과 파워가 정점에 도달한 상태. 주로 시합(수험, 체력 측정)을 전후한 2~3주의 시기다. 이 시기 주의할 점은 두 가지다.

❶ 근력운동을 완전히 중단하면 기록이 줄어든다.
❷ 그렇다고 이전 주기와 비슷한 고강도를 유지한면 기록에 지장을 준다.

즉, '유지'를 위한 구간이다. 최대근력이나 순발력 둘 중 하나라도 줄어들면 곤란한데 그렇다고 중량 운동에 시간을 이전처럼 과하게 투자하면 피로도가 누적되어 기록이 줄어든다. 점프력 강화를 위한 기술(자세 확인, 피드백, 폼 교정 등등)훈련이 늘어나는 시기라 근력 훈련의 비중을 줄여야 하지만 그렇다고 근력운동을 아예 중단하면 점프 기록 자체가 감소할 것이다. 따라서 이 기간에는 근력, 순발력을 위해 중량 운동을 지속하되 운동 수를 2~3가지 정도로 최소한만 선택한다. **결국 시합을 낀 2~3주간은 주1 최대근력 운동, 주1회 순발력 운동, 운동 종류별로 2~3회 반복 수준으로 3~4세트 정도만 중량 운동을 실시한다.**

동적 휴식(De-Loading)

앞선 주기를 모두 마친 뒤에는 1~2주간의 휴식을 거치는 것이 일반적이다. 거의 4개월에 가까운 강도 높은 훈련을 거치면서 축적된 피로를 제거하고 부상을 예방하기 위한 필수적인 단계다. 완전 휴식이 불안하다면 가벼운 달리기와 같은 '동적 휴식'을 취하는 시기로 삼고 이 시기를 끝나면 다시 근비대 국면부터 새로운 주기를 시작한다.

연간 주기화 2단계 : 동시적 주기화 16주

앞서 설명한 선형주기화 16주는 기술훈련이 상대적으로 적은 '스토브 시즌'에 맞춰 집중적으로 근육과 근력을 키워 나갈 때 적합한 방식이다. **이렇게 16주 정도의 한 주기를 겪은 사람들은 자신의 유전적 한계치의 절반 이상에 해당하는 근력/근육 향상에 도달한다고 봐도 좋다.** 근육과 근력 성장은 생각보다 빠르게 일어나고 쉽게 멈춘다. 냉정하게 말해 2년에서 3년 정도의 체계적인 웨이트 트레이닝을 수행하면 유전적 잠재력의 80% 이상 수준의 근육량과 근력을 뽑아낸다고 보고 있다.

처음 선형주기화를 시작한 약 16주간 무게, 반복 수 근육량 할 것 없이 모든 지표가 급격하게 증가하는 '선형증가'를 맛볼 것이다. 이런 성장세는 초보자가 누릴 수 있는 특권으로 다시는 찾아오지 않는다. 따라서 1년을 주기로 잡은 수험생이 1차 선형 증가를 마친 뒤에 남은 1번의 주기를 실시할 땐 선형주기화보다 **비선형 주기화의 일종인 '동시적 주기화'를 선택하는 것이 일반적이다.** 선형주기화처럼 2~4주 단위로 나눠 해당 기간동안 눈에 띄는 성장을 기대하기 어렵게 때문에 자기가 목표로 하는 종목에 맞춘 기술훈련에 더 많은 시간을 투자하되, 근력운동과 같은 보조운동을 1주일 단위로 중간중간 실시하는 것이다. 아래는 대표적인 예제다.

훈련이 없는 (금/일)요일은 자신의 컨디션에 따라 동적 휴식/기술훈련/추가중량훈련(최대출력지향 or 근비대 중 택1)을 추가로 실시할 수 있다.

이렇게 일주일을 마친 뒤 2주 단위로 같은 요일, 같은 성격의 운동을 하되 운동의 중량을 올려서 강도를 높여 나간다. 최종 16주 단계에 도달했을 즈음엔 경기(수험) 시즌에 돌입하게 되며, 선형주기화의 마지막 단계였던 '순발력 유지 단계'에서처럼 운동의 수나 세트 수를 감소시켜 전체적인 훈련양 자체를 줄여서 시합(수험) 컨디션에 지장이 가지 않도록 피로를 조절한다.

A Weekly

R O U T I N E

MONDAY 월요일

가벼운 트레이닝을 하는 날이다. 근육량 유지 목적의 근력 운동. 세트당 8~10회 반복 가능한 강도로 2~4세트 수행한다. (세트 사이에 1~2분의 휴식)

TUESDAY 화요일

속도지향훈련(1.0m/s~1.3m/s)속도가 줄어들 때까지. 또는 5RM 이하의 힘을 위한 고중량을 훈련 중 하나를 선택해 실시한다.

WEDNESDAY 수요일

완전 휴식을 취한다.

THURSDAY 목요일

기술훈련 실시 후 최대출력지향훈련(1RM 65~80%)을 실시한다.

SATURDAY 토요일

중량 운동 없는 순수한 기술훈련만 실시한다.

주간 루틴

1주일을 하나의 단주기로 묶고 12~16주 정도 실시한다. 1주일 중 기술훈련을 하는 날을 제외하고 격일로 주 3~4일 정도 보조훈련(웨이트 트레이닝)에 투자한다.

슬리퍼 잘라서

신고 다녀 본 사람?

옛날, 아주 먼 옛날 옛적. 준경쌤의 고등학교 시절 이야기입니다. 그때에도 준경쌤은 '점프력' 같은 요즘 유행하는 표현을 쓰자면 '피지컬 향상'에 관심이 많은 개구쟁이였답니다. 쉬는 시간 복도에서 친구들과 점프해서 천장 닿기 내기를 하곤 했지요. 그러다 구체적인 목표가 생겼습니다. 운동장에 있는 농구 골대 백보드에 머리가 닿을 때까지 점프력을 키워 보자! 지금은 인터넷에 온갖 정보가 넘쳐나는 시대지만 당시는 네이버 지식인도 없어 궁금한 게 있어도 답을 찾기 어려운 시절이었습니다. 체계적인 운동 정보를 접할 수 없던 시절 막막했던 준경쌤은 스스로 훈련법을 고안했는데, 이른바 전설의 슬리퍼 튜닝. 학교에서 실내화로 신는 삼선 슬리퍼 뒤꿈치 부분을 잘라내어 항상 뒤꿈치가 공중에 떠있는 '하프 까치발' 상태로 생활하는 것이었습니다. 아침부터 야간자율학습까지 하루 12시간 이상 학교에서 지내던 그 시절 고등학생의 일과를 고려해보면 하루종일 까치발을 들고 다니는 연습을 했던 겁니다.

슬리퍼 튜닝의 효과 덕이었을까요? 다음 학기 준경 쌤은 목표였던 '머리로 백보드 닿기'에 성공합니다. 그 뒤로 준경쌤이 수험생들을 지도 하면서 이 '전설'은 '라떼는 말이야 기록을 올리고 싶어서 이런 노력까지 해 봤다'라는 '썰'이 되었습니다. 그런데 중요한 이야기는 그다음입니다. 이 라떼썰은 전해들은 준경쌤의 제자들 가운데 진짜 슬리퍼 뒤꿈치를 잘라내고 학교 생활하는 친구들이 생겨났고 실제로 점프력 향상에 도움이 됐다는 체험담이 이어지는 겁니다!

강제로 까치발을 들고 다니는 것이 일종의 아킬레스건에 대한 '등척성Isometric' 훈련으로 작용해 진짜로 건Tendon을 강화시키는 효과가 있었던 겁니다. 일반적으로 건이나 인대 같은 결합조직은 운동을 통해 단련되기보다 소모된다고 여겨졌습니다. 그러나 최근 적절한 훈련법을 적용하면 결합조직도 굵고 튼튼해진다는 사실이 스포츠학계에선 새로운 정설로 자리잡고 있습니다. 누가 가르쳐 주지 않았지만 본능적으로 발목(아킬레스건)을 강화할 수 있는 방법을 고등학생 시절 준경쌤은 스스로 고안해냈던 겁니다. 준경쌤은 어쩌면 너무 시대를 앞서 나갔던 건지도 모르겠습니다.

건과 인대의 해부학적 특성

앞서 '근력 점프'와 '탄력 점프' 등의 비교를 통해 점프력 향상에 있어 인대와 건, 그중에서도 발목의 아킬레스건이 미치는 영향이 지대함은 잘 알게 되었다. 고정관념과 달리 건,인대,연골 같은 백색 조직들도 근육처럼 저항성 훈련을 통해 강화와 재활이 가능함 역시 이해했다. 이제 핵심은 과연 어떤 방식의 훈련이 인대나 건을 강화시키는 데 효과적일까 여부다.

건과 인대는 근육 단백질과 달리 교원질(콜라겐)을 주성분으로 하여 수분함량이 근육보다 낮아(근육의 수분함량 75%, 건의 수분함량 55%) 훨씬 더 치밀한 물리적 성질을 갖고 있다. '질기다, 탄력 있다'고 표현되는 특성은 보다 정확하게 점액탄성viscoelasticity이라 부른다. (점액탄성, 점탄성: 고체의 성질과 액체의 성질이 동시에 나타나는 것)

앞서 건과 인대의 물리적 특성을 스프링에 비유했는데 보다 정확한 비유는 '딱딱한 캐러멜이나 껌'에 가깝다. 여기에 아직 손대지 않은 캐러멜 덩어리가 있다. 이것을 갑자기 세게 잡아당기면 늘어나지 않고 갑자기 '뚝' 끊어진다. 그런데 천천히 서서히 잡아당겨 보자. 쭈우욱 늘어난다. 점탄성이란 이런 성질이다. **이것이 바로 건이나 인대를 단련하는 데 좋은 운동 방식에 대한 결정적인 힌트다.**

지금까지 인대나 건을 강화하기 위해선 빠른 시간 "충격"을 가하는 쇼크 메소드가 가장 효과적이라는 통념이 있었다. 아킬레스건 강화 운동으로 줄넘기와 연속 점프 동작 고반복을 지지하는 사람들이 많은 것 역시 이 같은 믿음을 반영한 결과다. 그러나 짧은 시간 빠르게 힘이 작용하는 점프 동작 '캐러멜을 끊는' 방법이지 '캐러멜을 늘리는' 방법이 아니다. 점프 동작은 건이 가진 점탄성을 잘 활용하는 기술 훈련에 가깝고 점탄성 물질의 물성 그 자체를 변화시키는 강화 훈련으로써의 효과는 기대에 미치지 못한다는 게 학계의 최신 지견이다.

보다 실증적인 사례로 손가락과 손목, 팔꿈치의 건과 인대가 매우 특징적으로 발달한 스포츠 종목 선수들 — 팔씨름, 암벽등반, 기계체조 — 은 손목이나 손가락으로 딱히 '점프'를 하지 않는다. 대신 위의 세 종목의 훈련법들이 보여 주는 공통점은 다음과 같다.

관절의 가동 범위를 매우 크게 활용한다.

근육의 길이 변화 없이 그대로 버티는 동작이 많다.

빠르게 당기는 것보다 천천히, 강하게 당기면서 계속 힘을 유지하는 정적인 힘쓰기 훈련이 건과 인대를 키우는 데 효과적임을 추론할 수 있다. 우리는 이런 동작을 이소메트릭Isometric, 등척성이라 부른다. **가동 범위를 늘리고 버텨라. 건과 인대를 위한 웨이트 트레이닝의 핵심이다.**

건과 인대, 연골의 강화를 위한 이해

혈관이 없음 = 백색조직

활액을 통한 영양 공급

활액 공급을 위해 운동이 반드시 필요하다.

빠르게 충격을 주고 튕기는 것보다 서서히 힘을 줘야 늘어난다.

무게를 걸고 천천히 늘리는 신장성 수축 운동(네거티브 훈련법)

늘어난 상태에서의 버티는 등척성 수축 운동(등척성) 등으로 강화

건과 인접부에 있는 근육들의 상태Tone, Tension도 중요하다.

길이를 늘리는 신장성Extensibility이 강화의 핵심이다.

점프는 건을 강화한다기보다 협응력, 타이밍 등을 배우는 기술훈련에 가깝다.

강화 훈련 1

발가락 강화 훈련

Toe-Strengthening Training

점프 기록 향상을 위한 건과 인대 강화의 첫 번째는 다소 의외겠지만 발가락에서 시작된다. 많은 코치와 운동선수가 점프력 향상 훈련에서 지면과 임팩트를 일으키는 발목, 혹은 종아리의 역할에 주목하면서 진짜 최전선인 발가락은 훈련하지 않는 모순된 행태를 보인다. 육상과 점프에서 인체의 마지막 끝점이 되는 발가락의 역할은 손가락 만큼이나 결정적이다. **골프나 야구처럼 몸의 힘을 손끝으로 전달해 투사하는 스포츠 종목 기록 향상을 위해 악력 훈련을 실시하는 것과 똑같은 이치다.** 몸에서 땅으로 힘을 밀어내는 동작인 점프나 달리기에서 발가락의 힘이 부족하면 기록이 떨어진다. 사고로 엄지발가락을 잃은 사람은 크라우칭 스타트를 포함한 정면으로 달리는 능력부터 각종 구기종목에 활용되는 다각도의 방향 전환과 가속 능력까지 모두 상실하게 된다. **그만큼 발가락은 매우 중요한 '힘의 메신저'다.** 발가락, 특히 엄지발가락이 손실 없이 고관절의 힘을 지면으로 잘 전달할수록 점프와 달리기 동작은 더욱 강력해진다. 발은 26개의 뼈와 수십 개의 인대, 근육으로 구성된 복합체이다. 발목이나 종아리가 아니라 발 그 자체에 붙어 있는 '내재근들' 그리고 유달리 치밀한 인대들. 이들을 웨이트 트레이닝을 통해 별도로 훈련하지 않으면 발가락의 힘과 발의 안정성은 결코 개선되지 않는다.

1 단계 Toe Piano

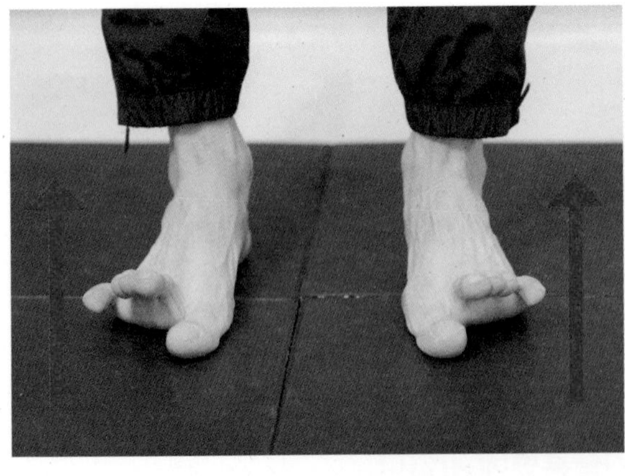
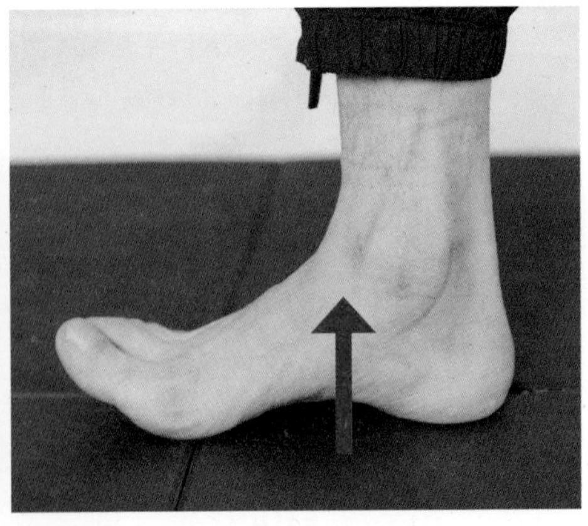

일명 발가락 피아노 운동. 엄지발가락과 나머지 발가락을 따로 떼어서 움직일 수있는 스트레칭 훈련. 족저근막에 자극이 가해지고 발바닥 아치가 개선되는 부수 효과도 있다.

2단계 Band Stretch

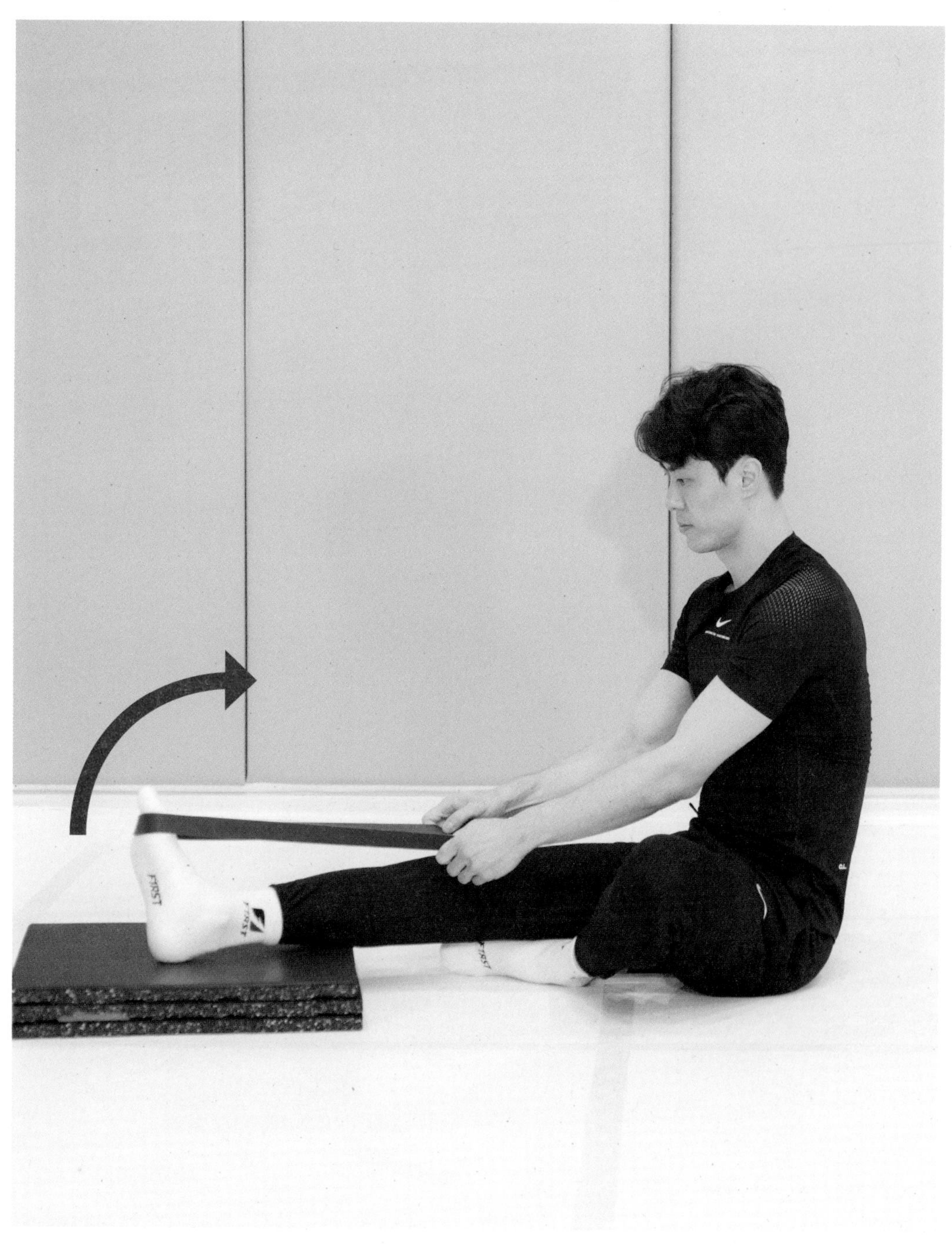

발가락 끝에 고무줄을 걸어 발가락을 몸 쪽으로 당기는 근력을 단련한다.

3단계 Toe Block Calf Raise

발가락 끝을 경사로에 올리고 발가락 힘으로 발목을 들어 올리는 동작을 실시.

4 단계 Tip Toe Hold

발가락 힘으로 지면을 밀면서 까치발 1분을 목표로 버틴다.

5 단계 **Tip Toe Hold** Single Leg

한 다리로 까치발을 1분 이상 버티는 것을 목표로 버틴다.

https://youtu.be/v_GyfKYDFPw

강화 훈련

2

아킬레스건 강화 훈련

Achilles Tendon Strengthening

탄력 점프의 핵심, 인체의 스프링 아킬레스건 강화 훈련이다. 다소 허무할 수 있지만 마치 집 뒷마당의 파랑새처럼 **발가락 강화 훈련 전체 단계 가운데 2단계 이상의 훈련은 아킬레스건 강화 운동을 겸한다.** 발의 움직임이 발목과 종아리와 연결되어 있기 때문에 자연스러운 일이다. 바꿔 말하면 발가락 강화 훈련을 하는 것은 점프력 강화에 있어 일석이조라는 뜻이다. 아킬레스건의 강화 운동은 매우 강도 높은 발가락 근력 강화 운동을 겸한다.

1 고정된 벽면 앞에 서서 까치발을 세운 상태로 몸을 45도 이상 기울인다.
2 무릎을 90도가량 구부려 무릎이 발끝보다 더 튀어나온 상태를 만든다.
3 고정된 벽면을 30초에서 1분까지 최대한 힘이 닿는 데까지 밀어낸다.
4 발가락과 발목에 힘을 주고 벽면을 밀어내는 반발력에 끝까지 저항한다.

강화 훈련 3

드롭점프 혹은 뎁스점프

Drop Jump or Depth Jump

앞서 여러 차례 언급한 '진정한 플라이오메트릭스 운동'의 아버지 유리 베르코쟌스키 박사가 최초로 주장했던 쇼크 메소드 운동법이다. 순수한 건의 탄력 강화 효과는 이소메트릭 훈련에 비해 떨어지지만 점프력 강화 운동에 있어 교과서와 같은 상징적 훈련이며 실제로 점프력 강화 효과 자체는 의심할 여지가 없는 전설적인 방식이기에 훈련 루틴에 넣을 가치가 충분하다.

1 박스의 높이에 집착하지 않는다. 초보자, 신장이 작은 사람, 여성은 30cm, 숙련자도 45cm 정도에서 시작해도 충분히 큰 강도를 얻을 수 있다. **적절한 높이는 자신의 서전트 점프 최고 기록 높이 정도에서 실시하는 것이다.**

2 충돌 후 지면에 접촉해 있는 시간을 최소화하고, 뒤꿈치가 닿지 않게, 무릎을 거의 굽히지 않고 아킬레스건 탄성을 이용해 최대한 빨리 튕겨 올라오는 데 집중하면 드롭접프, 충돌 후 무릎을 굽혀 충격을 관절에 흡수한 뒤 근수축에 집중해 튕겨 올라오면 뎁스점프라고 부른다. 단 뎁스점프도 지면 **접촉시간을 0.5초 이내로** 끊을 수 있도록 한다.

3 모든 횟수는 속도와 강도에 집중한다. 근골격계와 중추신경계에 막중한 피로를 주는 동작이다. 주 2회 이상 훈련하는 것은 무리고 주 1회, 5회 3세트 정도만으로도 충분하다. 세트와 세트 사이 휴식은 5분, 경우에 따라선 몸이 완전히 회복되지 않으면 7, 8분을 쉬어도 좋다.

4 쇼크 메소드와 같은 고강도 점프력 훈련에 대해선 랄프 만* 박사가 남긴 유명한 지침이 있다. "중추신경계C.N.S에 과부하가 걸리는 고강도 동작의 총합은 세션당 3분 이내로 관리하라" 1시간짜리 운동을 하는 데 진짜 점프에 소모되는 시간은 단 3분에 불과해도 좋다는 말이다. 그만큼 뎁스점프나 드랍점프 같은 고강도 쇼크 메소드는 훈련의 양보다 질이 중요하다는 뜻이며, 현재 일선 교육현장에서 단순히 시간 채우기, 횟수 채우기 식의 의미 없는 정크 볼륨Junk Volume, 혹은 신경계와 근골격계가 못 버틸 수준의 과부하Over Training가 횡행하고 있다는 뜻이기도 하다.

랄프 만 Ralph Mann

1972년 뮌헨 올림픽 허들 400m 은메달리스트. 선수 은퇴 후엔 워싱턴주립대학에서 인체역학으로 박사학위를 받고 체육학자로 활동했다.

4-WEEKS PROGRAM

점프력 4주 완성 프로그램

이 장에 수록된 운동들은 7장의 16주 주기화를 수행할 시간과 장비가 부족한 사람들이 단기간(수험, 체력 검정)목표를 앞두고 빠른 시간 안에 효과를 볼 수 있는 최소한의 운동들을 뽑아 만들어 낸 것이다.

4주 시범 동작 모음 https://youtu.be/WaB4-0nEloM

1st week

기초 근육운동

2nd week

고중량 저반복

3rd week

가속 1단계 **기구 빠르게**

4th week

가속 2단계 맨몸 더 빠르게

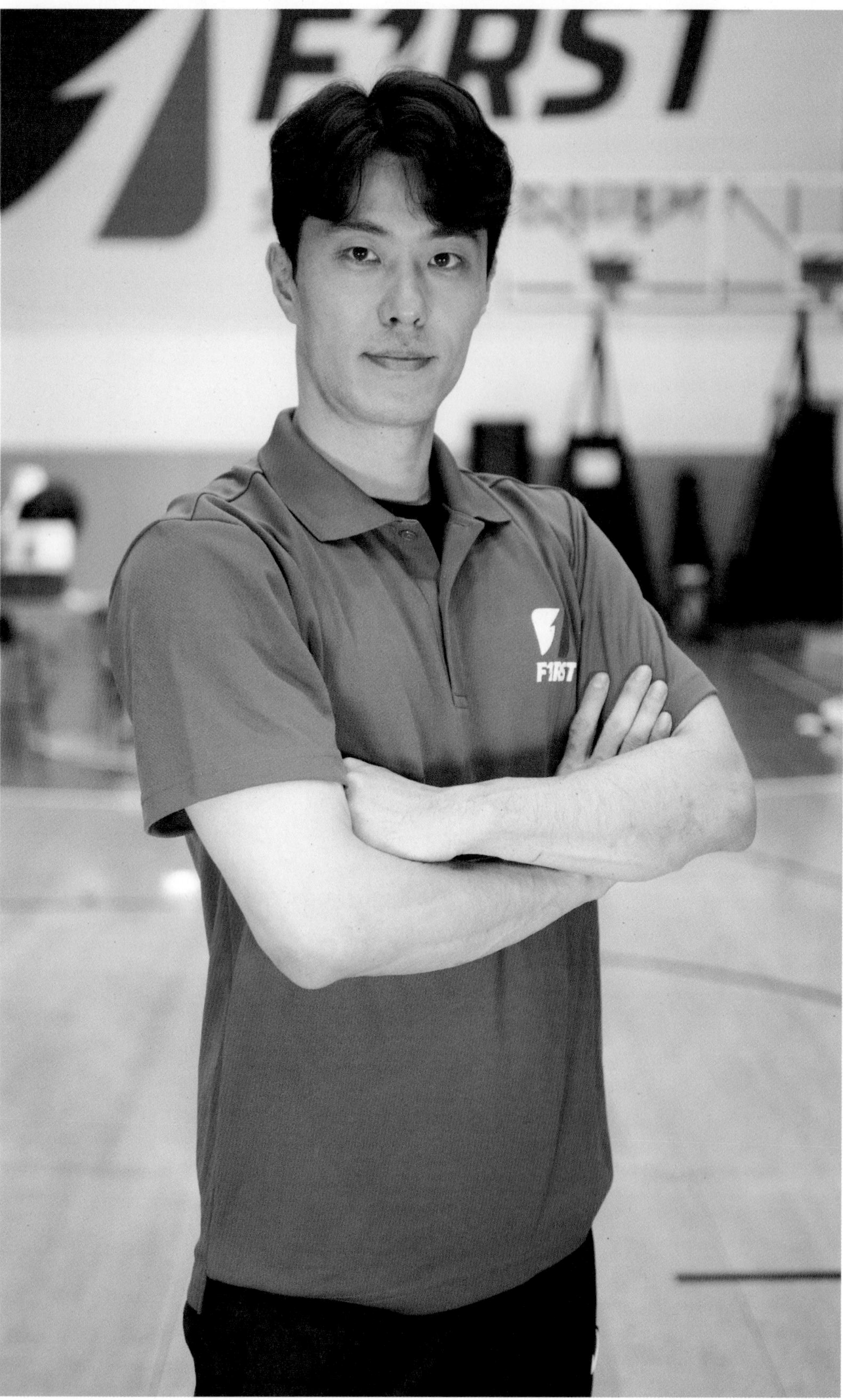
F1RST

OUTRO

입시 체육계엔 입에서 입으로 전해지던 무협지 같은 소문이 하나 있었다. 강원도 원주에 고씨 성을 가진 은거고수가 사는데 그에게서 점프를 배우면 대학 입학시험 만점 기준인 3미터를 안방처럼 넘나드는 상승고수가 될 수 있다는 것이다. 그러나 비인부전非人不傳이라 그 비결을 온전히 전수받은 사람의 수가 극히 드물어 안타까운 일이라고들 했다.
이처럼 업계에서 "원주의 은거기인"으로 통하던 점프왕, 고준경 원장님께서 지난해 서울로 진출, 문호를 개방하셨다. 이제 강원도까지 찾아가지 않아도 종전까지 문외불출門外不出로 묻혀 있던 점프력의 비결을 접할 수 있게 된 것이다. 그 기회에 힘입어 지난 겨울 고 원장님을 찾아가 어깨너머로 진수의 단면을 배견하고 몇 자 받아 적을 수 있었다.

인류의 역사가 시작된 이래 지금처럼 정보를 전달하고 기록하기 편리한 시절이 없었다. 전자기파로 변환된 데이터 조각들은 지금 이 순간에도 엄청난 양의 정보를 옥석구분 없이 세상에 쏟아내는 중이다. 자칭 고수, 1타, 인플루언서 등을 참칭하는 이들의 참언이 사방에 차고 넘쳐흐른다. 시대가 이러할진저 굳이 활자와 종이라는 예스러운 방식을 통해 기록으로 남길 만한 가치 있는 정보들의 입지는 갈수록 줄어들고 있다. 고 원장님 문하에서 경험과 철학이 녹아든 훈련을 접한 뒤 이는 반드시 문서화된 기록으로 남겨 후대로 전승할 가치가 있는 비전임을 직감했다. 본디 '비인부전 문외불출'을 중시하던 기풍에 따라 불특정 다수의 대중들을 대상으로 한 출판에 회의적이었던 분께 삼고초려하여 어렵게 받아 낸 결과물이 본저 "점프력의 비밀"이다.

이 비밀이 보다 널리 알려져 정보에 목마른 이들에게 두고두고 전해지길 바란다.

2024년 여름, 공저자 남의찬

| 참고 문헌 |

CHAPTER 1 왜 점프력인가?

1 ________________ 이창준, 김방출, 권성호, "육상경기의 맥", 레인보우북스(2006)

CHAPTER 2 기초체력 테스트

2 ________________ Gray Cook, "운동선수를 위한 몸과 체력의 균형", 대한미디어(2015)

3 ________________ G. Donnelly 외 2인, "Return to running postnatal" physiotherapy Vol.107(2020)

— 안정성과 가동성에 대한 논의는 해당 분야의 "Guru" 그레이 쿡의 의견을 기반으로 작성되었다.

CHAPTER 3 점프의 이론

4 ________________ Scott K. Powers 외 2인, "파워운동 생리학 11판", 라이프사이언스(2021)

5 ________________ Martini 외 1인, "마티니 핵심 해부생리학 8판", 바이오사이언스(2020)

— 이 책에 소개된 운동역학, 해부학, 생리학 관련 서술은 현재 대학 관련 학과에서 기초교재로 가장 광범위하게 사용되는 두 권의 교재를 기준으로 작성되었다.

CHAPTER 4 & 5 수평 점프 | 수직 점프

6 ________________ Adrian Lees 외 2인, "Understanding how an arm swing enhances performance in the vertical jump" Journal of Biomechanics Vol.37, Issue 12(2004)

7 ________________ Mikiko Hara, The effect of arm swing on lower extremities in vertical jumping Journal of Biomechanics Vol.39, Issue 13(2006)

— 팔치기가 점프력에 미치는 영향을 계측하려는 다양한 연구들이 존재해 왔다. 대부분의 연구들은 팔치기 유무에 따른 기록차이를 평균 10%, 최대 20% 선으로 보고하고 있다.

8 ________________ Effect of different knee starting angles on intersegmental coordination and performance in vertical jumps, Human Movement Science Vol.42(2015)

9 ________________ Determining the Relationship between Squat Jump Performance and Knee Angle in Female University Students, Journal of Functional Morphology and Kinesiology Vol.9(2024)

— 무릎을 얼마나 접는 것이 점프력에 영향을 미치는가에 대한 다양한 연구 결과들의 공통된 결과로 종합된 결론은 "90도 이하, 70~75도"이다.

10 ________________ Yuri V. Verkhoshansky 외 1인, "Supertraining(6th Edtion)", Verkhoshansky.com (2009)

— 쇼크 메소드의 창시자 베르코잔스키 박사가 직접 정리한 점프력, 순발력 훈련의 고전

CHAPTER 7 & 8 기록 향상을 위한 보조훈련 | 4주 완성 점프력 프로그램

11 ________________ Thomas R. Baechle, "NSCA 체력관리의 정수 제3판", 대한미디어(2013)

12 ________________ Braian. G. Sutton, "NASM 퍼스널 피트니스 트레이닝 제7판", 한미의학(2023)

13 ________________ 정동식 외 3인 "육상 도약선수를 위한 주기화 근력 트레이닝", 체육과학연구원(2009)

— 스트렝스 & 컨디셔닝 분야의 대표적인 교육단체 NSCA와 NASM의 주 교재, 체육과학연구원의 실제 선수 권장 주기화 프로그램을 기반으로 7장, 8장의 내용이 작성되었다.